Die Strafrechts- und Strafprozessrechtsklausur

Eine Einführung in die Methode der Gutachtentechnik mit Falllösungen und Klausurbeispielen

ISBN 978-3-86676-793-5

Yvonne Dölle
Anja Fehr

Die Strafrechts- und Strafprozessrechtsklausur

Eine Einführung in die Methode der Gutachtentechnik
mit Falllösungen und Klausurbeispielen

ISBN 978-3-86676-793-5

Verlag für Polizeiwissenschaft
Prof. Dr. Clemens Lorei

Bibliografische Information der Deutschen Nationalbibliothek
Die Deutsche Nationalbibliothek verzeichnet diese Publikation in der Deutschen Nationalbibliografie; detaillierte bibliografische Daten sind im Internet über http://dnb.d-nb.de abrufbar.

Verlag für Polizeiwissenschaft, Prof. Dr. Clemens Lorei
Eschersheimer Landstraße 508 • 60433 Frankfurt
Telefon/Telefax 0 69/51 37 54 • verlag@polizeiwissenschaft.de
www.polizeiwissenschaft.de

Printed in Germany

Für unsere Töchter

Luisa Sophie, Emilia Maria
&
Lina Marie

Vorwort

Die besondere Herausforderung bei dem Verfassen rechtlicher Klausuren liegt für die Studierenden darin, einen Sachverhalt in limitierter Zeit zu erfassen und ihn anschließend in einer sprachlich und stilistisch angemessenen Weise juristisch zu begutachten. Die Leistung der Rechtsanwendenden ist es, die spezifischen Probleme eines konkreten Falls zu erkennen und einer sachgerechten Lösung zuzuführen. Hierfür ist es erforderlich, die juristischen Argumentationstechniken und Auslegungsmethoden zu beherrschen.

Die Falllösung mittels der juristischen Gutachtentechnik bedarf einiger Übung. Für Studierende stellt sich in der Fallbearbeitung häufig die Frage: „Wie soll ich das konkret formulieren?" Hierauf gibt es nicht die *eine* richtige Antwort. Die Ausführungen in diesem Buch bieten hierfür eine Hilfestellung, indem sie den Prüflingen das Werkzeug zur juristischen Fallbearbeitung auf den Gebieten des Strafrechts und des Strafprozessrechts an die Hand geben.

Der Band besteht aus mehreren Teilen. Teil 1 (Strafrecht) und Teil 2 (Strafprozessrecht) stellen jeweils nach einer kurzen Einführung in die jeweiligen Rechtsgebiete mögliche Schemata vor, die der Begutachtung bzw. Prüfung eines Sachverhalts zugrunde gelegt werden können. Daran schließen sich ausformulierte Falllösungen an, die den Schwerpunkt der Handreichung bilden. Ziel ist es, an den zahlreichen Beispielen die Möglichkeiten der korrekten Fallbearbeitung sichtbar zu machen und diese somit in der eigenen Praxis einüben zu können.

Die von uns verfassten Lösungen stellen jeweils *eine* Möglichkeit dar, wie die hier ausgewählten Fälle in der juristischen Gutachtentechnik formuliert werden können. Um dies zu verdeutlichen, variieren wir häufig vorkommende Eingangs- und Übergangssätze. Uns ist bewusst, dass in dem engen zeitlichen Rahmen von Prüfungsklausuren der Gutachtenstil nicht immer in der von uns dargestellten Weise umgesetzt werden kann. Sobald die Subsumtionstechnik des Gutachtenstils jedoch souverän beherrscht wird, eröffnen sich Freiheiten, einzelne – im konkreten Fall unproblematisch zu bejahende – Prüfungspunkte verknappt darzustellen.

Beispiele hierfür finden sich in Teil 3 der Handreichung. In diesem stellen wir Musterklausuren mit Lösungen vor, die kombinierte Prüfungsfälle zum Strafrecht und zum Strafprozessrecht enthalten.

Unsere Zielgruppe sind vor allem Studierende in Studiengängen für den gehobenen Polizeidienst. Da die Autorinnen an der Hessischen Hochschule für öffentliches Management und Sicherheit lehren, orientieren sich die Ausführungen an dem in Hessen gültigen Curriculum. Dieses dürfte jedoch von denen in anderen Bundesländern kaum abweichen. Die Reihenfolge der Musterfälle wurde ebenfalls an den Themenverlauf der Studienmodule weitgehend angelehnt.

Kassel/Gießen, Frühjahr 2023

Yvonne Dölle
Dr. Anja Fehr

Inhalt

TEIL 1

Strafrecht

1. Einführung in das materielle Strafrecht

Das Strafrecht befasst sich mit der Frage, ob bzw. wegen welchen Delikts sich eine Person strafbar gemacht hat. Es wird auch als materielles Strafrecht bezeichnet. Im Erwachsenenstrafrecht kommen gemäß §§§ 38 ff. StGB als Hauptstrafen die Freiheitsstrafe oder die Geldstrafe in Betracht. Als Nebenstrafe kann auch ein Fahrverbot verhängt werden (vgl. § 44 StGB). Überdies kennt das StGB als Nebenfolgen den Verlust der Amtsfähigkeit und des Wahlrechts (vgl. § 45 StGB).

1.1 Sinn und Zweck von Kriminalstrafe

Steht am Ende eines Strafverfahrens die Verhängung einer der vorgenannten Kriminalstrafen, dann wird massiv in grundgesetzlich garantierte Abwehrrechte der verurteilten Person gegen den Staat eingegriffen. Es stellt sich deshalb die Frage, welchen Sinn Strafe hat und welcher Zweck gegebenenfalls mit ihr verfolgt wird, um einen solchen intensiven Grundrechtseingriff zu legitimieren.

Zum Sinn und Zweck von Strafe existieren unterschiedliche Überlegungen. Die *absoluten Straftheorien*[1] sehen den Sinn von Strafe ausschließlich in der Vergeltung und Sühne. Je schwerer die begangene Tat war, desto schwerer fällt auch die verhängte Strafe aus. Ein weitergehender Zweck wird mit der Strafe nicht verfolgt. Demgegenüber liegen nach den *relativen Straftheorien* der Sinn und der Zweck von Strafe in dem präventiven Gedanken der Verhinderung zukünftiger Straftaten. Nach diesen Theorien geht von der Bestrafung der Person, die gegen die geltenden Strafgesetze verstoßen hat, gleichzeitig eine Abschreckung für alle Personen aus, die ebenfalls mit dem Gedanken der Normverletzung spielen, und bestätigt diejenigen, die sich bisher normgemäß verhalten haben, in der Richtigkeit ihres Tuns (generalpräventiver Ansatz[2]). Ein spezialpräventiver Ansatz[3] legt den Fokus auf den Täter oder die Täterin und sieht den Sinn und den Zweck von Strafe in der Besserung bzw. Resozialisierung dieser Person, damit diese zukünftig keine Straftaten mehr begeht.

---

[1] Hauptvertreter der absoluten Straftheorien waren Immanuel Kant (1724–1804) und Georg Wilhelm Friedrich Hegel (1770–1831).

[2] Als Begründer der Theorie von der Generalprävention gilt Paul Johann Anselm von Feuerbach (1775–1833).

[3] Begründet wurde die Theorie der Spezialprävention von Strafe durch Franz von Liszt (1851–1919).

Überwiegend wird heute als Begründung von Strafe die sogenannte *Vereinigungstheorie* zugrunde gelegt. Nach dieser sind die unterschiedlichen vorstehenden Aspekte von Strafe in ein ausgewogenes Verhältnis zueinander zu bringen. Das Bundesverfassungsgericht formuliert die Aufgaben des Strafrechts deshalb wie folgt: Schutz der elementaren Werte des Gemeinschaftslebens, Schuldausgleich, Prävention, Resozialisierung des Täters sowie Sühne und Vergeltung für begangenes Unrecht (BVerfGE 45, S. 187 ff. Rn. 210 ff.).

1.2 Strafrecht und Gesellschaft

Wie jedes andere Rechtsgebiet ist auch das Strafrecht nicht starr, sondern reagiert auf gesellschaftliche Veränderungen und Wertvorstellungen bzw. wird als Mittel betrachtet, wertbildend auf die Gesellschaft einzuwirken.

Ein Gebiet, auf dem sich dieser Wandel der gesellschaftlichen Vorstellung von strafbarem Verhalten besonders gut beobachten lässt, ist das Sexualstrafrecht. War dieses bis Mitte des letzten Jahrhunderts stark von Sittlichkeits- und Moralvorstellungen geprägt, haben auch die gesellschaftlichen Umwälzungen in den 1960er- und 1970er-Jahren dazu geführt, dass in der Bundesrepublik Deutschland seit 1974 das Rechtsgut in dem Schutz der „sexuellen Selbstbestimmung“ des Einzelnen liegt, Sittlichkeits- oder Moralvorstellungen aber keinen Platz mehr haben sollen. Damit einher ging unter anderem auch die Entkriminalisierung von homosexuellen Handlungen unter *erwachsenen* Männern, da hierdurch das sexuelle Selbstbestimmungsrecht gerade nicht tangiert war.[4] Der Aspekt der sexuellen Selbstbestimmung, aber auch die zunehmend gelebte Gleichberechtigung der Geschlechter hat Mitte der 1990er-Jahre zur erstmaligen Bestrafung der, bis dahin nur als Körperverletzung und/oder Nötigung geahndeten, „Vergewaltigung in der Ehe“ nach § 177 StGB geführt. Die Reformen der letzten Jahre auf diesem Gebiet zielten auf einen umfassenderen Schutz vor sexuellem Missbrauch bzw. sexueller Gewalt an Kindern und Jugendlichen ab.

Insgesamt ist zu konstatieren, dass das Strafrecht eher ein Spiegel und weniger ein Motor gesellschaftlicher Wertevorstellungen ist.[5]

---

[4] In der DDR wurde die Strafbarkeit homosexueller Handlungen unter erwachsenen Männern bereits 1968 aufgehoben. Die vollständige Aufhebung der Strafbarkeit von homosexuellen Handlungen erfolgte im wiedervereinigten Deutschland erst 1994.

[5] Vgl. hierzu *Walter Gropp*, Strafrecht Allgemeiner Teil, 5. Auflage 2021, § 1/75.

1.3 Prinzipien des Strafrechts

1.3.1 Das Gesetzlichkeitsprinzip

In Art. 103 II GG heißt es: „Eine Tat kann nur bestraft werden, wenn die Strafbarkeit gesetzlich bestimmt war, bevor die Tat begangen wurde.“ Dieser Grundsatz wird nochmals in § 1 StGB wiederholt und damit an den Beginn des Strafgesetzbuches gestellt. Aus diesem Gesetzlichkeitsprinzip folgt, dass es keine Strafbarkeit aus Gewohnheitsrecht geben kann. Auch aus dem Ziehen von Analogien zu vergleichbaren, unter Strafe stehenden Verhalten, kann keine Strafbarkeit für nicht gesetzlich fixiertes Verhalten begründet werden (Analogieverbot). Enthalten ist in diesem Prinzip auch der Bestimmtheitsgrundsatz, nach dem im Strafgesetz das strafbare Verhalten konkret beschrieben sein muss, sodass für Bürger und Bürgerinnen aus dem Gesetz klar erkennbar ist, welches Verhalten strafbar bzw. nicht strafbar ist. Schließlich beinhalten Art. 103 II GG und § 1 StGB, dass eine Person nicht für eine Tat bestraft werden kann, die zum Zeitpunkt der Tathandlung noch nicht unter Strafe gestellt war. Dies gilt auch dann, wenn sich die Gesetzeslage zwischen der Tat und einer möglichen Verurteilung geändert haben sollte (Rückwirkungsverbot zuungunsten des Täters oder der Täterin).

1.3.2 Das Schuldprinzip

Neben dem Gesetzlichkeitsprinzip stellt das Schuldprinzip einen weiteren Pfeiler des Strafrechts dar. Es besagt, dass eine Handlung, die den Tatbestand einer Strafnorm rechtswidrig verwirklicht, nur dann bestraft werden kann, wenn dem Täter oder der Täterin diese Tat auch als schuldhafte Begehung vorgeworfen werden kann. Das heißt, eine Person macht sich nur dann strafbar, wenn sie in der Lage war, sich rechtskonform zu verhalten, insbesondere das Unrecht der Tat einsehen konnte und es ihr alternativ möglich gewesen wäre, sich entsprechend dieser Einsicht zu verhalten.

1.3.3 Das Rechtsstaatsprinzip

Die beiden vorstehenden Prinzipien werden eingebettet in das grundlegende Rechtsstaatsprinzip. Das heißt, die Menschenwürde des Art. 1 I GG kommt in jedem Fall auch demjenigen zu, gegen den ein strafrechtliches Ermittlungsverfahren geführt wird oder der wegen einer Straftat verurteilt wird. Nach dem Gleichheitsprinzip des Art. 3 GG dürfen Straftäter, die ihre Strafe verbüßt haben, nicht anders als andere Menschen behandelt werden, insbesondere dürfen sie nicht diskriminiert werden. Und schließlich ist bei allen zu verhängenden Maßnahmen stets die Verhältnismäßigkeit, die in Art. 20 III GG verankert ist, zu wahren.

2. Aufbau der Prüfung einer Strafbarkeit

Welche Delikte im Einzelnen gesetzlich normiert sind, führt der *Besondere Teil* des Strafgesetzbuches auf (§§ 80–358 StGB). Der *Allgemeine Teil* (§§ 1–79b StGB) regelt demgegenüber Fragen, die jedes Delikt aus dem *Besonderen Teil* betreffen (können), beispielsweise Fragen der Täterschaft, Anstiftung und Beihilfe, das Eingreifen von Rechtfertigungsgründen, die Anforderungen an eine schuldhafte Verwirklichung des Straftatbestands oder der Vollstreckung von Strafen.

Der Standardfall der strafrechtlichen Prüfung ist das in Alleintäterschaft begangene vorsätzliche vollendete Begehungsdelikt in Form eines Erfolgsdelikts. Dieses ist regelmäßig der Ausgangspunkt der Überlegungen. Von ihm grenzen sich die in der Regel im *Allgemeinen Teil* näher dargelegten Abweichungen ab.

Standardfall	*Abweichung*
Das **vorsätzlich** begangene Delikt	Das **fahrlässig** begangene Delikt
Das **vollendete** Delikt	Das **versuchte** Delikt
Das **Begehungs**delikt	Das **Unterlassungs**delikt
Das **Erfolgs**delikt	Das **Tätigkeits**delikt (z. B. Trunkenheitsfahrt gemäß § 316 StGB oder Jagdwilderei gemäß § 292 StGB)
Deliktsbegehung in **Alleintäterschaft**	Deliktsbegehung in **Mittäterschaft, mittelbare Täterschaft, Anstiftung oder Beihilfe**

Für den Aufbau eines Gutachtens ergibt sich daraus, dass das Vorsatzdelikt (z. B. die Körperverletzung nach § 223 StGB) vor einem eventuell in Betracht kommenden entsprechenden Fahrlässigkeitsdelikt (z. B. die fahrlässige Körperverletzung gemäß § 229 StGB) geprüft wird. Ein Versuch wird erst angesprochen, nachdem ausgeschlossen wurde, dass das Delikt vollendet wurde. Ist unklar, ob ein mögliches strafbares Verhalten ein aktives Tun oder eher ein Unterlassen darstellt, ist auch hier zunächst das entsprechende Begehungsdelikt zu erörtern (z. B. Abschalten eines Respirators, Fahrradfahren in der Dunkelheit ohne eingeschaltetes Licht).

Für die Frage, ob ein Verhalten eine Strafbarkeit nach sich zieht, sind – nach der Bildung eines Obersatzes – im Rahmen einer Prüfung *immer* die drei Stufen „Tatbestand", „Rechtswidrigkeit" und „Schuld" zu durchlaufen. Bei Vorsatzdelikten unterteilt sich die Tatbestandsprüfung nochmals in einen objektiven Tatbestand und einen subjektiven Tatbestand.

2.1 Aufbauschema einer strafrechtlichen Prüfung

Bezogen auf das vorsätzliche vollendete Begehungsdelikt als Erfolgsdelikt ergibt sich hierdurch folgendes Grundschema für die Prüfung der Strafbarkeit einer Person:

I. Tatbestand

1. Objektiver Tatbestand
a) Benennung von Tatobjekt und Tatsubjekt (optional)
b) Eintritt des tatbestandlichen Erfolgs
c) Tathandlung
d) Kausalität
e) Objektiver Zurechnungszusammenhang

2. Subjektiver Tatbestand
a) Vorsatz
b) Deliktspezifische subjektive Tatbestandsmerkmale

II. Rechtswidrigkeit

III. Schuld

IV. Ergebnis

Auf den Prüfungsstufen des Tatbestands und der Rechtswidrigkeit wird nach dem verwirklichten Unrecht der Tat gefragt. Der Inhalt der einzelnen Merkmale des Tatbestands richtet sich nach dem zu prüfenden Delikt. Die tatbestandlichen Voraussetzungen einer Körperverletzung sind selbstverständlich andere als die einer Sachbeschädigung. Insofern kann es zu Abweichungen von dem vorstehenden Grundschema kommen. Sofern Merkmale des objektiven Tatbestands vorliegen, ist im Anschluss der subjektive Tatbestand zu prüfen. Hier ist das Tatbestandsmerkmal des Vorsatzes in die gesetzliche Norm hineinzulesen. Einige Delikte fordern im subjektiven Tatbestand außerdem weitere deliktspezifische subjektive Merkmale (z. B. die Absicht rechtswidriger Zueignung beim Diebstahl nach § 242 StGB oder das Motiv der Habgier beim Mord nach § 211 StGB).

Liegen sämtliche objektiven und subjektiven Tatbestandsmerkmale vor, ist grundsätzlich davon auszugehen, dass ein solches Verhalten nicht erlaubt und damit rechtswidrig ist. Das heißt, die Verwirklichung des Tatbestands indiziert (bei dem ganz überwiegenden Teil der Delikte) dessen Rechtswidrigkeit. Im Rahmen der Rechtswidrigkeit wird überprüft, ob das tatbestandliche Verhalten ausnahmsweise rechtmäßig war, weil sich der Täter oder die Täterin auf einen Rechtfertigungsgrund, wie beispielsweise Notwehr nach § 32 StGB, berufen kann.

Auf der Ebene der Schuld werden der Täter oder die Täterin in den Blick genommen und es wird geprüft, ob die handelnde Person aufgrund ihrer Fähigkeiten, ihres Wissens und gegebenenfalls ihrer individuellen Konfliktsituation in der Lage war, sich normgerecht zu verhalten, bzw. ob ein normgerechtes Verhalten von der Person erwartet werden durfte.

Ist eine der drei Stufen nicht erfüllt, weil nicht alle hierfür erforderlichen Voraussetzungen vorliegen, ist die Strafbarkeit zu verneinen. In einem solchen Fall brauchen die nachfolgenden Prüfungspunkte nicht mehr angesprochen zu werden, da sie das Ergebnis der Straflosigkeit nicht mehr abändern können.

Für einige Delikte hat der Gesetzgeber außerdem Strafschärfungs- oder Strafmilderungsgründe (z. B. in § 243 StGB oder § 113 III StGB) vorgesehen. Für versuchte Delikte kommt außerdem der Strafaufhebungsgrund des Rücktritts nach § 24 StGB in Betracht. Sofern solche Umstände vorliegen, ist dieser Grund nach der Feststellung, dass grundsätzlich eine Strafbarkeit des Verhaltens vorliegt, als ergänzender Prüfungspunkt nach der Schuld anzusprechen (vgl. hierzu beispielhaft Fall 5 und Fall 13).

2.2 Prüfung mittels des Gutachtenstils bzw. der Subsumtionstechnik

Gerichtsurteile werden im sogenannten *Urteilsstil* abgefasst. Dabei stellt das Gericht sein Ergebnis voran und begründet dieses nachfolgend. Davon abweichend arbeiten Studierende in rechtlichen Fächern in der Regel mit dem sogenannten *Gutachtenstil*. Wesentlich für den Gutachtenstil ist, dass zunächst in einem Obersatz eine Hypothese formuliert wird (z. B. im Hinblick auf eine Strafbarkeit einer konkreten Person wegen einer Sachbeschädigung), die dann Schritt für Schritt im Hinblick auf die Verwirklichung von Tatbestand, Rechtswidrigkeit und Schuld geprüft wird. Dieses strukturierte Vorgehen wird nachfolgend an einem Beispielfall illustriert.

Beispiel

Anton hat nach einem Streit die Motorhaube des Pkws von Beate mit einem Schraubendreher großflächig mit mehreren tiefen Kratzern versehen.

Hat Anton sich durch dieses Verhalten strafbar gemacht?

Die Prüfung der Strafbarkeit des Anton ist mit einem *Obersatz* einzuleiten. Der üblicherweise im Konjunktiv formulierte Obersatz enthält immer die folgenden Bestandteile:

- Die Bezeichnung der Person, deren Strafbarkeit untersucht werden soll,
- die Benennung des im Weiteren zu erörternden Delikts unter Nennung des/der einschlägigen Paragrafen (möglichst auch des einschlägigen Absatzes) und der offiziellen Deliktsbezeichnung sowie
- die Benennung der Handlung, durch die sich die Person strafbar gemacht haben könnte.

Der Obersatz kann in diesem Beispielfall wie folgt lauten:

Anton könnte sich wegen einer Sachbeschädigung gemäß § 303 I StGB strafbar gemacht haben, indem er mit einem Schraubendreher die Motorhaube des Pkws der Beate zerkratzt hat.

Nach der Bildung des Obersatzes erfolgt die Überprüfung der aufgestellten Hypothese. Dabei ist wie folgt in vier Schritten vorzugehen:

1. Schritt: Es werden die **gesetzlichen Voraussetzungen** des jeweiligen Delikts anhand des Gesetzestextes herausgearbeitet.

Der Gesetzeswortlaut der Sachbeschädigung nach § 303 I StGB lautet: „Wer rechtswidrig eine fremde Sache beschädigt oder zerstört, wird mit […] bestraft." Es kann im vorstehenden Fall also wie folgt formuliert werden:

Für die Strafbarkeit wegen Sachbeschädigung muss nach dem Wortlaut des § 303 I StGB eine fremde Sache beschädigt oder zerstört worden sein.

2. Schritt: Es werden die **gesetzlichen Vorgaben** näher **definiert**, sofern sie nicht selbsterklärend sind. In diesem Schritt ist also darzulegen, was unter einer „Sache" zu verstehen ist, was mit „fremd" gemeint ist und wann von einer „Beschädigung" oder „Zerstörung" ausgegangen werden kann. Die Definitionen dieser Begriffe können in der Regel nicht direkt aus dem Gesetz entnommen werden, sondern bilden sich durch die Rechtsprechung und Literatur heraus. Die in der Rechtsprechung und Rechtswissenschaft entwickelten Definitionen (die sich in Lehrbüchern und Gesetzeskommentaren finden lassen) sind im Zweifel zu erlernen.

Es ist also mit der Prüfung des Beispielfalls wie folgt fortzufahren:

Bei dem Pkw von Beate müsste es sich also für Anton um eine fremde Sache handeln. Unter einer Sache sind alle körperlichen Gegenstände zu verstehen. Fremd ist eine Sache, wenn sie im Eigentum eines anderen steht. Beschädigt ist eine Sache, sofern eine nicht ganz unerhebliche Substanzverletzung eingetreten ist, durch die die Sache in ihrer Brauchbarkeit beeinträchtigt ist. Demgegenüber wird von der Zerstörung einer Sache gesprochen, wenn diese so wesentlich beschädigt wurde, dass deren Brauchbarkeit zu ihrem bestimmten Zweck nicht mehr gegeben ist.

3. Schritt: Nach der näheren inhaltlichen Klärung der gesetzlichen Vorgaben wird der konkrete **Lebenssachverhalt** unter diese zuvor gebildeten Definitionen **subsumiert**. Das heißt, der Lebenssachverhalt wird mit den zuvor definierten Voraussetzungen abgeglichen.

Die **Subsumtion** in diesem Beispielfall kann also lauten:

Der Pkw ist ein körperlicher Gegenstand. Er steht im Eigentum von Beate und ist deshalb für Anton eine fremde Sache. Die Möglichkeit, den Pkw als Fortbewegungsmittel zu nutzen, ist durch die Lackkratzer nicht aufgehoben. Durch die Kratzer wurde jedoch die Schutzschicht des Lacks durchbrochen und damit rostet das Fahrzeug leichter, falls die Motorhaube nicht wieder instand gesetzt wird. Die Kratzer stellen somit eine Substanzverletzung des Fahrzeugs dar.

4. Schritt:
Aus der Subsumtion ergibt sich im letzten Schritt die **Bejahung** oder **Verneinung** der Hypothese. Dies wird als **Ergebnis** festgehalten:

Somit hat Anton eine fremde Sache beschädigt.

Diese vierschrittige Vorgehensweise gilt sowohl „im Großen" („Voraussetzung der Strafbarkeit des Anton wegen Sachbeschädigung ist, dass er den Tatbestand des § 303 I StGB rechtswidrig und schuldhaft verwirklicht hat.

Hierfür müsste zunächst der Tatbestand vorliegen ...") als auch „im Kleinen" („Hierfür müsste zunächst eine Beschädigung vorliegen. Eine Beschädigung wird definiert als ..."). Oft wiederholt sich also das vierschrittige Verfahren auf den jeweiligen Ebenen und Unterebenen der Prüfung im Gutachtenstil.

Einen Einstieg in die grundlegende Technik der Prüfung im Gutachtenstil und der Subsumtion bietet Fall 1 der nachfolgend in Kapitel 3 aufgeführten Falllösungen.

3. Falllösungen

Fall 1: Strafrechtliche Gutachtentechnik für Einsteigende am Beispiel einer einfachen Körperverletzung gemäß § 223 StGB

Sachverhalt

Armin Achenbach (A) schlägt Bela Becker (B) mit der Faust ins Gesicht. B erleidet eine Platzwunde.

Hat sich A gemäß § 223 I StGB strafbar gemacht?

Lösung

A könnte sich gemäß § 223 I Alt. 1 und 2 StGB wegen Körperverletzung strafbar gemacht haben, indem er dem B mit der Faust ins Gesicht geschlagen hat.

I. Tatbestand

Dies setzt voraus, dass A den Tatbestand des § 223 I StGB verwirklicht hat.

1. Objektiver Tatbestand

Dafür müsste zunächst der objektive Tatbestand vorliegen. Der objektive Tatbestand setzt voraus, dass ein Mensch eine andere Person körperlich misshandelt oder an der Gesundheit geschädigt hat.

a) Eintritt des Taterfolgs
A müsste B – als andere Person – körperlich misshandelt oder an der Gesundheit geschädigt haben.

aa) Körperliche Misshandlung
Fraglich ist, ob der Faustschlag in das Gesicht des B eine körperliche Misshandlung gemäß § 223 I Alt. 1StGB darstellt. Unter körperlicher Misshandlung versteht man jede üble, unangemessene Behandlung, durch die das körperliche Wohlbefinden mehr als nur unerheblich beeinträchtigt wird.

Der Faustschlag in das Gesicht des B war so heftig, dass sich B dadurch eine Platzwunde zugezogen hat. Ein solch heftiger Schlag ist in der Regel sehr schmerzhaft. Die durch den Faustschlag verursachten Schmerzen beeinträchtigen das Wohlbefinden des B deshalb mehr als nur unerheblich. Somit hat A den B körperlich misshandelt.

bb) Gesundheitsschädigung
A könnte den B außerdem gemäß § 223 I Alt. 2 StGB an der Gesundheit geschädigt haben. Unter Gesundheitsschädigung versteht man das Hervorrufen oder Steigern eines pathologischen Zustands.

B hat eine Platzwunde erlitten. Eine Wunde stellt einen pathologischen Zustand dar. Durch den Faustschlag wurde dieser pathologische Zustand hervorgerufen. Infolgedessen hat A den B auch an der Gesundheit geschädigt.

Anmerkung

Zwar reicht es aus, dass entweder eine körperliche Misshandlung oder eine Gesundheitsschädigung vorliegt. Bei der Prüfung des § 223 I StGB empfiehlt es sich jedoch, stets beide Alternativen anzusprechen. Ein Grund hierfür besteht in der Möglichkeit, dass hinsichtlich einer der beiden Alternativen kein Vorsatz gegeben sein könnte. Es würde deshalb zu einem falschen Ergebnis führen, sofern im objektiven Tatbestand nur die Alternative angesprochen wird, bezüglich der im subjektiven Tatbestand der Vorsatz verneint werden muss.

b) Tathandlung
Die Tathandlung ist der Schlag des A in das Gesicht des B.

c) Kausalität
Des Weiteren müsste der Faustschlag des A kausal für die Platzwunde bei B gewesen sein. Kausal ist jede Handlung, die nicht hinweggedacht werden kann, ohne dass der Erfolg in seiner konkreten Gestalt entfiele.

Hätte A den B nicht in das Gesicht geschlagen, hätte B sich keine Platzwunde zugezogen. Somit kann der Faustschlag nicht hinweggedacht werden, ohne dass der Erfolg, die Platzwunde im Gesicht des B, entfällt. Der erforderliche Kausalzusammenhang zwischen Tathandlung und Erfolg liegt somit vor.

d) Objektiver Zurechnungszusammenhang
Darüber hinaus müsste ein objektiver Zurechnungszusammenhang zwischen dem Faustschlag des A und der Platzwunde des B bestehen. Objektiv zurechenbar kann ein durch menschliche Handlung verursachter Erfolg nur dann sein, wenn die Tathandlung eine rechtlich missbilligte Gefahr geschaffen und sich diese Gefahr in tatbestandstypischer Weise in dem Taterfolg niedergeschlagen hat.

Durch den Faustschlag hat A die Gefahr geschaffen, dass sich sein Opfer hierdurch Verletzungen zuzieht. Somit hat A eine rechtlich missbilligte Gefahr geschaffen, die sich in tatbestandstypischer Weise – nämlich in der schmerzhaften Platzwunde – im Taterfolg niedergeschlagen hat.

Folglich sind alle Voraussetzungen des objektiven Tatbestands erfüllt.

2. Subjektiver Tatbestand

Neben dem objektiven Tatbestand müsste auch der subjektive Tatbestand des § 223 I StGB verwirklicht worden sein. Der subjektive Tatbestand des § 223 I StGB setzt vorsätzliches Handeln des A voraus. Unter Vorsatz versteht man den Willen zur Verwirklichung des objektiven Tatbestands in Kenntnis aller objektiven Tatumstände.

A wusste, dass er dem B mit seiner Faust ins Gesicht schlägt. Es ist davon auszugehen, dass A den B auch schlagen wollte. Er wusste zudem bzw. hielt es mindestens für möglich, dass er B durch den Schlag Schmerzen und Verletzung zufügt, und hat diese zumindest billigend in Kauf genommen. Folglich hat A vorsätzlich gehandelt und damit auch den subjektiven Tatbestand verwirklicht.

Demnach hat A den Tatbestand des § 223 I StGB insgesamt verwirklicht.

II. Rechtswidrigkeit

Rechtfertigungsgründe sind nicht ersichtlich, sodass A den Tatbestand rechtswidrig erfüllt hat.

III. Schuld

Schuldausschließungs- und Entschuldigungsgründe sind nicht ersichtlich. Somit hat A den Tatbestand auch schuldhaft verwirklicht.

IV. Ergebnis

A hat sich wegen Körperverletzung gemäß § 223 I StGB strafbar gemacht.

Anmerkung

Gemäß § 230 StGB wird eine Körperverletzung nach § 223 StGB nur verfolgt, sofern ein Strafantrag durch die verletzte Person gestellt wird oder die Strafverfolgungsbehörden wegen des besonderen öffentlichen Interesses an der Strafverfolgung ein Einschreiten von Amts wegen für geboten halten.

Ist alternativ zum Strafantrag der verletzten Person die Bejahung des öffentlichen Interesses an der Strafverfolgung durch die Strafverfolgungsbehörden möglich, um eine Strafverfolgung aufnehmen zu können, handelt es sich um sogenannte relative Antragsdelikte (z. B. Körperverletzung gemäß § 223 StGB, Sachbeschädigung gemäß § 303 StGB, Diebstahl geringwertiger Sachen gemäß §§ 242 I, 248a StGB. Im Unterschied dazu hängt die Strafverfolgung bei absoluten Antragsdelikten (z. B. Hausfriedensbruch gemäß § 123 StGB, Beleidigung gemäß § 185 StGB) ausschließlich davon ab, dass die geschädigte Person (bzw. im Fall des Todes eine der in § 77 II StGB genannten Personen) einen entsprechenden Strafantrag stellt. Die Antragsfrist beträgt gemäß § 77b StGB drei Monate ab Kenntnis der berechtigten Person.

Die Frage nach Strafbarkeit ist von der Frage nach der Strafverfolgung zu trennen. Das heißt, auch ohne entsprechenden Strafantrag bzw. ohne die Bejahung des öffentlichen Interesses macht sich A im vorliegenden Fall wegen Körperverletzung strafbar. Der Strafantrag bzw. die Bejahung des öffentlichen Interesses sind nur für die Frage relevant, ob die Strafverfolgungsbehörden wegen dieser Straftat tätig werden.

Fall 2: Der Mord (unter Verwirklichung von tatbezogenen und täterbezogenen Mordmerkmalen)

Sachverhalt

Der auf Tötungsdelikte spezialisierte Kriminelle Patric Petry (P) soll für eine Auftraggeberin den Ole Ott (O) umbringen. Hierfür zahlt die Auftraggeberin an Patric Petry einen Betrag in Höhe von 25.000 €. P weiß, dass O während der Woche morgens sehr früh sein Wohnhaus verlässt, um zur Arbeit zu gehen. P versteckt sich deshalb an einem frühen Mittwochmorgen in der Nähe des Wohnhauses des O. Als der gut gelaunte O auf die Straße tritt, feuert P einen gezielten Schuss auf diesen ab. O verstirbt noch am Tatort an den Schussverletzungen.

Wie hat P sich strafbar gemacht?

Lösung

P könnte sich wegen Mordes gemäß §§ 212 I, 211 II Gr. 1. Var. 3, Gr. 2 Var. 1 StGB strafbar gemacht haben, indem er auf O geschossen hat.

Dies setzt zunächst die Verwirklichung des Grund- und des Qualifikationstatbestands voraus.

Anmerkung

Das systematische Verhältnis zwischen dem Totschlag nach § 212 StGB und dem Mord gemäß § 211 StGB ist umstritten. Die Rechtsprechung geht in ständiger Rechtsprechung davon aus, dass es sich bei § 211 StGB um ein eigenständiges Delikt handelt. In der Strafrechtswissenschaft wird demgegenüber ganz überwiegend zum Verhältnis von Totschlag und Mord vertreten, dass § 212 StGB der Grundtatbestand ist und § 211 StGB hierzu die Qualifikation bildet. Dieser Meinungsstreit muss in einem Gutachten regelmäßig nicht ausgeführt werden. Die Positionierung in diesem Streit zeigt sich in dem gewählten Prüfungsaufbau.

In der vorliegenden Handreichung wird die rechtswissenschaftliche Auffassung zugrunde gelegt.

I. Grundtatbestand des § 212 I StGB

Hierfür müsste zunächst der Grundtatbestand des Totschlags nach § 212 I StGB gegeben sein.

1. Objektiver Tatbestand des § 212 I StGB

Voraussetzung hierfür ist wiederum das Vorliegen des objektiven Tatbestands des § 212 I StGB.

a) Taterfolg
Dies setzt den Tod eines anderen Menschen voraus. O ist laut Sachverhalt tot. Der Taterfolg gemäß § 212 I StGB ist somit eingetreten.

b) Tathandlung
P hat auf O geschossen. Damit liegt auch eine entsprechende Tathandlung des P vor.

c) Kausalität
Darüber hinaus muss Kausalität zwischen der Tathandlung, der Schussabgabe des P und dem Taterfolg, dem Tod des O, vorliegen. Kausal ist jede Handlung, die nicht hinweggedacht werden kann, ohne dass der Erfolg in seiner konkreten Gestalt entfiele.

Denkt man die Schussabgabe des P hinweg, würde auch der Tod des O entfallen. Die Schussabgabe des P kann somit nicht hinweggedacht werden, ohne dass der Tod des O entfällt. Somit liegt Kausalität zwischen der Tathandlung des P und dem Taterfolg, dem Tod des O, vor.

d) Objektiver Zurechnungszusammenhang
Schließlich müsste auch ein objektiver Zurechnungszusammenhang zwischen Tathandlung und Taterfolg bestehen. Objektiv zurechenbar ist ein Erfolg nur dann, wenn durch die kausale Handlung eine rechtlich missbilligte Gefahr geschaffen wurde und sich diese in tatbestandstypischer Weise im Erfolg niedergeschlagen hat.

Die gezielte Schussabgabe auf einen Menschen birgt die rechtlich missbilligte Gefahr in sich, dass sich das Opfer Verletzungen, gegebenenfalls auch tödliche Verletzungen, zuziehen kann. Laut Sachverhalt ist O an der Schussverletzung verstorben. Mithin hat sich genau die Gefahr im Tod des O realisiert, die durch die Schussabgabe des P geschaffen worden ist. Der objektive Zurechnungszusammenhang ist deshalb zu bejahen.

Damit liegt der objektive Tatbestand des § 212 I StGB vor.

2. Subjektiver Tatbestand des § 212 I StGB

Fraglich ist, ob auch der subjektive Tatbestand des § 212 I StGB verwirklicht worden ist. Dies setzt Vorsatz voraus. Vorsatz ist das Wissen und Wollen hinsichtlich aller objektiven Tatbestandsmerkmale.

P hat für die Tötung des O einen Geldbetrag in Höhe von 25.000 € erhalten. Um seinen Auftrag zu erfüllen, muss er also den O töten. Er weiß auch, dass er den Tod durch einen Schuss mit einer Waffe herbeiführen kann. Somit liegen sowohl das Wissens- als auch das Wollenselement des Vorsatzes vor. Der Grundtatbestand ist folglich verwirklicht.

II. Qualifikationstatbestand des § 211 II StGB

Fraglich ist, ob darüber hinaus auch der Qualifikationstatbestand des § 211 II StGB gegeben ist.

1. Objektiver Tatbestand des § 211 II StGB

Als tatbezogenes objektives Mordmerkmal kommt vorliegend „Heimtücke" in Betracht. Heimtücke setzt die Arg- und Wehrlosigkeit des Opfers voraus, wobei die Wehrlosigkeit auf der Arglosigkeit beruhen muss. Arglos ist, wer zum Zeitpunkt der Tat mit keinem Angriff auf Körper und Leben rechnet. Wehrlos ist, wer infolge der Arglosigkeit zur Verteidigung unfähig oder stark eingeschränkt ist.

Streit herrscht darüber, mit welchem weiteren Merkmal die Heimtücke – über die Ausnutzung der Arg- und Wehrlosigkeit hinaus – zu begrenzen ist. Ein Teil der Lehre fordert, dass die heimtückische Tötung zusätzlich unter „verwerflicher Ausnutzung einer Vertrauensbeziehung" erfolgen muss. Die Rechtsprechung fordert statt des „verwerflichen Vertrauensbruchs", dass der Täter / die Täterin in „feindseliger Willensrichtung" tötet. Das heißt, es soll keine heimtückische Begehungsweise vorliegen, sofern der Täter aus Mitleid bzw. zum vermeintlich Besten des Opfers gehandelt hat.

Würde man eine Vertrauensbeziehung zwischen Täter und Opfer fordern, würden bestimmte Täter – z. B. der sogenannte „Auftragskiller" oder die „sozial Isolierte" – bzw. alle Täter, die keine persönliche Beziehung zum Opfer pflegen, privilegiert. Eine solche Besserstellung ist jedoch weder sachgerecht noch im Ergebnis nachvollziehbar konturiert. Demgegenüber beinhaltet der Begriff „Heimtücke" nach dem allgemeinen Sprachverständnis bereits eine feindselige Willensrichtung des Täters gegenüber dem Opfer, die sich auch darin zeigt, dass der Täter bzw. die Täterin die Arg- und Wehrlosigkeit des Opfers ausnutzen. Die Feindseligkeit gehört mithin bereits nach dem sprachlichen Verständnis zum wesentlichen Charakter der Heimtücke. Wird zum vermeintlich Besten des Opfers gehandelt, weist das Geschehen gerade nicht eine solche heimtückische Charakteristik auf. Vor diesem Hintergrund wird vorliegend als weiteres begrenzendes Merkmal die „feindselige Willensrichtung" des Täters und nicht der „verwerfliche Vertrauensbruch" herangezogen.

Anmerkung

Immer dann, wenn verschiedene Sichtweisen auf einen Prüfungsgegenstand möglich sind, sollten diese auch dargestellt, die Argumente gegeneinander abgewogen und sich letztlich für eine Auslegungsweise entschieden werden.

Aufgrund des Umstands, dass O gut gelaunt am Morgen sein Haus verlässt, um zur Arbeit zu gehen, kann davon ausgegangen werden, dass er zu diesem Zeitpunkt mit keinem Angriff auf sein Leben rechnete und damit arglos war. Aufgrund dieser Arglosigkeit war seine Abwehrbereitschaft eingeschränkt und er war damit auch wehrlos. P tötet den O, um von seiner Auftraggeberin 25.000 € zu erhalten. Eine Tötung aus Mitleid oder zum vermeintlich Besten des O liegt gerade nicht vor. Vor diesem Hintergrund kann von einer Feindseligkeit ausgegangen werden.

Der objektive Tatbestand einer heimtückischen Begehungsweise ist somit erfüllt.

Anmerkung

Die Mordmerkmale der zweiten Gruppe des § 211 II StGB beschreiben die Tat als solche und sind damit im objektiven Tatbestand zu prüfen. Die Merkmale der ersten und dritten Gruppe des § 211 II StGB sind hingegen Motive der Tatbegehung, damit täterbezogene Merkmale, und deshalb im subjektiven Tatbestand zu erörtern.

Insgesamt enthält der Mordtatbestand neun objektive oder subjektive Mordmerkmale. Zur Bejahung des § 211 StGB genügt die Bejahung eines Mordmerkmals und zwar unabhängig von dessen Zuordnung als objektiv oder subjektiv.

2. Subjektiver Tatbestand des § 211 II StGB

a) Vorsatz hinsichtlich der heimtückischen Begehungsweise

Voraussetzung des subjektiven Tatbestands ist zunächst, dass P hinsichtlich der heimtückischen Begehungsweise vorsätzlich gehandelt hat.

Laut Sachverhalt versteckt sich der P gezielt, um den O aus dem Hinterhalt zu töten. Das heißt, P rechnet mit der Arglosigkeit des O und will diese ausnutzen, um eine Gegenwehr des O zu unterbinden. Damit liegt ein entsprechender Vorsatz vor.

b) Mordmerkmal „Habgier“
Darüber hinaus könnte im vorliegenden Fall das Mordmerkmal „Habgier“ der ersten Gruppe verwirklicht sein. Unter Habgier versteht man das Streben nach Gewinn um jeden Preis, auch um den Preis eines Menschenlebens.

Die Auftraggeberin hat P für die Tötung des O die Zahlung von 25.000 € in Aussicht gestellt. Diese Zahlung ist das Motiv seiner Tat. Vor diesem Hintergrund ist das Mordmerkmal „Habgier“ ebenfalls gegeben.

Somit liegt auch der subjektive Tatbestand des § 211 II StGB vor.

Der Tatbestand der §§ 212 I, 211 II StGB ist mithin insgesamt verwirklicht.

Anmerkung

Sofern kein tatbezogenes Mordmerkmal des objektiven Tatbestands, sondern lediglich täterbezogene Mordmerkmale geprüft werden sollen, empfiehlt es sich, den Qualifikationstatbestand ausnahmsweise nicht in einen objektiven und subjektiven Teil aufzuspalten, sondern in einem (einheitlichen) Qualifikationstatbestand die in Betracht kommenden subjektiven Mordmerkmale anzusprechen. Vgl. hierzu auch den Klausurfall „Der erschrockene Kampfsportler und eine Familientragödie“.

III. Rechtswidrigkeit

Rechtfertigungsgründe sind nicht ersichtlich, somit handelte P auch rechtswidrig.

IV. Schuld

Entschuldigungs- und Schuldausschließungsgründe liegen ebenfalls nicht vor. P handelte mithin auch schuldhaft.

V. Ergebnis

P hat sich wegen Mordes gemäß §§ 212 I, 211 II StGB strafbar gemacht.

Fall 3: Die gefährliche Körperverletzung gemäß §§ 223 I, 224 I StGB

Sachverhalt

Albrecht Ackermann (A) versteht sich als sogenannter „Querdenker" und lehnt Impfungen zum Schutz vor Infektionskrankheiten grundsätzlich ab. Vor einer ärztlichen Praxis, die entsprechende Schutzimpfungen durchführt, halten A und Gleichgesinnte eine Mahnwache ab, um auf die vermeintlichen Gefahren einer solchen Impfung hinzuweisen. Schnell kommt es zu verbalen Auseinandersetzungen mit Impfbefürwortenden, die auf dem Weg zu der ärztlichen Praxis sind. Nachdem die verbale Auseinandersetzung immer mehr eskaliert ist, rennt A schließlich wütend auf Britt Barlow (B) zu und schleudert diese so gezielt gegen eine Hauswand, dass B mit dem Hinterkopf gegen die Kante der Hauswand schlägt und dadurch eine schwere Gehirnerschütterung sowie eine Platzwunde erleidet. Die Platzwunde muss ärztlich versorgt werden, indem sie mit mehreren Stichen vernäht wird.

Wie hat sich A strafbar gemacht?

Lösung

A könnte sich gemäß §§ 223 I, 224 I Nr. 2 und Nr. 5 StGB wegen gefährlicher Körperverletzung strafbar gemacht haben, indem er die B gegen die Hauswand schleudert und sich diese eine schwere Gehirnerschütterung sowie eine Platzwunde zuzieht.

I. Grundtatbestand des § 223 I StGB

Hierfür müsste zunächst der Grundtatbestand des § 223 I StGB vorliegen.

1. Objektiver Tatbestand des § 223 I StGB

Dies setzt wiederum die Verwirklichung des objektiven Tatbestands des § 223 I StGB voraus.

a) Taterfolg
A müsste die B – als andere Person – körperlich misshandelt oder an der Gesundheit geschädigt haben.

aa) Körperliche Misshandlung
Fraglich ist, ob eine körperliche Misshandlung gegeben ist. Unter körperlicher Misshandlung versteht man jede üble, unangemessene Behandlung,

durch die das körperliche Wohlbefinden mehr als nur unerheblich beeinträchtigt wird.

Durch das Gegen-die-Hauswand-Schleudern wird B am Kopf verletzt. Sie erleidet eine schwere Gehirnerschütterung und eine Platzwunde. Es kann davon ausgegangen werden, dass mit diesen Verletzungen Schmerzen und Übelkeit verbunden sind und damit das körperliche Wohlbefinden der B mehr als nur unerheblich beeinträchtigt worden ist. Eine körperliche Misshandlung im Sinne von § 223 I Alt. 1 StGB liegt damit vor.

bb) Gesundheitsschädigung

Fraglich ist, ob darüber hinaus auch eine Gesundheitsschädigung vorliegt. Unter Gesundheitsschädigung versteht man das Hervorrufen oder Steigern eines pathologischen Zustands.

B hat eine Gehirnerschütterung sowie eine Platzwunde am Hinterkopf erlitten. Es handelt sich hierbei jeweils um einen pathologischen Zustand. Dieser pathologische Zustand ist auch durch das Gegen-die-Hauswand-Schleudern des A hervorgerufen worden. Eine Gesundheitsschädigung gemäß § 223 I Alt. 2 StGB liegt folglich ebenfalls vor.

b) Tathandlung

Die Tathandlung ist hier das Gegen-die-Hauswand-Schleudern durch A.

c) Kausalität

Darüber hinaus müsste eine Kausalität zwischen der Tathandlung des A (das Gegen-die-Hauswand-Schleudern) und der bei B eingetretenen Verletzungen bestehen. Kausal ist jede Handlung, die nicht hinweggedacht werden kann, ohne dass der Erfolg in seiner konkreten Gestalt entfiele.

Hätte der A die B nicht gegen die Wand geschleudert, hätte B keine Gehirnerschütterung und keine Platzwunde erlitten. Somit kann das Gegen-die-Hauswand-Schleudern nicht hinweggedacht werden, ohne dass der tatbestandliche Erfolg entfiele. Der erforderliche Kausalzusammenhang zwischen Tathandlung und Erfolg ist damit gegeben.

d) Objektiver Zurechnungszusammenhang

Darüber hinaus muss ein objektiver Zurechnungszusammenhang zwischen dem Gegen-die-Hauswand-Schleudern durch A und der erlittenen Platzwunde bzw. der Gehirnerschütterung der B bestehen. Objektiv zurechenbar kann ein durch menschliche Handlung verursachter Erfolg nur dann sein, wenn die Tathandlung eine rechtlich missbilligte Gefahr geschaffen hat und sich diese in tatbestandstypischer Weise in dem Erfolg niedergeschlagen hat.

Durch das Gegen-die-Hauswand-Schleudern hat A die Gefahr geschaffen, dass sich hierdurch das Opfer erhebliche Verletzungen zuzieht. Eine solche Gefahr wird rechtlich nicht gebilligt, sondern missbilligt. Diese rechtlich missbilligte Gefahr hat sich im konkreten Fall in der Platzwunde und der Gehirnerschütterung bei B realisiert. Somit hat A eine rechtlich missbilligte Gefahr geschaffen, die sich im konkreten tatbestandlichen Erfolg, nämlich der Platzwunde und der Gehirnerschütterung, realisiert hat. Der objektive Zurechnungszusammenhang liegt damit vor.

A hat den objektiven Tatbestand des § 223 I StGB somit verwirklicht.

2. Subjektiver Tatbestand des § 223 I StGB

Fraglich ist, ob darüber hinaus auch der subjektive Tatbestand des § 223 I StGB verwirklicht worden ist, das heißt, ob A auch vorsätzlich gehandelt hat. Unter Vorsatz versteht man den Willen zur Verwirklichung des objektiven Tatbestandes in Kenntnis aller objektiven Umstände.

A war wütend auf B, weil diese Impfungen befürwortet. Es ist davon auszugehen, dass A wusste, dass sich B für den Fall, dass er diese gegen die Hauswand schleudert, sich Verletzungen und Schmerzen zuziehen kann. Da A die B trotz dieses Wissens gegen die Wand schleuderte, hat er den tatbestandlichen Erfolg mindestens billigend in Kauf genommen. Der Vorsatz des A (hier mindestens in Form des Eventualvorsatzes) liegt somit vor.

Der Grundtatbestand des § 223 I StGB ist damit erfüllt.

II. Qualifikationstatbestand des § 224 I StGB

Fraglich ist darüber hinaus, ob auch der Qualifikationstatbestand des § 224 I StGB erfüllt ist.

1. Objektiver Tatbestand

Dies setzt die Bejahung des objektiven Tatbestands voraus.

a) Gefährliches Werkzeug gemäß § 224 I Nr. 2 StGB
Bei der Hauswand könnte es sich um ein gefährliches Werkzeug im Sinne von § 224 I Nr. 2 StGB handeln. Ein gefährliches Werkzeug ist ein Gegenstand, der nach seiner objektiven Beschaffenheit und der Art seiner Verwendung im konkreten Fall dazu geeignet ist, erhebliche Körperverletzungen herbeizuführen. Problematisch könnte allerdings sein, dass die Hauswand unbeweglich ist. Es stellt sich die Frage, ob das gefährliche Werkzeug beweglich sein muss. Die Antwort hierauf ist umstritten.

Für eine Einbeziehung von unbeweglichen Gegenständen in den Anwendungsbereich des § 224 I Nr. 2 StGB spricht, dass nicht nur mit beweglichen Gegenständen (die typischerweise gegen das Opfer geführt werden), sondern auch mit unbeweglichen Gegenständen (bei denen das Opfer gegen den Gegenstand – z. B. eine Steinwand, eine Bordsteinkante, eine verbaute Maschine – geführt wird) erhebliche Verletzungen herbeigeführt werden können und genau eine solche Gefährlichkeit über § 224 I StGB sanktioniert werden soll. Auf der anderen Seite ist nach dem allgemeinen Sprachverständnis ein Werkzeug ein beweglicher Gegenstand, der typischerweise gegen das Opfer geführt wird bzw. geführt werden kann (hier denkt man beispielsweise spontan an einen Hammer, einen Schraubendreher, aber auch an einen Stein oder eine Schere). Unbewegliche Gegenstände würden damit aus dem Anwendungsbereich des § 224 I Nr. 2 StGB herausfallen.

Vor dem Hintergrund, dass lebensgefährdende Verletzungen auch von § 224 I Nr. 5 StGB umfasst sind, führt es zu keiner Strafbarkeitslücke, sofern man § 224 I Nr. 2 StGB – im Einklang mit dem allgemeinen Wortlautverständnis – auf bewegliche Gegenstände beschränken würde. Eine solche Vorgehensweise hat auch den Vorteil, dass sie nicht gegen das Analogieverbot aus Art. 103 II GG verstößt. Damit können nach der hier vertretenen Ansicht nur bewegliche Gegenstände gefährliche Werkzeuge im Sinne des § 224 I Nr. 2 StGB sein.

Somit handelt es sich bei der Hauswand um kein gefährliches Werkzeug im Sinne von § 224 I Nr. 2 StGB. Diese Tatbestandsvariante ist deshalb zu verneinen.

Anmerkung

Immer dann, wenn verschiedene Sichtweisen auf einen Prüfungsgegenstand möglich sind, sollten diese auch dargestellt, die Argumente gegeneinander abgewogen und sich letztlich für eine Auslegungsweise entschieden werden.

Anmerkung

Da zur Bejahung der gefährlichen Körperverletzung nach §§ 223 I, 224 I StGB lediglich ein Merkmal des § 224 I StGB vorliegen muss, ist es unschädlich, sofern innerhalb der Deliktsprüfung einzelne Varianten zu verneinen sind. Für eine Bejahung des Tatbestands genügt es, dass eine Ziffer des § 224 I StGB vorliegt.

b) Lebensgefährdende Behandlung gemäß § 224 I Nr. 5 StGB

Fraglich ist ferner, ob im vorliegenden Fall eine lebensgefährdende Behandlung gemäß § 224 I Nr. 5 StGB gegeben ist. Unter einer das Leben gefährdenden Behandlung ist jede Einwirkung des Täters zu verstehen, die abstrakt geeignet ist, das Opfer in Lebensgefahr zu bringen. Das Schleudern eines menschlichen Kopfes gegen eine Hauswand ist grundsätzlich geeignet, lebensgefährliche Verletzungen herbeizuführen. Im konkreten Fall hat A die B so heftig gegen die Hauswand geschleudert, dass sich diese sowohl eine schwere Gehirnerschütterung als auch eine Platzwunde am Hinterkopf zugezogen hat. Diese Wunde war so massiv, dass sie im Krankenhaus versorgt werden musste. Vor diesem Hintergrund ist zumindest denkbar, dass sich B durch die Tätlichkeit noch schwerere, sogar lebensgefährdende Verletzungen hätte zuziehen können. Von einer abstrakten Lebensgefährlichkeit eines solchen Stoßes gegen die Hauswand kann also ausgegangen werden.

Anmerkung

Teilweise wird in der strafrechtlichen Literatur auch angenommen, dass es sich bei § 224 I Nr. 5 StGB nicht nur um eine abstrakte Lebensgefahr handeln muss, sondern dass das Opfer in eine konkrete Lebensgefahr gebracht werden muss. Mangels entsprechender Anhaltspunkte wäre dies im vorliegenden Fall nicht gegeben. Vor diesem Hintergrund könnte mit entsprechender Argumentation auch § 224 I Nr. 5 StGB verneint werden.

2. Subjektiver Tatbestand

Darüber hinaus müsste A auch vorsätzlich hinsichtlich der lebensgefährdenden Behandlung gehandelt haben. Ausweislich des Sachverhalts hat der A die B so gezielt gegen die Hauswand geschleudert, dass B mit dem Kopf gegen die Wand schlägt. Es darf unterstellt werden, dass der A erkannte, dass die Möglichkeit besteht, dass sich das Opfer hierdurch erhebliche, unter Umständen sogar lebensgefährliche, Verletzungen zuzieht. Dies hat er offensichtlich billigend in Kauf genommen, als er B den Stoß versetzte. Vorsatz liegt somit vor.

Der Tatbestand des § 224 I StGB ist erfüllt.

Damit liegt der gesamte Tatbestand der §§ 223 I, 224 I StGB vor.

III. Rechtswidrigkeit

Rechtfertigungsgründe sind nicht ersichtlich. A handelte somit auch rechtswidrig.

IV. Schuld

Entschuldigungsgründe und Schuldausschließungsgründe sind nicht ersichtlich. A handelte mithin auch schuldhaft.

V. Ergebnis

A hat sich gemäß §§ 223 I, 224 I Nr. 5 StGB strafbar gemacht.

Fall 4: Der Diebstahl gemäß § 242 I StGB

Sachverhalt

Ada Abdu (A) geht in einen Supermarkt und legt Brot, Eier und Käse in ihren Einkaufswagen. Als sie am Spirituosenregal vorbeikommt, greift sie in einem scheinbar unbeobachteten Moment nach einer Flasche Gin für 38,99 € und steckt diese in ihren Rucksack, um sich einen schönen Gin-Tonic-Abend mit ihren Freundinnen zu machen. An der Kasse legt sie die Waren aus dem Einkaufswagen auf das Kassenband und bezahlt diese. Den Gin lässt sie im Rucksack, sodass dieser nicht abkassiert wird. Hinter dem Kassenbereich wird A von einer Kaufhausdetektivin angesprochen, die das gesamte Geschehen beobachtet hat.

Hat sich A gemäß § 242 I StGB strafbar gemacht?

Lösung

A könnte sich wegen Diebstahls gemäß § 242 I StGB strafbar gemacht haben, indem sie die Ginflasche in ihren Rucksack gesteckt hat.

I. Tatbestand

Hierfür müsste A den Tatbestand des § 242 I StGB verwirklicht haben.

1. Objektiver Tatbestand

Voraussetzung für das Vorliegen des objektiven Tatbestands ist, dass A eine fremde bewegliche Sache weggenommen hat.

a) Tatobjekt: fremde bewegliche Sache
Bei der Ginflasche könnte es sich für A um eine fremde bewegliche Sache handeln. Unter einer Sache ist jeder körperliche Gegenstand im Sinne von § 90 BGB zu verstehen. Beweglich sind alle Sachen, die tatsächlich fortgeschafft werden können. Eine Sache ist fremd, sofern sie im Eigentum eines anderen steht und nicht herrenlos ist.

Die Flasche ist ein körperlicher Gegenstand im Sinne des § 90 BGB, die fortgeschafft werden kann und die im Eigentum des Supermarkts steht. Mithin handelt es sich bei der Flasche für A um eine fremde bewegliche Sache.

Anmerkung

Die Definitionen der Begriffe „Sache“, „beweglich“ und „fremd“ müssen beherrscht werden. Allerdings erscheint es in den Klausuren oft wenig sinnvoll, eine umfassende Prüfung der einzelnen Merkmale (unter Nennung sämtlicher Definitionen und getrennter Subsumtion der einzelnen Merkmale) vorzunehmen, sofern das Vorliegen der „fremden beweglichen Sache“ offenkundig ist. In solchen Fällen wird in der Regel akzeptiert, dass auf die Nennung der Definitionen verzichtet wird und sich ihre Beherrschung lediglich in der vorgenommenen Subsumtion des Sachverhalts widerspiegelt.

Nur wenn ein Merkmal problematisch ist, ist auf dieses Merkmal fallbezogen näher einzugehen (z. B. auf das Merkmal der „Beweglichkeit“, sofern mit dem Erdboden verschraubte Eisenbahnschienen entwendet werden sollen, oder auf das Merkmal „Fremdheit“, sofern der Täter / die Täterin Miteigentum an dem Tatobjekt hat).

b) Tathandlung: Wegnahme

Ferner müsste A die Ginflasche weggenommen haben. Unter Wegnahme ist der Bruch fremden und die Begründung neuen, in der Regel – aber nicht notwendigerweise – tätereigenen Gewahrsams zu verstehen. Gewahrsam wird als das von einem Herrschaftswillen getragene tatsächliche Herrschaftsverhältnis einer Person über die Sache verstanden.

Zu dem Zeitpunkt, in dem die Ginflasche noch im Supermarktregal stand, hatte der Supermarkt die tatsächliche Sachherrschaft über sie, da seine Mitarbeiter und Mitarbeiterinnen auf die Flasche jederzeit zugreifen konnten. In dem Moment, in dem die A die Flasche in ihren Rucksack steckt, kann das Personal des Supermarkts nicht mehr auf die Flasche zugreifen. Hieran ändert auch der Umstand, dass die Kaufhausdetektivin den Vorgang noch im Supermarkt, das heißt in dessen Herrschaftsbereich, beobachtet hat, nichts. Trotz Kenntnis des Umstands, dass A die Flasche in ihrem Rucksack verborgen hält, kann die Kaufhausdetektivin ohne Einwilligung der A nicht auf den Inhalt des Rucksacks zugreifen. Durch das Einstecken der Ginflasche hat die A eine *Gewahrsamsenklave* in dem Herrschaftsbereich Supermarkt geschaffen, da nur sie ungehindert auf die Flasche einwirken kann. Durch das Einstecken der Flasche hat A mithin den Gewahrsam des Supermarkts an der Flasche gebrochen und gleichzeitig neuen (eigenen) Gewahrsam an ihr begründet. Die Wegnahmehandlung ist somit zu bejahen.

Der objektive Tatbestand liegt folglich vor.

Anmerkung

Diebstahlsdelikte sind keine geheimen Delikte, sondern können auch völlig offen begangen werden. Ein Diebstahl kann demnach auch dann verwirklicht sein, wenn die Wegnahmehandlung zwar aus Sicht des Täters / der Täterin heimlich erfolgt, tatsächlich jedoch beobachtet wird. Das heißt, bereits im Supermarkt selbst (noch vor dem Kassenbereich) wurde im vorliegenden Fall der objektive Tatbestand des § 242 I StGB vollständig verwirklicht.

Der Umstand, dass Kunden, die unter Diebstahlsverdacht stehen, häufig vom Personal erst hinter dem Kassenbereich angesprochen werden, findet seine Begründung zumeist in der Beweisproblematik der Merkmale des subjektiven Tatbestands.

2. Subjektiver Tatbestand

a) Vorsatz

A müsste hinsichtlich der Wegnahme der Ginflasche als fremder beweglicher Sache auch vorsätzlich gehandelt haben. Unter Vorsatz versteht man das Wissen und Wollen hinsichtlich aller objektiven Tatbestandsmerkmale.

A wusste, dass es sich bei der Ginflasche für sie um eine fremde bewegliche Sache handelt. Indem sie diese bewusst in ihrem Rucksack verstaute, wusste sie auch, dass sie die Flasche dem tatsächlichen Zugriff des Supermarktes entzieht und eigene Sachherrschaft an ihr begründet. Genau dies wollte die A auch. Somit handelte A auch vorsätzlich.

b) Absicht rechtswidriger Zueignung

A müsste hinsichtlich der Wegnahme der Flasche außerdem mit der Absicht rechtswidriger Zueignung gehandelt haben. Die Zueignungsabsicht besteht in der Begründung des Eigenbesitzes unter Ausschluss der Berechtigten mit dem Willen, wie eine Eigentümerin über die Sache zu verfügen. Dafür müsste die A mit Aneignungsabsicht gehandelt haben, das heißt, sie muss den zielgerichteten Willen besessen haben, entweder die Ginflasche selbst oder den in ihr verkörperten Sachwert wenigstens vorübergehend ihrem Vermögen zuzuführen. Ferner müsste die A es mindestens billigend in Kauf genommen haben, dass der Supermarkt dauerhaft aus seiner Eigentümerposition verdrängt wird (sogenannter Enteignungsvorsatz). Rechtswidrig ist die erstrebte Zueignung, wenn sie objektiv im Widerspruch zur Eigentumsordnung steht.

Aufgrund der Sachverhaltsangaben will A den Gin selbst trinken bzw. damit Gäste bewirten. Sie will somit den Gin ihrem eigenen Vermögen zuführen. Da sie diesen konsumieren will, will sie außerdem den Supermarkt dauerhaft aus seiner Eigentümerposition verdrängen bzw. weiß sie, dass der Supermarkt die Flasche nicht zurückerlangen wird, und nimmt dies mindestens billigend in Kauf. Da die A keinen Anspruch auf kostenfreie Übereignung der Ginflasche gegenüber dem Supermarkt hatte, war die von ihr erstrebte Zueignung auch rechtswidrig.

Der subjektive Tatbestand liegt somit vor.

Der gesamte Tatbestand des § 242 I StGB wurde folglich verwirklicht.

II. Rechtswidrigkeit

Rechtfertigungsgründe sind nicht ersichtlich. A verwirklichte somit den Tatbestand rechtswidrig.

III. Schuld

Schuldausschließungsgründe oder Entschuldigungsgründe liegen nicht vor. A handelte deshalb auch schuldhaft.

IV. Ergebnis

A hat sich wegen Diebstahls gemäß § 242 I StGB strafbar gemacht.

Fall 5: Der Diebstahl in einem besonders schweren Fall gemäß §§ 242 I, 243 I S. 2 StGB

Sachverhalt

Stefan Staab (S) ist bereits mehrfach wegen Diebstahlsdelikten verurteilt worden, weil er immer wieder Zigaretten aus Geschäften und Kiosken entwendet hat, um sie sodann weiterzuverkaufen. Durch dieses Vorgehen verdient er sich seit etwa zwei Jahren monatlich ca. 1.000 € hinzu.

An einem Donnerstagabend ist es wieder so weit: Als die Tankstelle in der nahe gelegenen Kleinstadt gegen 22:00 Uhr schließt, wartet S noch bis Mitternacht ab, hebelt sodann ein Seitenfenster des Tankstellengebäudes auf, gelangt durch das Fenster in den Verkaufsraum, verstaut dort in mitgebrachte Taschen Zigaretten im Wert von 700 € und verlässt sodann das Gebäude durch das geöffnete Fenster.

Wie hat sich S gemäß §§ 242 ff. StGB strafbar gemacht?

Lösung

S könnte sich wegen Diebstahls in einem besonders schweren Fall nach §§ 242 I, 243 I S. 2 Nr. 1 und 3 StGB strafbar gemacht haben, indem er an einem Donnerstagabend das Seitenfenster des Tankstellengebäudes aufgehebelt und sodann im Gebäudeinneren Zigaretten im Wert von 700 € entwendet hat.

I. Tatbestand

Hierfür müsste S zunächst den Tatbestand des § 242 I StGB verwirklicht haben.

1. Objektiver Tatbestand

Voraussetzung für das Vorliegen des objektiven Tatbestands ist, dass S eine fremde bewegliche Sache weggenommen hat.

a) Tatobjekt: fremde bewegliche Sache
Bei den Zigaretten handelt es sich für S um fremde bewegliche Sachen, da es sich um einen körperlichen Gegenstand handelt, der tatsächlich fortbewegt werden kann und nicht im Alleineigentum des S steht.

b) Tathandlung: Wegnahme
Ferner müsste S die Zigaretten weggenommen haben. Unter Wegnahme ist

der Bruch fremden und die Begründung neuen, in der Regel tätereigenen Gewahrsams zu verstehen. Gewahrsam wird als das von einem Herrschaftswillen getragene tatsächliche Herrschaftsverhältnis einer Person über die Sache verstanden.

Ursprünglich standen die Zigaretten im Gewahrsam der Betreiberin bzw. des Betreibers der Tankstelle. Indem S die Zigaretten in Taschen verpackt und damit das Gebäude verlassen hat, hat er diesen Gewahrsam gebrochen und neuen, hier tätereigenen, Gewahrsam an den Zigaretten begründet.

Damit ist der objektive Tatbestand insgesamt zu bejahen.

2. Subjektiver Tatbestand

a) Vorsatz
S müsste hinsichtlich der Wegnahme der Zigaretten auch vorsätzlich gehandelt haben. Unter Vorsatz versteht man das Wissen und Wollen hinsichtlich aller objektiven Tatbestandsmerkmale.

S wusste, dass es sich bei den Zigaretten für ihn um fremde bewegliche Sachen handelt. Indem er diese bewusst in seinen mitgebrachten Taschen verstaute und mitnahm, wusste er auch, dass er die Zigaretten dem tatsächlichen Zugriff des Tankstellenbetreibers bzw. der Tankstellenbetreiberin entzieht und eigene Sachherrschaft an ihnen begründet. Dies wollte der S. Somit handelte S vorsätzlich.

b) Absicht rechtswidriger Zueignung
S müsste hinsichtlich der Wegnahme der Zigaretten außerdem mit der Absicht rechtswidriger Zueignung gehandelt haben. Die Zueignungsabsicht besteht in der Begründung des Eigenbesitzes unter Ausschluss der Berechtigten mit dem Willen, wie ein Eigentümer über die Sache zu verfügen. Dafür müsste S mit Aneignungsabsicht gehandelt haben, das heißt, er muss den zielgerichteten Willen besessen haben, entweder die Zigaretten selbst oder den in ihnen verkörperten Sachwert wenigstens vorübergehend seinem Vermögen oder dem Vermögen eines Dritten zuzuführen. Ferner müsste der S es mindestens billigend in Kauf genommen haben, dass der oder die Tankstellenbetreibende dauerhaft aus der Eigentümerposition verdrängt wird. Rechtswidrig ist die erstrebte Zueignung, wenn sie objektiv im Widerspruch zur Eigentumsordnung steht.

S will die Zigaretten an sich nehmen, um sie später weiterzuverkaufen. Damit will er sich die Zigaretten selbst vorübergehend aneignen. Aufgrund des Umstands, dass er die Zigaretten weiterverkaufen will, weiß er, dass der bzw. die Tankstellenbetreibende mit hoher Wahrscheinlichkeit nicht mehr die ursprüngliche Eigentümerposition zurückerlangt, und nimmt dies mindestens billigend in Kauf.

Da S keinen Anspruch auf kostenfreie Übereignung der Zigaretten hat, war die von ihm erstrebte Zueignung auch rechtswidrig.

Der subjektive Tatbestand liegt somit vor.

II. Rechtswidrigkeit

S verwirklichte somit den Tatbestand rechtswidrig.

III. Schuld

S handelte auch schuldhaft.

IV. Zwischenergebnis

S hat sich grundsätzlich wegen Diebstahls gemäß § 242 I StGB strafbar gemacht.

V. Strafzumessungsgrund des § 243 I S. 2 Nr. 1 und 3 StGB

Fraglich ist jedoch, ob vorliegend das höhere Strafmaß des § 243 I StGB zum Tragen kommen kann. Hiervon können Gerichte Gebrauch machen, wenn mindestens eines der in § 243 I StGB genannten Regelbeispiele verwirklicht worden ist.

Anmerkung

In Abweichung zu den grundsätzlichen Ausführungen in Kapitel 2.1 wird hier das Aufbauschema der strafrechtlichen Prüfung um die weitere Ebene der Strafzumessung ergänzt. Nach der Bejahung der schuldhaften Verwirklichung des Tatbestands und der Feststellung, dass grundsätzlich eine Strafbarkeit vorliegt, wird zusätzlich die Frage nach dem anzuwendenden Strafrahmen aufgeworfen. § 243 StGB stellt – anders als Qualifikationen (vgl. z. B. § 244 StGB) – nach vorherrschender Meinung gerade keinen eigenen Tatbestand dar, sondern formuliert lediglich Beispiele, in denen vom Strafrahmen des § 242 StGB abgewichen werden *kann* und der verschärfte Strafrahmen des § 243 StGB zur Anwendung gelangen *kann.*

Diese Ebene wird immer nur dann angesprochen, wenn der Gesetzgeber eine Strafschärfungsmöglichkeit oder eine Strafmilderungsmöglichkeit vorgesehen hat.

Eine Abgrenzung der Strafschärfungsgründe zu Qualifikationstatbeständen, die auf der Ebene des Tatbestands erörtert werden, fällt Einsteigenden in die strafrechtliche Materie nicht immer leicht. Handelt es sich um Strafzumessungsregeln, spricht der Gesetzgeber von dem „besonders schweren Fall des […]“ bzw. dem „minder schweren Fall des […]“.

Bei benannten Strafschärfungsgründen (vgl. hierzu den Wortlaut des § 243 I StGB) findet sich in der Norm zusätzlich die Formulierung: „Ein besonders schwerer Fall liegt in der Regel vor, wenn […]“. Deshalb wird in solchen Fällen auch von Regelbeispielen gesprochen. Das heißt, der Gesetzgeber benennt Beispiele, bei denen er davon ausgeht, dass regelmäßig der erhöhte Strafrahmen zur Anwendung gelangt, lässt den Gerichten im konkreten Fall jedoch die Möglichkeit, auf den Strafrahmen des Grunddelikts zurückzugreifen. Da es sich nur um Beispiele handelt, besteht für Gerichte andererseits auch die Option, in Konstellationen, die der Gesetzgeber in der Norm nicht aufgeführt hat, die aber mit den dort fixierten Beispielen vergleichbar sind, auf den höheren Strafrahmen zuzugreifen.

1. Strafzumessungsgrund gemäß § 243 I S. 2 Nr. 1 StGB

In Betracht kommt vorliegend ein Einbruchsdiebstahl nach § 243 I S. 2 Nr. 1 StGB, weil S zum Zweck des Diebstahls in das Tankstellengebäude eingedrungen ist.

a) Objektive Merkmale

Als Tatobjekt der Nr. 1 kommen – mit Ausnahme der Wohnung – alle Raumgebilde in Betracht, die zum Betreten von Menschen bestimmt sind und mit Vorkehrungen versehen sind, die das Eindringen Unbefugter verhindern sollen. Als Unterfall nennt der Gesetzgeber beispielhaft unter anderem Geschäftsräume. Das Tankstellengebäude erfüllt diese Kriterien.

Als Tathandlung kommt im vorliegenden Fall „Einbrechen“ in Betracht. Unter Einbrechen ist das gewaltsame, nicht notwendigerweise substanzverletzende Öffnen oder Erweitern eines Zugangs zu einem verschlossenen Raum zu verstehen. Dies setzt eine nicht unerhebliche körperliche Kraftanstrengung voraus. Laut Sachverhalt hebelt S ein Seitenfenster des Tankstellengebäudes auf, um ins Innere zu gelangen. Das Aufhebeln eines Fensters erfordert eine nicht unerhebliche Kraftanstrengung des Täters oder der Täterin, um sich so gewaltsam einen Zugang zum verschlossenen Gebäudeinneren zu verschaffen. Ein Einbrechen kann somit als Tathandlung im vorliegenden Fall bejaht werden. Mithin liegen die objektiven Merkmale des § 243 I S. 2 Nr. 1 StGB vor.

b) Subjektive Merkmale

In subjektiver Hinsicht muss S hinsichtlich des Einbrechens in einen umschlossenen Raum mit Vorsatz gehandelt haben. S wusste, dass es sich bei der Tankstelle um Räumlichkeiten handelt, die verschlossen werden können, um so Unbefugte abzuhalten. Er wusste auch, dass er sich durch das Aufhebeln des Seitenfensters gewaltsam einen Zugang verschaffte, und wollte genau dies. Der entsprechende Vorsatz ist damit zu bejahen.

2. Strafzumessungsgrund gemäß § 243 I S. 2 Nr. 3 StGB

Da S mit dem Handel von gestohlenen Zigaretten sich bereits in der Vergangenheit monatlich ca. 1.000 € hinzuverdient hat und auch die hier erbeuteten Zigaretten weiterverkaufen will, könnte außerdem ein gewerbsmäßiger Diebstahl nach § 243 I S. 2 Nr. 3 StGB vorliegen.

Ein Täter handelt gewerbsmäßig im Sinne des § 243 I S. 2 Nr. 3, wenn er sich aus wiederholten Diebstählen eine fortlaufende Einnahmequelle von einigem Umfang und einer gewissen Dauer verschaffen will. Genau dies ist vorliegend gegeben. Der S verschafft sich durch den Diebstahl und Weiterverkauf von Zigaretten bereits seit etwa zwei Jahren einen monatlichen Zuverdienst von 1.000 €. Ein Zuverdienst in dieser Größenordnung und über den vorbezeichneten Zeitraum ist in jeden Fall ausreichend, um eine Gewerbsmäßigkeit zu bejahen.

Somit liegen Strafzumessungsgründe nach § 243 I S. 2 StGB vor.

VI. Ergebnis

S hat sich wegen Diebstahls in einem besonders schweren Fall nach §§ 242 I, 243 I S. 2 Nr. 1 und 3 StGB strafbar gemacht.

Anmerkung

Die Gewerbsmäßigkeit des § 243 I S. 2 Nr. 3 StGB ist – anders als die übrigen Merkmale des § 243 StGB – nicht objektiv, sondern subjektiv angelegt. Infolgedessen entfällt hinsichtlich dieser Variante eine Prüfung des Vorsatzes.

Handelt es sich bei dem Diebesgut um eine lediglich geringwertige Sache, ist gemäß § 243 II StGB die Anwendung des § 243 I Nr. 1–6 StGB ausgeschlossen. Aktuell wird die Geringwertigkeit einer Sache in der Regel bejaht, sofern ihr Wert unter 30 € bzw. unter 50 € liegt.

Fall 6: Der schwere Raub gemäß §§ 249 I, 250 I, II StGB

Sachverhalt

Ansgar Arnold (A) befindet sich in Geldnot. Deshalb sucht er gegen 22:00 Uhr, unter dem Vorwand, ein Kunde zu sein, eine Tankstelle auf. Als er sich allein mit dem Angestellten der Tankstelle im Kassenraum aufhält, zieht er plötzlich eine Schusswaffe, die er vorher in seiner Jackentasche verborgen gehalten hat, richtet diese auf den Tankstellenangestellten, greift in die geöffnete Kasse und entnimmt dieser das gesamte dort befindliche Geld in Höhe von 1.890,70 €. Das Geld verstaut er in einer mitgebrachten Plastiktüte und verlässt sodann das Tankstellengelände.

Wie hat sich A wegen Eigentums- und Vermögensdelikten strafbar gemacht?

Lösung

A. Strafbarkeit des A gemäß §§ 249, 250 StGB

A könnte sich wegen schweren Raubs nach §§ 249 I, 250 I Nr. 1a, II Nr. 1 StGB strafbar gemacht haben, indem er in einer Tankstelle dem dortigen Angestellten eine Schusswaffe vorhält und aus der geöffneten Kasse 1.890,70 € entnimmt.

I. Grundtatbestand des § 249 I StGB

Hierfür müsste A zunächst den Grundtatbestand des § 249 I StGB verwirklicht haben.

1. Objektiver Tatbestand

a) Tatobjekt: fremde bewegliche Sache
Die Geldscheine und das Münzgeld in der Kasse der Tankstelle sind körperliche Gegenstände, die fortbewegt werden können und die zumindest nicht im Alleineigentum des A stehen. Somit handelt es sich hierbei um für den A fremde bewegliche Sachen im Sinne des § 242 I StGB.

b) Tathandlung: Wegnahme
Ferner müsste A das Geld weggenommen haben. Unter Wegnahme ist der Bruch fremden und die Begründung neuen, in der Regel tätereigenen Gewahrsams zu verstehen. Gewahrsam wird als das von einem Herrschaftswillen getragene tatsächliche Herrschaftsverhältnis einer Person über die Sache verstanden.

Ursprünglich stand das Geld im Gewahrsam der Betreiberin bzw. des Betreibers der Tankstelle. Indem A das Geld in die Plastiktüte steckte und damit das Gebäude verlassen hat, hat er diesen Gewahrsam gebrochen und neuen, hier tätereigenen, Gewahrsam am Geld begründet.

c) Einsatz eines qualifizierten Nötigungsmittels
Überdies müsste A ein qualifiziertes Nötigungsmittel eingesetzt haben, das heißt Gewalt gegen eine Person verübt oder mit einer gegenwärtigen Gefahr für Leib oder Leben gedroht haben.

aa) Gewalt gegen eine Person
Unter Gewalt gegen eine Person ist ein körperlich wirkender Zwang durch eine unmittelbare oder mittelbare Einwirkung zu verstehen, die nach der Vorstellung des Täters dazu bestimmt und geeignet ist, einen tatsächlichen oder erwarteten Widerstand zu brechen. Ausreichend ist bereits eine mittelbar gegen den Körper gerichtete Gewalt, sofern sie vom Opfer als körperlicher Zwang empfunden wird.

A hält dem Angestellten die Schusswaffe vor. Dies kann durchaus dazu führen, dass der Tankstellenmitarbeiter auf diese Extremsituation körperlich reagiert, indem sich sein Herzschlag massiv erhöht oder er zu transpirieren bzw. zu zittern beginnt. Allerdings teilt der Sachverhalt im vorliegenden Fall zu solchen Körperreaktionen des Angestellten nichts mit. Die Sachverhaltsangaben reichen demnach nicht aus, um „Gewalt gegen eine Person" im Sinne des § 249 I StGB zu bejahen.

bb) Drohung mit gegenwärtiger Gefahr für Leib oder Leben
Allerdings könnte die Drohungsvariante erfüllt sein. Drohung wird definiert als das Inaussichtstellen eines künftigen Übels, auf das der Drohende vorgibt, Einfluss zu haben. Es ist nicht entscheidend, ob der Täter oder die Täterin die Drohung realisieren will, maßgeblich ist lediglich der Anschein der Ernstlichkeit.

Indem der A dem Tankstellenmitarbeiter die Schusswaffe vorhält, erklärt er konkludent, dass er einen Schuss auf den Angestellten abgeben werde, sofern sich dieser nicht kooperativ zeigt und auf eine Gegenwehr verzichtet. Das heißt, er droht dem Mitarbeiter mit einer gegenwärtigen Gefahr für dessen Leben, mindestens aber für dessen körperliche Unversehrtheit. Diese Drohung hat auch den Anschein der Ernstlichkeit.

A hat mithin ein qualifiziertes Nötigungsmittel im Sinne des § 249 I StGB zum Einsatz gebracht.

d) Nötigungsmittel als Mittel der Wegnahme
Schließlich muss das Nötigungsmittel, die Drohung mit einer gegenwärtigen

Gefahr für das Leben des Angestellten, auch das Mittel der Wegnahme gewesen sein, das heißt zum Zweck der Wegnahme eingesetzt worden sein. Das Nötigungsmittel geht deshalb der Wegnahme regelmäßig voraus. Vorliegend hat A zunächst den Angestellten mit der Schusswaffe bedroht, damit eine Gegenwehr des Angestellten unterbunden und sodann das Geld aus der Kasse entnommen. Damit ist die Drohung auch das Mittel der Wegnahme gewesen.

Die objektiven Tatbestandsmerkmale des § 249 I StGB sind somit alle erfüllt. Damit ist der objektive Tatbestand insgesamt zu bejahen.

2. Subjektiver Tatbestand

a) Vorsatz hinsichtlich der objektiven Tatbestandsmerkmale
A müsste hinsichtlich der Wegnahme des Geldes auch vorsätzlich gehandelt haben. Unter Vorsatz versteht man das Wissen und das Wollen hinsichtlich aller objektiven Tatbestandsmerkmale.

A wusste, dass es sich bei dem Geld für ihn um eine fremde bewegliche Sache handelt. Indem er dieses bewusst in seiner mitgebrachten Plastiktüte verstaute und mitnahm, wusste er auch, dass er das Geld dem tatsächlichen Zugriff des Tankstellenbetreibers bzw. der Tankstellenbetreiberin entzieht und eigene Sachherrschaft an ihm begründet. Dies wollte der A. Somit handelte A vorsätzlich.

b) Absicht rechtswidriger Zueignung
A müsste hinsichtlich der Wegnahme des Geldes außerdem mit der Absicht rechtswidriger Zueignung gehandelt haben. Die Zueignungsabsicht besteht in der Begründung des Eigenbesitzes unter Ausschluss der Berechtigten mit dem Willen, wie ein Eigentümer über die Sache zu verfügen. Dafür müsste der A mit Aneignungsabsicht gehandelt haben, das heißt, er muss den zielgerichteten Willen besessen haben, das Geld entweder seinem Vermögen oder dem Vermögen eines Dritten zuzuführen. Ferner müsste der A es mindestens billigend in Kauf genommen haben, dass der oder die Tankstellenbetreibende dauerhaft aus der Eigentümerposition verdrängt wird (sogenannter Enteignungsvorsatz). Rechtswidrig ist die erstrebte Zueignung, wenn sie objektiv im Widerspruch zur Eigentumsordnung steht.

A will das Geld an sich nehmen, um es sich anzueignen. Aufgrund des Umstands, dass er das Geld für eigene Zwecke verwenden will, weiß er, dass der bzw. die Tankstellenbetreibende mit hoher Wahrscheinlichkeit nicht mehr die Eigentümerposition zurückerlangt, und nimmt dies mindestens billigend in Kauf. Da A keinen Anspruch auf Übereignung des Geldes hat, war die von ihm erstrebte Zueignung auch rechtswidrig.

Der subjektive Tatbestand und damit auch der gesamte Grundtatbestand des § 249 I StGB liegen somit vor.

II. Qualifikationstatbestand des § 250 I, II StGB

Fraglich ist, ob darüber hinaus auch der Qualifikationstatbestand des § 250 I, II StGB von A verwirklicht wurde.

Anmerkung

Hinsichtlich der Qualifikation des § 250 StGB ist es in der Fallbearbeitung wichtig, alle naheliegenden Varianten der Strafnorm anzusprechen.

Hinsichtlich des Aufbaus kann klassisch vorgegangen werden, indem zunächst in einem objektiven Tatbestand des § 250 StGB alle in Erwägung gezogenen Varianten objektiv erörtert werden und anschließend in einem subjektiven Tatbestand der Vorsatz hinsichtlich der im objektiven Tatbestand bejahten Varianten geprüft wird (vgl. hierzu Teil 3, Klausur 1).

Möglicherweise ist es aber übersichtlicher, wenn die in Erwägung gezogenen Varianten nacheinander geprüft werden, das heißt, wenn hinsichtlich jeder Variante direkt die objektiven und subjektiven Tatbestandsmerkmale geprüft werden und bei der nächsten Variante in gleicher Weise vorgegangen wird.

Kommen Tatbestandsmerkmale des § 250 I StGB und des § 250 II StGB in Betracht, ist es zulässig, mit den schwereren Varianten des Absatzes 2 zu beginnen, da einige der in Absatz 1 genannten Varianten in den schwereren enthalten sind und damit nicht nochmals – insbesondere unter Nennung der Definitionen – ausführlich geprüft werden müssen. Vielmehr kann dann deren Vorliegen im Urteilsstil lediglich festgestellt werden (vgl. die nachstehend formulierte Lösung).

1. Merkmale gemäß § 250 II Nr. 1 StGB

Gemäß § 250 II Nr. 1 StGB müsste der A bei der Tat eine Waffe oder ein gefährliches Werkzeug vorsätzlich verwendet haben.

a) Objektiver Tatbestand

Laut Sachverhalt bedroht A den Tankstellenangestellten mit einer Schusswaffe, also einer Waffe im Sinne des § 250 II Nr. 1 StGB. Verwendet wird eine solche Waffe nicht nur, wenn damit Gewalt ausgeübt wird, sondern auch schon dann, wenn diese lediglich als Drohmittel eingesetzt wird. „Bei der Tat“ bedeutet, dass die Waffe im Zeitraum vom Versuchsbeginn bis zur Beendigung der Tat verwendet wurde.

A hat den Tankstellenangestellten mit der Waffe bedroht und unter dieser Wirkung der Drohung das Geld aus der Kasse entwendet. Damit hat A objektiv bei der Tat eine Waffe verwendet.

b) Subjektiver Tatbestand

Hinsichtlich des Verwendens der Schusswaffe bei der Tat muss A außerdem mit Vorsatz gehandelt haben. A hat die Waffe ganz bewusst gegen den Angestellten gerichtet, um diesen damit einzuschüchtern und so leichter an das Geld zu gelangen. Damit liegen ein Wissen und ein Wollen des A hinsichtlich des Verwendens der Schusswaffe zur Tat vor.

§ 250 II Nr. 1 StGB ist damit erfüllt.

2. Merkmale gemäß § 250 I Nr. 1a StGB

Indem A die Waffe bei der Tat vorsätzlich verwendet hat, ist auch ein vorsätzliches Beisichführen einer Waffe im Sinne des § 250 I Nr. 1a StGB zu bejahen.

Weitere qualifizierende Varianten des § 250 StGB sind nicht ersichtlich.

Der Qualifikationstatbestand des § 250 StGB liegt vor.

III./IV. Rechtswidrigkeit und Schuld

A hat den Tatbestand rechtswidrig und schuldhaft verwirklicht.

V. Ergebnis

A hat sich gemäß §§ 249 I, 250 I, II StGB strafbar gemacht.

B. Strafbarkeit des A gemäß §§ 253, 255, 250 StGB

Nach der Rechtsprechung hat sich A zusätzlich wegen einer schweren räuberischen Erpressung nach §§ 253, 255, 250 I, II StGB strafbar gemacht, da sich nach dieser Raub- und Erpressungsdelikte nicht ausschließen, sondern der Raub lediglich das speziellere Delikt darstellt.

Fall 7: Die schwere räuberische Erpressung gemäß §§ 253 I, II, 255, 250 I, II StGB

Sachverhalt

Ansgar Arnold (A) befindet sich abermals in Geldnot. Deshalb sucht er erneut gegen 22:00 Uhr unter dem Vorwand, ein Kunde zu sein, eine Tankstelle auf. Als er sich allein mit dem Angestellten der Tankstelle im Kassenraum aufhält, zieht er plötzlich eine Schusswaffe, die er vorher in seiner Jackentasche verborgen gehalten hat, richtet sie auf den Tankstellenangestellten und fordert diesen auf, das gesamte in der Kasse befindliche Geld in eine Plastiktüte zu legen. Aus Angst um sein Leben kommt der Mitarbeiter der Tankstelle der Aufforderung des A nach. Er verstaut die gesamten in der Kasse befindlichen Tageseinnahmen in Höhe von 1.890,70 € in einer Plastiktüte und gibt diese an A heraus. Sodann verlässt A das Tankstellengelände.

Wie hat sich A wegen Eigentums- und Vermögensdelikten strafbar gemacht?

Lösung

A könnte sich wegen schwerer räuberischer Erpressung gemäß §§ 253 I, II, 255, 250 I Nr. 1a, II, Nr. 1 StGB strafbar gemacht haben, indem er den Tankstellenangestellten mit einer Schusswaffe bedroht und zur Herausgabe des Geldes aufgefordert hat.

I. Tatbestand der §§ 253 I, 255 StGB

Anmerkung

Der Erpressungstatbestand nach § 253 I StGB ist der Grundtatbestand zur Qualifikation des § 255 StGB. Es ist grundsätzlich möglich – wie üblich – zunächst den Grundtatbestand und sodann den Qualifikationstatbestand zu prüfen. Da die Qualifikation des § 255 StGB sich jedoch darin erschöpft, dass die Nötigungsmittel „Gewalt" und „Drohung mit einem empfindlichen Übel" durch die qualifizierten Nötigungsmittel „Gewalt gegen eine Person" und „Drohung mit einer gegenwärtigen Gefahr für Leib oder Leben" ersetzt werden, hat es sich etabliert, lediglich einen einheitlichen Tatbestand zu prüfen, indem direkt auf die qualifizierten Nötigungsmittel des § 255 StGB eingegangen wird.

1. Objektiver Tatbestand

a) Einsatz eines qualifizierten Nötigungsmittels gemäß § 255 StGB
A müsste ein qualifiziertes Nötigungsmittel eingesetzt haben, das heißt Gewalt gegen eine Person verübt oder mit der gegenwärtigen Gefahr für Leib oder Leben gedroht haben.

aa) Nötigungsmittel „Gewalt gegen eine Person“
Unter Gewalt gegen eine Person ist ein körperlich wirkender Zwang durch eine unmittelbare oder mittelbare Einwirkung zu verstehen, die nach der Vorstellung des Täters dazu bestimmt und geeignet ist, einen tatsächlichen oder erwarteten Widerstand zu brechen. Ausreichend ist bereits eine mittelbar gegen den Körper gerichtete Gewalt, sofern sie vom Opfer als körperlicher Zwang empfunden wird. A hält dem Angestellten die Schusswaffe vor. Dies kann dazu führen, dass der Tankstellenmitarbeiter auf diese Extremsituation körperlich reagiert, indem sich sein Herzschlag massiv erhöht oder er zu transpirieren bzw. zu zittern beginnt. Allerdings teilt der Sachverhalt im vorliegenden Fall zu solchen Körperreaktionen des Angestellten nichts mit. Die Sachverhaltsangaben reichen demnach nicht aus, um „Gewalt gegen eine Person“ im Sinne des § 255 StGB zu bejahen.

bb) Nötigungsmittel „Drohung mit einer gegenwärtigen Gefahr für Leib oder Leben“
Allerdings könnte die Drohungsalternative erfüllt sein. Drohung wird definiert als das Inaussichtstellen eines künftigen Übels, auf das der Drohende vorgibt, Einfluss zu haben. Es ist nicht entscheidend, ob der Täter oder die Täterin die Drohung realisieren will, maßgeblich ist lediglich der Anschein der Ernstlichkeit.

Indem der A dem Tankstellenmitarbeiter die Schusswaffe vorhält, erklärt er konkludent, dass er einen Schuss auf den Angestellten abgeben werde, sofern sich dieser nicht kooperativ zeigt und auf eine Gegenwehr verzichtet. Das heißt, er droht dem Mitarbeiter mit einer gegenwärtigen Gefahr für dessen Leben, mindestens aber für dessen körperliche Unversehrtheit. Diese Drohung hat auch den Anschein der Ernstlichkeit.

A hat mithin ein qualifiziertes Nötigungsmittel im Sinne des § 255 StGB zum Einsatz gebracht.

b) Dadurch: Erzwingung einer Handlung, Duldung oder Unterlassung
Durch den Einsatz des Nötigungsmittels – hier: der Drohung mit einer gegenwärtigen Gefahr für das Leben oder die körperliche Unversehrtheit des Tankstellenangestellten – müsste es zu einer Handlung, Duldung oder Unterlassung der genötigten Person gekommen sein.

Aufgrund der Bedrohung mit der Schusswaffe hat der Tankstellenangestellte sich dazu entschlossen, mit A zu kooperieren und seiner Forderung nach der Herausgabe des in der Kasse befindlichen Bargeldes nachzukommen. Damit hat A durch seine Drohung eine Handlung des Angestellten, nämlich die Übergabe des Geldes an A, von diesem erzwungen.

c) Dadurch: Eintritt eines Vermögensnachteils bei der genötigten Person oder einer dritten Person

Diese erzwungene Vermögensverfügung des Tankstellenangestellten muss bei diesem selbst oder einer dritten Person zu einem Vermögensnachteil geführt haben. Der Vermögensnachteil ist eine Vermögensminderung infolge der Nötigung, das heißt ein Unterschied zwischen dem Wert des Vermögens vor und nach der Handlung, Duldung oder Unterlassung des Genötigten. Die Vermögenslage des Betroffenen muss also nach der Tat ungünstiger sein als vorher. Der Vermögensnachteil muss nicht zwingend bei der genötigten Person entstehen, sondern kann auch bei einer anderen Person eintreten.

Im vorliegenden Fall betrug das Vermögen des oder der Tankstellenbetreibenden die Summe X. Nachdem der Angestellte der Tankstelle das Bargeld des Tankstelleninhabers bzw. der Tankstelleninhaberin an A übergeben hat, hat sich das entsprechende Vermögen um 1.890,70 € reduziert, ohne dass hierfür im Gegenzug ein Vermögensäquivalent vereinnahmt werden konnte. Damit hat sich nach der erzwungenen Vermögensverfügung des Angestellten die Vermögenslage der Tankstelle verschlechtert. Somit liegt ein Vermögensnachteil vor.

Der objektive Tatbestand der §§ 253 I, 255 StGB ist damit gegeben.

2. Subjektiver Tatbestand

a) Vorsatz

Zur Verwirklichung des subjektiven Tatbestands müsste A vorsätzlich hinsichtlich aller objektiven Tatbestandsmerkmale gehandelt haben. Unter Vorsatz versteht man das Wissen und das Wollen hinsichtlich aller objektiven Tatbestandsmerkmale.

A hielt es mindestens für möglich, dass er durch das Vorhalten der Schusswaffe bei dem Tankstellenangestellten die Angst vor Erschießung oder Verletzung hervorruft und der Angestellte aufgrund dieser Situation dem A das Bargeld aus der Kasse überlassen würde. Genau dies wollte der A auch. A wusste außerdem, dass sich die Vermögenssituation des oder der Tankstellenbetreibenden durch die Herausgabe des Bargelds verschlechtern würde und nahm dies zumindest billigend in Kauf. Ein entsprechender Vorsatz liegt somit vor.

b) Absicht rechtswidriger Bereicherung

Ferner müsste A auch mit der Absicht, sich oder eine dritte Person zu Unrecht zu bereichern, gehandelt haben. Bereicherung ist jede günstigere Gestaltung der Vermögenslage. Rechtswidrig bedeutet, dass der A einen Vermögensvorteil erstrebt, auf den er materiell-rechtlich keinen Anspruch hat. Schließlich muss die von A erstrebte Bereicherung auch dem Schaden entsprechen, der bei einem Dritten herbeigeführt werden soll (sogenannte Stoffgleichheit).

A befand sich in Geldnöten. Diese Finanzlücke wollte er durch das Bargeld aus der Tankstellenkasse ausgleichen bzw. seine Vermögenssituation durch die Tankstellenaktion verbessern. Auf die Verbesserung seiner Vermögenslage kam es ihm an. Dies war sein Motiv. Er wusste außerdem, dass er keinen Anspruch auf Übereignung des Kassengeldes hatte. Diesbezüglich handelte er somit mit Absicht.

Er wusste auch, dass der bei ihm entstandene Vorteil spiegelbildlich dem Vermögensnachteil entspricht, der durch die erzwungene Herausgabe des Bargelds bei dem oder der Tankstellenbetreibenden verursacht wurde. Damit ist auch die notwendige Stoffgleichheit zu bejahen.

Die Absicht rechtswidriger Bereicherung liegt folglich vor.

Der subjektive Tatbestand und damit der Tatbestand insgesamt sind demnach verwirklicht.

II. Qualifikationstatbestand des § 250 I Nr. 1a, II, Nr. 1 StGB

Fraglich ist, ob darüber hinaus auch der Qualifikationstatbestand des § 250 I, II StGB von A verwirklicht wurde.

Anmerkung

In § 255 StGB findet sich die Formulierung: „[…], so ist der Täter gleich einem Räuber zu bestrafen.“ Dieser Hinweis erschöpft sich nicht nur in dem Verweis auf den Strafrahmen des § 249 StGB – einer „Freiheitsstrafe nicht unter einem Jahr“ –, sondern wird auch als Verweis auf die Qualifikationen des Raubs eingeordnet. Das heißt, neben dem schweren Raub nach §§ 249 I, 250 StGB und dem Raub mit Todesfolge nach §§ 249 I, 251 StGB ist auch eine schwere räuberische Erpressung nach §§ 253, 255, 250 StGB und eine räuberische Erpressung mit Todesfolge gemäß §§ 253, 255, 251 StGB anerkannt.

Ein solcher Verweis auf den Strafrahmen des Raubs findet sich überdies auch im räuberischen Diebstahl des § 252 StGB. Dementsprechend sind auch hier die Qualifikationen des § 250 StGB und des § 251 StGB auf den räuberischen Diebstahl anwendbar.

1. Merkmale gemäß § 250 II Nr. 1 StGB

Gemäß § 250 II Nr. 1 StGB müsste der A bei der Tat eine Waffe oder ein gefährliches Werkzeug vorsätzlich verwendet haben.

a) Objektiver Tatbestand
Laut Sachverhalt bedroht A den Tankstellenangestellten mit einer Schusswaffe, also einer Waffe im Sinne des § 250 II Nr. 1 StGB. Verwendet wird eine solche Waffe nicht nur, wenn damit Gewalt ausgeübt wird, sondern auch schon dann, wenn diese lediglich als Drohmittel eingesetzt wird. „Bei der Tat" bedeutet, dass die Waffe im Zeitraum vom Versuchsbeginn bis zur Beendigung der Tat verwendet wurde.

A hat den Angestellten in der Tankstelle mit der Waffe bedroht. Dies war mindestens mitursächlich, wenn nicht sogar entscheidend dafür, dass der Tankstellenangestellte das Geld übergeben hat. Damit hat A objektiv bei der Tat eine Waffe verwendet.

b) Subjektiver Tatbestand
Hinsichtlich des Verwendens der Schusswaffe bei der Tat muss A außerdem mit Vorsatz gehandelt haben. A hat die Waffe ganz bewusst gegen den Angestellten gerichtet, um diesen damit einzuschüchtern und so leichter an das Geld zu gelangen. Damit liegen ein Wissen und ein Wollen des A hinsichtlich des Verwendens der Schusswaffe bei der Tat vor.

§ 250 II Nr. 1 StGB ist damit erfüllt.

2. Merkmale gemäß § 250 I Nr. 1a StGB

Indem A die Waffe bei der Tat vorsätzlich verwendet hat, ist auch ein vorsätzliches Beisichführen einer Waffe im Sinne des § 250 I Nr. 1a StGB zu bejahen.

Weitere qualifizierende Varianten des § 250 StGB sind nicht ersichtlich.

Der Qualifikationstatbestand des § 250 StGB liegt vor.

III. Rechtswidrigkeit

1. Keine Rechtfertigungsgründe
Rechtfertigungsgründe sind nicht ersichtlich.

2. Verwerfliche Zweck-Mittel-Relation gemäß § 253 II StGB

Gemäß § 253 II StGB muss außerdem eine verwerfliche Zweck-Mittel-Relation gegeben sein. A droht dem Angestellten der Tankstelle, diesen umzubringen bzw. mindestens zu verletzen, falls dieser nicht kooperativ sei und das Geld aus der Kasse herausgebe. Damit ist sowohl das eingesetzte Mittel (Bedrohung mit einer Schusswaffe) als auch der angestrebte Zweck (Erlangung von Geld, auf das A keinen zivilrechtlichen Anspruch hat) verwerflich. Mithin ist die verwerfliche Zweck-Mittel-Relation des § 253 II StGB gegeben.

A verwirklichte somit den Tatbestand rechtswidrig.

IV. Schuld

Schuldausschließungsgründe oder Entschuldigungsgründe liegen nicht vor. A handelte deshalb auch schuldhaft.

V. Ergebnis

A hat sich wegen schwerer räuberischer Erpressung nach §§ 253, 255, 250 I, II StGB strafbar gemacht.

Fall 8: Die mittäterschaftliche Beteiligung (getrennter Aufbau)

Sachverhalt

Uwe Ude (U) und Sandra Schütz (S) beschließen, auf einem Volksfest Diebstahlsdelikte zu begehen. Dabei haben sie folgendes Vorgehen abgesprochen: Die S spricht im Gedränge des Volksfests Personen unter einem Vorwand an. Der U soll sich sodann den abgelenkten Personen nähern, deren Taschen auf Geldbörsen, Handys und Ähnliches untersuchen und diese Wertgegenstände sodann unauffällig an sich nehmen. Ihr erstes Opfer ist Olivia O'Neill (O). Wie verabredet, verwickelt S die O in ein Gespräch. Währenddessen zieht U vorsichtig der O deren Portemonnaie mit 180 € heimlich aus der Handtasche und steckt es in seinen eigenen Rucksack. O bemerkt ihr fehlendes Portemonnaie erst eine halbe Stunde später. Zu diesem Zeitpunkt haben U und S das Fest schon verlassen. Zu Hause teilen U und S die Beute gleichmäßig zwischen sich auf.

Wie haben sich U und S strafbar gemacht?

Lösung

A. Strafbarkeit des U (als Tatnächster)

U könnte sich gemäß § 242 I StGB wegen Diebstahls strafbar gemacht haben, indem er der O deren Portemonnaie mit insgesamt 180 € aus der Handtasche gezogen hat und dieses sodann in seinem eigenen Rucksack verstaute.

I. Tatbestand

Voraussetzung hierfür ist, dass U den Tatbestand des § 242 I StGB verwirklicht hat.

1. Objektiver Tatbestand

Dies setzt das Vorliegen des objektiven Tatbestands voraus. Voraussetzung hierfür ist wiederum, dass eine fremde bewegliche Sache weggenommen worden ist.

a) Tatobjekt: fremde bewegliche Sache
Bei dem Portemonnaie der O handelt es sich für den U um eine fremde bewegliche Sache, weil es sich als körperlicher Gegenstand fortbewegen lässt und nicht im (Allein-)Eigentum des U steht.

b) Tathandlung/Taterfolg: Wegnahme

Darüber hinaus müsste U dieses Portemonnaie weggenommen haben. Wegnahme ist der Bruch fremden und die Begründung neuen – in der Regel (aber nicht notwendigerweise) tätereigenen – Gewahrsams.

Indem der U das Portemonnaie aus der Handtasche der O herauszieht, verliert die O Gewahrsam an ihrem Portemonnaie nebst Inhalt. Durch den Umstand, dass U die Geldbörse ergriffen und in seinem Rucksack verstaut hat, hat U – ohne den entsprechenden Willen der O – neuen Gewahrsam an der Geldbörse nebst Inhalt begründet. Damit liegt eine Wegnahme der Geldbörse vor.

Der objektive Tatbestand ist somit erfüllt.

2. Subjektiver Tatbestand

Fraglich ist, ob darüber hinaus auch der subjektive Tatbestand vorliegt.

a) Vorsatz

Dieser setzt zunächst voraus, dass U vorsätzlich hinsichtlich der Verwirklichung aller objektiven Tatbestandsmerkmale gehandelt hat. Unter Vorsatz versteht man das Wissen und das Wollen in Bezug auf die Verwirklichung der objektiven Tatbestandsmerkmale.

Im vorliegenden Fall wusste der U, dass es sich bei dem Portemonnaie um eine für ihn fremde bewegliche Sache handelt. U wusste ferner, dass nur noch er selbst, nicht aber die O auf dieses Portemonnaie zugreifen kann, sobald er dieses aus der Handtasche herausgezogen und in seinem Rucksack verstaut hat. Dies wusste und wollte der U. Somit liegt Vorsatz vor.

b) Absicht rechtswidriger Zueignung

Darüber hinaus muss U mit der Absicht rechtswidriger Zueignung gehandelt haben. Die Zueignung besteht in der Begründung des Eigenbesitzes unter Ausschluss des Berechtigten mit dem Willen, wie ein Eigentümer über die Sache zu verfügen. Hierfür müsste U mit Aneignungsabsicht hinsichtlich der Geldbörse und mindestens mit Eventualvorsatz bezüglich der dauerhaften Enteignung der O gehandelt haben. Rechtswidrig wäre die erstrebte Zueignung, wenn diese objektiv im Widerspruch zur Eigentumsordnung steht.

Im vorliegenden Fall wollte U sich das Portemonnaie zumindest vorübergehend aneignen und hat billigend in Kauf genommen, dass die O dauerhaft aus ihrer Eigentümerposition hinsichtlich der Geldbörse verdrängt wird. Auch war dem U bewusst, dass er keinen Anspruch auf das Portemonnaie hat.

Somit liegen auch die Absicht rechtswidriger Zueignung und damit der subjektive Tatbestand insgesamt vor.

Der Tatbestand des § 242 I StGB ist somit erfüllt.

II. Rechtswidrigkeit

Rechtfertigungsgründe sind nicht ersichtlich. Infolgedessen hat U den Tatbestand auch rechtswidrig verwirklicht.

III. Schuld

Entschuldigungs- und Schuldausschließungsgründe liegen nicht vor. Folglich handelte U auch schuldhaft.

IV. Ergebnis

U hat sich gemäß § 242 I StGB strafbar gemacht.

B. Strafbarkeit der S (als Mittäterin)

S könnte sich gemäß §§ 242 I, 25 II StGB wegen Diebstahls in Mittäterschaft strafbar gemacht haben, indem sie – wie zuvor mit U abgesprochen – die O abgelenkt hat, damit der U an deren Geldbörse gelangen kann.

I. Tatbestand

Hierfür müsste der Tatbestand der §§ 242 I, 25 II StGB vorliegen.

1. Objektiver Tatbestand

Dies setzt zunächst die Verwirklichung des objektiven Tatbestands voraus.

a) Tatobjekt: fremde bewegliche Sache
Das Portemonnaie stellt auch für S eine fremde bewegliche Sache dar.

b) Tathandlung: Wegnahme
Fraglich könnte sein, ob auch eine entsprechende Tathandlung im Sinne des § 242 I StGB vorliegt. Die S hat das Portemonnaie nicht selbst aus der Jackentasche der O gezogen. Damit hat S in eigener Person keine Wegnahmehandlung vollzogen.

Möglicherweise kann der S jedoch die Wegnahme des U hinsichtlich der Geldbörse gemäß § 25 II StGB im Rahmen einer Mittäterschaft als eigene Tathandlung zugerechnet werden. Voraussetzung der Mittäterschaft ist ein gemeinsamer Tatplan und eine gemeinsame Tatausführung.

aa) Gemeinsamer Tatplan gemäß § 25 II StGB
Ausweislich des Sachverhalts haben U und S die Tat – so wie sie diese später ausgeführt haben – gemeinsam geplant. Ein gemeinsamer Tatplan liegt mithin vor.

bb) Gemeinsame Tatausführung gemäß § 25 II StGB
Darüber hinaus müsste auch eine gemeinsame Tatausführung vorliegen. Das heißt, die S müsste einen *wesentlichen Tatbeitrag* geleistet haben.

Für das Gelingen des von U und S geplanten „Trickdiebstahls" war es aus der Sicht beider notwendig, das potenzielle Opfer abzulenken. Das Ablenkungsmanöver der S war somit wesentlich dafür, dass U unbemerkt an die Geldbörse der O gelangen konnte. Für einen wesentlichen Tatbeitrag spricht ebenso, dass die Beute anschließend zwischen U und S gleichmäßig aufgeteilt wurde. Das heißt, auch U und S gingen offensichtlich von gleichrangigen Tatbeiträgen aus. Somit liegt aufgrund des gemeinsamen Tatplans ein wesentlicher Tatbeitrag der S vor.

Die Voraussetzungen der Mittäterschaft sind mithin erfüllt. Hieraus ergibt sich die Rechtsfolge, dass über § 25 II StGB die von U vorgenommene Wegnahme der S als eigene Tathandlung zugerechnet wird.

Der objektive Tatbestand der §§ 242 I, 25 II StGB liegt somit vor.

2. Subjektiver Tatbestand

Darüber hinaus müsste der subjektive Tatbestand verwirklicht worden sein.

a) Vorsatz
Die S müsste zunächst vorsätzlich hinsichtlich der objektiven Tatbestandsmerkale des Diebstahls und der Voraussetzungen der Mittäterschaft gehandelt haben. Unter Vorsatz versteht man den Willen zur Verwirklichung des objektiven Tatbestandes in Kenntnis aller objektiven Umstände.

Auch die S wusste, dass es sich bei dem Portemonnaie der O um eine für sie fremde bewegliche Sache handelt. Sie wusste außerdem, dass der Gewahrsam der O gebrochen wird, wenn U die Geldbörse entwendet, und der U neuen Gewahrsam an dieser (ohne bzw. gegen den Willen der O) begründet. Hierauf war auch der Wille der S gerichtet. Der S kam es – genauso wie U – darauf an, Gewahrsam an der Geldbörse zu gelangen. Darüber hinaus hat sie wissentlich und willentlich einen gemeinsamen Tatplan hinsichtlich des Diebstahlsdelikts mit U ausgearbeitet. Die S wusste zudem, dass ihr Tatbeitrag – die Ablenkung des Opfers – wesentlich für das Gelingen der Tat ist und genau dies wollte sie auch. Der Vorsatz der S liegt somit vor.

b) Absicht rechtswidriger Zueignung
Darüber hinaus müsste auch S mit der Absicht rechtswidriger Zueignung gehandelt haben (siehe die Definition oben unter Teil A, 2b).

Auch die Absicht der S war darauf gerichtet, dass U die Geldbörse sich mindestens vorübergehend aneignet bzw. dass U und S sich die Geldbörse aneignen. Dabei hat S es auch billigend in Kauf genommen, dass die O dauerhaft aus ihrer Eigentumsposition verdrängt wird. Überdies war die von S erstrebte Zueignung auch rechtswidrig.

Der subjektive Tatbestand liegt somit ebenfalls vor.

II. Rechtswidrigkeit

Die Rechtswidrigkeit ist gegeben.

III. Schuld

Die Schuld liegt ebenfalls vor.

IV. Ergebnis

S hat sich wegen Diebstahls in Mittäterschaft nach §§ 242 I, 25 II StGB strafbar gemacht.

Fall 9: Die mittäterschaftliche Beteiligung (gemeinsamer Aufbau)

Sachverhalt

Andy Alt (A) und Bea Brause (B) beschließen den Osman Ofuan (O) auszurauben. Dabei fassen sie folgenden Plan: Die B soll den O mit einer Schusswaffe bedrohen. Die Aufgabe des A ist es, währenddessen den so eingeschüchterten O auf Wertgegenstände und Geld zu durchsuchen. Die beiden führen die Tat wie geplant aus. Sie gelangen hierbei an die Geldbörse des O mit insgesamt 95 €.

Wie haben sich A und B strafbar gemacht?

Lösung

Anmerkung

Da weder A noch B den Tatbestand des § 249 I StGB in eigener Person voll erfüllt haben, sondern jeder lediglich einen Tatbestandsteil verwirklicht, kann das strafrechtliche Unrecht nur dann vollständig gewürdigt werden, wenn beide Tatbeiträge zusammengeführt werden. Diese Zusammenführung erfolgt hier über § 25 II StGB (im sogenannten gemeinsamen Aufbau).

A und B könnten sich wegen Raubes in Mittäterschaft gemäß §§ 249 I, 25 II StGB strafbar gemacht haben, indem die B den O mit einer Schusswaffe bedroht hat und A währenddessen die Geldbörse des O mit insgesamt 95 € entwendete.

I. Tatbestand

Hierfür müsste der Tatbestand der §§ 249 I, 25 II StGB verwirklicht worden sein.

1. Objektiver Tatbestand

Dies setzt das Vorliegen des objektiven Tatbestands voraus.

a) Tatobjekt: fremde bewegliche Sache
Bei der Geldbörse des O handelt es sich sowohl für den A als auch für die B um eine fremde bewegliche Sache.

Anmerkung

Sofern es sich bei dem Objekt der Wegnahme für den Täter bzw. die Täterin eindeutig um eine fremde bewegliche Sache handelt, kann es in einer Klausur sinnvoll sein, die Subsumtion an dieser Stelle kurz zu halten bzw. unter Umständen sogar in den Urteilsstil zu wechseln.

b) Tathandlung/Taterfolg: Wegnahme
Die Geldbörse könnte weggenommen worden sein. Wegnahme ist der Bruch fremden und die Begründung neuen, in der Regel tätereigenen, Gewahrsams.

Indem der A dem O die Geldbörse aus der Manteltasche entwendet hat, hat A den Gewahrsam an der Geldbörse des O gegen dessen Willen gebrochen und an ihr neuen (eigenen) Gewahrsam begründet.

c) Einsatz eines qualifizierten Nötigungsmittels
Darüber hinaus müsste ein qualifiziertes Nötigungsmittel nach § 249 I StGB eingesetzt worden sein. In Betracht kommt hier die Drohung mit gegenwärtiger Gefahr für Leib oder Leben.

Indem die B dem O eine Schusswaffe vorgehalten hat, hat B zum Ausdruck gebracht, dass sie von dieser Schusswaffe auch Gebrauch machen wird, sofern O nicht kooperiert, das heißt die Wegnahmehandlung nicht über sich ergehen lässt. Damit liegt eine Drohung mit einer gegenwärtigen Lebensgefahr der B gegenüber dem O vor.

d) Nötigungsmittel als Mittel der Wegnahme
Darüber hinaus müsste diese Drohung auch das Mittel der Wegnahme gewesen sein. Nur weil die B den O mit der Schusswaffe bedroht hat, konnte A die Geldbörse entwenden. Mithin war die Drohung auch das Mittel der Wegnahme.

e) Wechselseitige Zurechnung der Tatbeiträge nach § 25 II StGB
Fraglich ist, ob A und B als Mittäter nach § 25 II StGB zu qualifizieren sind, da nur in diesem Fall deren Handlungen wechselseitig zugerechnet werden können. Eine Mittäterschaft nach § 25 II StGB setzt einen gemeinsamen Tatplan und eine gemeinsame Tatausführung voraus.

aa) Gemeinsamer Tatplan
Laut Sachverhalt haben A und B gemeinsam den Plan entwickelt, den O auszurauben, indem sie diesen mit einer Schusswaffe bedrohen. Ein gemeinsamer Tatplan liegt somit vor.

bb) Gemeinsame Tatausführung
Darüber hinaus müsste sowohl von A als auch von B ein wesentlicher Tatbeitrag erbracht worden sein. Der A hat dem O die Geldtasche entwendet, während die B den O mit der Schusswaffe bedrohte. Die Bedrohung mit der Schusswaffe war laut dem Plan der beiden wesentlich dafür, dass der A überhaupt an die Geldbörse des O gelangen konnte. Vor diesem Hintergrund ist sowohl das Entwenden der Geldbörse als auch die Bedrohung mit der Schusswaffe wesentlich für das Gelingen der Tat.

Somit liegt eine gemeinsame Tatausführung vor. Die Voraussetzungen der Mittäterschaft und damit der wechselseitigen Zurechnung der verwirklichten Tatbeiträge sind somit erfüllt.

Der objektive Tatbestand der §§ 249 I, 25 II StGB liegt somit vor.

2. Subjektiver Tatbestand

Darüber hinaus müsste auch der subjektive Tatbestand verwirklicht worden sein.

a) Vorsatz
A und B müssten jeweils vorsätzlich gehandelt haben. Unter Vorsatz versteht man den Willen zur Verwirklichung des objektiven Tatbestandes in Kenntnis aller objektiven Umstände. Beide wussten, dass es sich bei der Geldbörse für sie um eine fremde bewegliche Sache handelt. Sie wussten auch, dass der Gewahrsam des O gebrochen wird, sofern A die Geldbörse an sich nimmt und genau hierauf hatten sie ihr Handeln angelegt. Das heißt, sie wollten diesen Gewahrsamsbruch und die mit der Ergreifung einhergehende Begründung neuen Gewahrsams durch A. Darüber hinaus wussten sie, dass das Vorhalten der Schusswaffe durch B sich für den O als eine Drohung mit einer Lebensgefahr darstellt und genau dies wollten A und B. Ihnen war dabei bewusst, dass diese Drohung ihnen die Wegnahme der Geldbörse ermöglichen würde. Dies hatten sie in der vorliegenden Form gewollt.

b) Absicht rechtswidriger Zueignung
Schließlich müsste die Absicht der rechtswidrigen Zueignung bei A und B vorliegen. Die Zueignung besteht in der Begründung des Eigenbesitzes unter Ausschluss des Berechtigten mit dem Willen, wie ein Eigentümer über die Sache zu verfügen. Dies setzt wiederum die Absicht zur mindestens vorübergehenden Aneignung und den Eventualvorsatz bezüglich der dauerhaften Enteignung des O voraus.

Ziel von A und B war es, sich die Geldbörse nebst Inhalt anzueignen. Dabei nahmen sie die von ihnen für möglich gehaltene dauerhafte Verdrängung des O aus seiner Eigentümerposition billigend in Kauf. Die von A und B erstrebte Zurechnung war auch rechtswidrig, da sie keinen zivilrechtlichen Anspruch auf die Geldbörse nebst Inhalt hatten.

Der subjektive Tatbestand ist damit erfüllt.

Der Tatbestand liegt infolgedessen insgesamt vor.

II. Rechtswidrigkeit

Rechtfertigungsgründe sind nicht ersichtlich. A und B handelten somit auch rechtswidrig.

III. Schuld

Entschuldigungs- und Schuldausschließungsgründe greifen für A und B nicht. Beide handelten deshalb auch schuldhaft.

IV. Ergebnis

A und B haben sich wegen Raubes in Mittäterschaft gemäß §§ 249 I, 25 II StGB strafbar gemacht.

Fall 10: Das Fahrlässigkeitsdelikt

Sachverhalt

Ahmed Aydin (A) hat es eilig und ist mit seinem Pkw unterwegs. Im Kreuzungsbereich wirft er lediglich einen flüchtigen Blick auf den vorfahrtsberechtigten Verkehr. Aufgrund der tief stehenden Sonne sieht A den mit seinem Fahrrad auf der vorfahrtsberechtigten Straße entlangfahrenden Bertram Braas (B) allerdings nicht. A fährt in den Kreuzungsbereich ein. Es kommt zu einer Kollision, bei der sich B das Schlüsselbein bricht.

Wie hat sich A strafbar gemacht?

Lösung

Anmerkung

Der Obersatz der Prüfung eines Fahrlässigkeitsdelikts besteht regelmäßig aus einer einzigen Norm. Das heißt: Es gibt weder eine Qualifikation eines Fahrlässigkeitsdelikts noch einen Versuch oder eine Anstiftung etc., da dies systematisch nicht möglich ist. Bei der fahrlässigen Körperverletzung ist zwar auf den Taterfolg des § 223 StGB (Vorsatzdelikt) Bezug zu nehmen, dies führt aber nicht dazu, dass § 223 StGB in die Paragrafenkette aufgenommen wird.

Anmerkung

Der Tatbestand ist beim Fahrlässigkeitsdelikt nicht in einen objektiven und einen subjektiven Tatbestand zu untergliedern, da weder ein Vorsatz noch deliktspezifische Absichten zu erörtern sind. Eine Auseinandersetzung mit den Kenntnissen und Handlungsmotiven des Täters oder der Täterin erfolgt deshalb ausschließlich auf der Schuldebene.

A könnte sich wegen fahrlässiger Körperverletzung gemäß § 229 StGB strafbar gemacht haben, indem er unter Missachtung der Vorfahrtsregelung mit seinem Pkw in den Kreuzungsbereich eingefahren ist und es dort zu einem Unfall kam, infolgedessen sich der B sein Schlüsselbein gebrochen hat.

I. Tatbestand

Hierfür müsste zunächst der Tatbestand des § 229 StGB verwirklicht sein.

1. Taterfolg

Dies setzt voraus, dass der Taterfolg, nämlich eine körperliche Misshandlung oder eine Gesundheitsschädigung, eingetreten ist. Eine körperliche Misshandlung ist jede üble und unangemessene Behandlung, die das körperliche Wohlbefinden mehr als nur unerheblich beeinträchtigt. Unter einer Gesundheitsschädigung ist das Hervorrufen oder Steigern eines pathologischen Zustands zu verstehen.

B hat sich das Schlüsselbein gebrochen. Dies stellt einen pathologischen Zustand dar und ist mithin als Gesundheitsschädigung zu werten. Außerdem verursacht eine Schlüsselbeinfraktur regelmäßig erhebliche Schmerzen und beeinträchtigt die Bewegungsfreiheit, sodass auch eine körperliche Misshandlung zu bejahen ist.

2. Tathandlung

Als Tathandlung kommt das Einfahren des A mit seinem Pkw in den Kreuzungsbereich in Betracht.

3. Kausalität

Ferner muss zwischen der Tathandlung des A und der körperlichen Misshandlung bzw. Gesundheitsschädigung bei B ein Kausalzusammenhang bestehen. Kausal ist jede Handlung, die nicht hinweggedacht werden kann, ohne dass der Erfolg in seiner konkreten Gestalt entfiele.

Denkt man sich das Einfahren des A in den Kreuzungsbereich hinweg, würde auch die schmerzhafte Verletzung des B – in Form des Schlüsselbeinbruchs – entfallen. Der erforderliche Kausalzusammenhang liegt somit vor.

4. Objektive Sorgfaltspflichtverletzung bei objektiver Vorhersehbarkeit

Außerdem muss der A eine objektive Sorgfaltspflicht verletzt haben, und der bei B eingetretene Taterfolg muss angesichts einer solchen Sorgfaltspflichtverletzung objektiv vorhersehbar gewesen sein. Eine objektive Sorgfaltspflichtverletzung liegt vor, wenn der Täter die im Verkehr erforderliche Sorgfalt außer Acht gelassen hat. Für die Feststellung der im Verkehr erforderlichen Sorgfalt ist danach zu fragen, wie sich ein besonnener und gewissenhafter Mensch in der konkreten Lage und der sozialen Rolle des Täters oder der Täterin verhalten hätte. Das heißt, im konkreten Fall ist maßgeblich, wie sich eine besonnene und gewissenhafte Person verhalten hätte, die am Straßenverkehr teilnimmt.

In § 8 I, III StVO ist geregelt, dass Verkehrsteilnehmende, die keine Vorfahrt haben, wartepflichtig sind. Besonnene und gewissenhafte Straßenverkehrsteilnehmende hätten die geltenden Straßenverkehrsregeln eingehalten, indem sie sich genau vergewissern, ob sich vorfahrtsberechtigte Verkehrsteilnehmende im bzw. unmittelbar vor dem Kreuzungsbereich befinden, und in diesem Fall warten. Indem der A in den Kreuzungsbereich eingefahren ist, obwohl er wartepflichtig war, hat er gegen diese objektive Sorgfaltspflicht verstoßen.

Die objektive Vorhersehbarkeit liegt vor, wenn der wesentliche Kausalverlauf und der eingetretene Erfolg nicht so sehr außerhalb der Lebenserfahrung liegen, dass man nicht damit zu rechnen braucht. Es ist objektiv vorhersehbar, dass es zu Kollisionen mit anderen Verkehrsteilnehmenden – gegebenenfalls auch mit Verletzungen von unfallbeteiligten Personen – kommen kann, sofern unter Missachtung der Wartepflicht in einen Kreuzungsbereich eingefahren wird.

5. Objektiver Zurechnungszusammenhang
Schließlich muss zwischen dem Fehlverhalten und dem Erfolg ein objektiver Zurechnungszusammenhang bestehen. Dieser liegt vor, wenn der Täter eine rechtlich missbilligte Gefahr geschaffen hat, die sich in tatbestandstypischer Weise im Erfolg niedergeschlagen hat.

Das rechtlich missbilligte Verhalten liegt in dem Einfahren in den Kreuzungsbereich durch A unter Missachtung der Vorfahrtsregeln. Mit der Regelung des § 8 StVO sollen gerade Kollisionen zwischen Fahrzeugen – und damit auch die hierdurch regelmäßig entstehenden Sach- und Personenschäden – verhindert werden. Damit hat sich im konkreten Erfolg, der Fraktur des Schlüsselbeins des B, genau die Gefahr realisiert, die A durch das Einfahren in den Kreuzungsbereich unter Missachtung der Vorfahrtsregeln geschaffen hat.

II. Rechtswidrigkeit

Rechtfertigungsgründe sind nicht ersichtlich. A handelte somit auch rechtswidrig.

III. Schuld

1. Keine Schuldausschließungs- oder Entschuldigungsgründe
Schuldausschließungs- oder Entschuldigungsgründe liegen nicht vor.

2. Fahrlässigkeitsschuld
Voraussetzung ist ferner, dass die Fahrlässigkeitsschuld vorliegt, das heißt, dass dem A auch eine subjektive Sorgfaltspflichtverletzung bei subjektiver Vorhersehbarkeit zur Last gelegt werden kann. Das heißt, der A muss nach seinen persönlichen Fähigkeiten und seinen Kenntnissen auch imstande gewesen sein, die objektiven Sorgfaltspflichten einzuhalten und die durch die Sorgfaltspflichtverletzung drohenden Schäden zu erkennen.

Da A ein Kraftfahrzeug führt, darf unterstellt werden, dass er über eine gültige Fahrerlaubnis verfügt, das heißt, dass er seine Kenntnisse der Straßenverkehrsordnung und seine Fähigkeit, ein Kraftfahrzeug im Straßenverkehr ordnungsgemäß zu führen, in einer Prüfung nachgewiesen hat und nach wie vor auch über die entsprechende Fahreignung verfügt. Der Sachverhalt enthält diesbezüglich keine anderslautenden Informationen. Somit ist auch von der subjektiven Sorgfaltspflichtverletzung des A bei subjektiver Vorhersehbarkeit des drohenden Schadens bei deren Nichteinhaltung auszugehen.

IV. Ergebnis

A hat sich gemäß § 229 StGB wegen fahrlässiger Körperverletzung strafbar gemacht.

Fall 11: Das erfolgsqualifizierte Delikt

Sachverhalt

Auf einer Party geraten Axel Ahl (A) und Bertram Baum (B) in Streit. Plötzlich schlägt der wütende A dem B mit seinem Bierglas fest ins Gesicht. Das Glas zersplittert im Gesicht des B. Hierdurch erleidet B nicht nur einige Schnittwunden an der Wange, die nach einigen Wochen wieder ausheilen, sondern auch eine Augenverletzung. Diese ist so gravierend, dass B auf dem linken Auge das Augenlicht verliert. A wollte zwar dem B leichte Verletzungen zufügen und hatte auch leichte Schnittwunden im Gesicht in Kauf genommen, eine Erblindung des B hatte er jedoch nicht gewollt.

Wie hat sich A strafbar gemacht?

Lösung

A. Strafbarkeit des A gemäß §§ 223 I, 224 I Nr. 2 StGB

A könnte sich wegen gefährlicher Körperverletzung nach §§ 223 I, 224 I Nr. 2 StGB strafbar gemacht haben, indem er dem B ein Bierglas in das Gesicht geschlagen hat.

Anmerkung

Insbesondere im Zusammenhang mit der Erörterung des § 226 StGB ist gedanklich immer auch abzuklären, ob zusätzlich eine gefährliche Körperverletzung gemäß §§ 223 I, 224 I StGB vorliegt. Sollte dies der Fall sein, ist diese ebenfalls zu prüfen. Einfacher und übersichtlicher ist es, zunächst §§ 223 I, 224 I StGB zu erörtern und nach deren vollständiger Prüfung eine separate Prüfung der §§ 223 I, 226 I StGB anzuschließen. Alternativ ist es möglich, alle drei Tatbestände unter einem Obersatz zu prüfen. Die Paragrafenkette im Obersatz lautet in diesem Fall §§ 223 I, 224 I, 226 I StGB.

I. Grundtatbestand des § 223 I StGB

1. Objektiver Tatbestand des § 223 I StGB

Dies setzt in objektiver Hinsicht voraus, dass A den B körperlich misshandelt oder an der Gesundheit geschädigt hat. Unter körperlicher Misshandlung versteht man jede üble, unangemessene Behandlung, durch die das körperliche Wohlbefinden mehr als nur unerheblich beeinträchtigt wird.

Durch den Schlag mit dem Bierglas hat der B Schnittwunden im Gesicht erlitten. Diese sind erfahrungsgemäß schmerzhaft und beeinträchtigen so das körperliche Wohlbefinden im Sinne des § 223 I Alt. 1 StGB mehr als nur unerheblich.

Gesundheitsschädigung wird als das Hervorrufen oder Steigern eines pathologischen Zustands definiert. Die durch den Schlag mit dem Bierglas verursachten Schnittwunden stellen einen pathologischen Zustand dar. Somit ist auch eine Gesundheitsschädigung nach § 223 I Alt. 2 StGB zu bejahen.

Der objektive Tatbestand des § 223 I StGB liegt vor.

Anmerkung

Da in den Definitionen von „körperlicher Misshandlung“ und „Gesundheitsschädigung“ neben dem Taterfolg auch die Tathandlung sowie der Kausalzusammenhang zwischen der Tathandlung und dem Taterfolg und der objektive Zurechnungszusammenhang bereits enthalten sind, ist es gut vertretbar, auf ein gesondertes Ansprechen dieser Punkte im Gutachten zu verzichten, soweit sich hierbei keine erörterungsbedürftigen Probleme stellen.

2. Subjektiver Tatbestand des § 223 StGB

Fraglich ist, ob auch der subjektive Tatbestand des § 223 I StGB erfüllt ist, das heißt, ob A vorsätzlich gehandelt hat. Unter Vorsatz versteht man den Willen zur Verwirklichung des objektiven Tatbestandes in Kenntnis aller objektiven Umstände.

Laut Sachverhalt schlägt der A dem B das Bierglas bewusst in das Gesicht und hält es mindestens für möglich, dass dieses zersplittert und bei B leichte Schnittwunden verursacht. Indem A gleichwohl mit dem Glas zugeschlagen hat, hat er die Schnittwunden an der Wange, die bereits für die Bejahung einer körperlichen Misshandlung und Gesundheitsschädigung ausreichen, billigend in Kauf genommen. Somit liegt Vorsatz hinsichtlich der Verwirklichung der objektiven Tatbestandsmerkmale und damit auch der subjektive Tatbestand des § 223 I StGB vor.

Der Grundtatbestand des § 223 I StGB wurde somit durch A verwirklicht.

II. Qualifikationstatbestand des § 224 I Nr. 2 StGB

1. Objektiver Tatbestand des § 224 I Nr. 2 StGB

Fraglich ist, ob darüber hinaus von A auch der Qualifikationstatbestand des § 224 I Nr. 2 StGB objektiv verwirklicht worden ist, weil A die körperliche Misshandlung und Gesundheitsschädigung mittels eines Bierglases herbeigeführt hat. Bei dem Bierglas könnte es sich um ein gefährliches Werkzeug im Sinne des § 224 I Nr. 2 StGB handeln. Unter einem gefährlichen Werkzeug ist jeder (bewegliche) Gegenstand zu verstehen, der nach seiner objektiven Beschaffenheit und der Art seiner Verwendung im konkreten Fall geeignet ist, erhebliche Verletzungen herbeizuführen. Bei einem Bierglas handelt es sich grundsätzlich bereits um einen harten Gegenstand, mit dem massive Verletzungen herbeigeführt werden können, insbesondere wenn damit gegen den Kopf geschlagen wird. Wird der Schlag so fest ausgeführt, dass das Glas dabei zerbricht, entsteht ein zusätzliches Verletzungsrisiko in dem Umstand, dass umherfliegende Glassplitter und scharfkantige Glasbruchstellen Schnittwunden verursachen. Von besonderer Gefährlichkeit ist dies im Gesicht, da hier auch schwerwiegende Augenverletzungen etc. möglich sind.

Der A hat dem B mit einer solchen Wucht das Bierglas in das Gesicht geschlagen, dass dieses zerbrochen ist und bei B Schnittwunden an der Wange und eine Augenverletzung verursacht hat. Folglich handelt es sich hier bei dem Bierglas des A um ein gefährliches Werkzeug gemäß § 224 I Nr. 2 StGB.

Ausreichende Anhaltspunkte für die zusätzliche Verwirklichung einer lebensgefährlichen Behandlung nach § 224 I Nr. 5 StGB sind dem Sachverhalt hingegen nicht zu entnehmen.

2. Subjektiver Tatbestand

A hat das Bierglas auch bewusst als hartes Schlagwerkzeug gegen B genutzt, um diesen damit zu verletzen. Demzufolge handelte A hinsichtlich seiner Verwendung auch vorsätzlich.

Somit liegt auch der Qualifikationstatbestand des § 224 I Nr. 2 StGB vor.

III./IV. Rechtswidrigkeit und Schuld

Rechtfertigungsgründe, Schuldausschließungs- oder Entschuldigungsgründe sind nicht ersichtlich. A handelte folglich auch rechtswidrig und schuldhaft.

V. Ergebnis

A hat sich wegen §§ 223 I, 224 I StGB strafbar gemacht.

B. Strafbarkeit des A gemäß §§ 223 I, 226 I Nr. 1 StGB

A könnte sich zusätzlich wegen schwerer Körperverletzung nach §§ 223 I, 226 I Nr. 1 StGB strafbar gemacht haben, indem er durch den Schlag mit seinem Bierglas den B so schwer verletzt hat, dass dieser das Sehvermögen auf einem Auge verloren hat.

Anmerkung

Das erfolgsqualifizierte Delikt (eq-Delikt) stellt eine *Vorsatz-Fahrlässigkeits-Kombination* dar. Dies bedeutet für den Aufbau, dass zunächst (wie gewohnt) der objektive und subjektive Tatbestand des vorsätzlichen Grunddelikts zu prüfen ist (z. B. der des § 223 I StGB oder der des § 249 I StGB). Wurde das vorsätzliche Grunddelikt – wie hier – bereits in einer vorangegangenen Prüfung erörtert, darf auf diese früheren Ausführungen verwiesen werden.

Hinsichtlich des Eintritts der qualifizierenden schweren Folge (z. B. der Tod im Sinne des § 227 StGB oder § 251 StGB bzw. die in § 226 I StGB genannten schweren körperlichen und gesundheitlichen Konsequenzen) ist sodann ein Fahrlässigkeitstatbestand zu prüfen. Aufgrund der Fahrlässigkeitskomponente des Delikts sind auch im Rahmen der Schuld die subjektive Sorgfaltspflichtverletzung und die subjektive Vorhersehbarkeit zu erörtern.

I. Grundtatbestand des § 223 I StGB

Hierfür müsste zunächst der Grundtatbestand des § 223 I StGB erfüllt sein. Dies ist – wie in der vorstehenden Prüfung bereits erörtert – der Fall.

II. Qualifikationstatbestand des § 226 I Nr. 1 StGB

Fraglich ist, ob darüber hinaus von A auch der Qualifikationstatbestand des § 226 I Nr. 1 StGB verwirklicht worden ist.

1. Taterfolg: Eintritt der schweren Folge nach § 226 I Nr. 1 StGB
Hierfür müsste zunächst die in § 226 I Nr. 1 StGB beschriebene schwere Folge, der Verlust des Sehvermögens auf mindestens einem Auge, eingetreten sein. Laut Sachverhalt ist dies der Fall, da B auf dem linken Auge erblindet ist.

2. Kausalität zwischen dem Grunddelikt und dem Eintritt der schweren Folge
Überdies muss ein Kausalzusammenhang zwischen der von A begangenen

Körperverletzung nach § 223 I StGB und dem Verlust des Sehvermögens auf einem Auge des B bestehen. Kausal ist jede Handlung, die nicht hinweggedacht werden kann, ohne dass der Erfolg in seiner konkreten Gestalt entfiele.

Der Schlag des A mit dem Bierglas ist nicht wegzudenken, ohne dass auch die zur Erblindung des linken Auges führende Schnittverletzung entfallen würde. Mithin liegt die erforderliche Kausalität vor.

3. Objektive Sorgfaltspflichtverletzung bei objektiver Vorhersehbarkeit

Des Weiteren müsste A durch den Schlag mit dem Bierglas eine ihm obliegende objektive Sorgfaltspflicht verletzt haben. Eine solche liegt vor, wenn der Täter oder die Täterin die im jeweiligen Verkehrskreis erforderliche Sorgfalt außer Acht gelassen hat. Der hier anzulegende Sorgfaltsmaßstab richtet sich danach, wie sich ein besonnener und gewissenhafter Mensch in der konkreten Situation verhalten hätte.

Ein besonnener und gewissenhafter Mensch hätte einer anderen Person nicht mit einem Bierglas ins Gesicht geschlagen, schon gar nicht mit einer so großen Heftigkeit, dass das Bierglas durch den Schlag zerbricht. Dies gilt insbesondere vor dem Hintergrund, dass ein solcher Schlag bereits als Körperverletzung gemäß § 223 I StGB bzw. als gefährliche Körperverletzung nach §§ 223 I, 224 I Nr. 2 StGB unter Strafe steht.

Darüber hinaus müsste die objektive Vorhersehbarkeit gegeben sein. Diese liegt vor, wenn der wesentliche Kausalverlauf und der eingetretene Erfolg nicht so sehr außerhalb der Lebenserfahrung liegen, dass mit einem solchen nicht zu rechnen war. Massive Verletzungen, auch Schnittverletzungen, die zu einer Erblindung führen, liegen im Bereich des Möglichen, sofern mit einem Glas in das Gesicht einer anderen Person geschlagen wird. Damit ist auch die objektive Vorhersehbarkeit dieser schweren Folge des § 226 I Nr. 1 StGB gegeben.

4. Unmittelbarkeitszusammenhang: Realisierung der im Grunddelikt angelegten Gefahr

Schließlich muss der Unmittelbarkeitszusammenhang gegeben sein. Ein solcher liegt vor, wenn die dem Grunddelikt spezifisch anhaftende Gefahr sich in der schweren Folge realisiert hat. Die im Grunddelikt angelegte Gefährlichkeit muss sich im Verlust des Sehvermögens auf dem linken Auge des B realisiert haben.

Bei Schlägen in das Gesicht mit einem Gegenstand, insbesondere einem Glas, welches zersplittern kann, ist grundsätzlich die Gefahr angelegt, dass diese zu massiven Augenverletzungen führen können. Dies gilt auch für Verletzungen, die den Verlust des Sehvermögens nach sich ziehen. Demnach ist im vorliegenden Fall auch der erforderliche Unmittelbarkeitszusammenhang zu bejahen.

III. Rechtswidrigkeit

Rechtfertigungsgründe liegen laut Sachverhalt aufseiten des A nicht vor. Mithin handelte er rechtswidrig.

IV. Schuld

1. Keine Schuldausschließungs- oder Entschuldigungsgründe
Schuldausschließungs- und Entschuldigungsgründe zugunsten des A sind dem Sachverhalt ebenfalls nicht zu entnehmen.

2. Fahrlässigkeitsschuld
Fraglich ist jedoch, ob auch die Fahrlässigkeitsschuld des A zu bejahen ist, das heißt, ob er seine subjektive Sorgfaltspflicht bei subjektiver Vorhersehbarkeit verletzt hat. Dies erfordert, dass der Täter oder die Täterin nach den persönlichen Fähigkeiten und persönlichen Kenntnissen in der Lage gewesen sein muss, die objektive Sorgfaltspflicht – vorliegend: einem anderen Menschen nicht mit einem Bierglas in das Gesicht zu schlagen – einzuhalten. Der A wäre durchaus in der Lage gewesen, nicht auf B einzuschlagen und es darf (mangels gegenteiliger Informationen im Sachverhalt) unterstellt werden, dass auch für ihn persönlich erkennbar war, dass ein Schlag mit einem Bierglas in das Gesicht einer anderen Person zu massiven Gesundheitsschäden, wie etwa der Erblindung auf einem Auge, führen kann.

Somit handelte A auch schuldhaft.

V. Ergebnis

A hat sich wegen schwerer Körperverletzung nach §§ 223 I, 226 I StGB strafbar gemacht.

Fall 12: Die schwere Körperverletzung als Vorsatzqualifikation nach §§ 223 I, 226 I, II StGB

Sachverhalt

Axel Ahl (A) und Bertram Baum (B) geraten immer wieder in Streit, weil B dem A bereits mehrfach die Freundin „ausgespannt" hat. A will sich an B rächen. An einem Mittwochabend lauert er dem B vor dessen Wohnung auf. Als der von seiner aktuellen Freundin zurückkehrende gut gelaunte B gerade die Tür zu seiner Wohnung öffnen will, springt A aus seinem Versteck heraus und versetzt dem B mit dem mitgeführten Messer mehrere schmerzhafte und tiefe Schnittwunden im Gesicht. Die Schnittwunden hinterlassen bei B als Dauerschaden mehrere wulstige Narben in einer Länge von jeweils acht bis zwölf Zentimetern. Genau hierauf kam es dem A bei seinem Angriff an. Sein Ziel war es, durch die Schnittwunden und hierdurch entstehende Narben die Attraktivität des B deutlich herabzusetzen. A hoffte darauf, dass sich zukünftig kaum noch eine Frau für B interessieren wird.

Wie hat sich A strafbar gemacht?

Lösung

A. Strafbarkeit des A gemäß §§ 223 I, 224 I StGB

Anmerkung

Vergleiche zur Prüfung der unterschiedlichen Körperverletzungsdelikte die Anmerkungen zu Fall 3 und Fall 11.

Hinsichtlich der Definitionen zum Grundtatbestand wird in der nachstehenden Prüfung der §§ 223 I, 226 I, II StGB ebenfalls auf Fall 11 verwiesen. Ein solcher Verweis ist immer möglich, wenn innerhalb eines Gutachtens bereits an vorangegangener Stelle die entsprechende Definition genannt wurde.

B. Strafbarkeit des A gemäß §§ 223 I, 226 I Nr. 3, II StGB

A könnte sich wegen schwerer Körperverletzung gemäß §§ 223 I, 226 I Nr. 3, II StGB strafbar gemacht haben, indem er B mehrere tiefe Schnitte versetzte, die dauerhaft wulstige Narben im Gesicht des B hinterlassen haben.

I. Grundtatbestand des § 223 I StGB

A hat den Grundtatbestand des § 223 I StGB vorsätzlich verwirklicht (s. o.).

II. Qualifikationstatbestand des § 226 I Nr. 3, II StGB

Fraglich ist, ob A den Qualifikationstatbestand des § 226 I Nr. 3, II StGB verwirklicht hat, das heißt, ob er die schwere Folge des § 226 I StGB wissentlich oder absichtlich im Sinne des § 226 II StGB herbeiführte.

Anmerkung

Zum Aufbau: In Abweichung von §§ 223 I, 226 I StGB (vergleiche Fall 11) ist § 226 StGB als „normale" Vorsatzqualifikation zu prüfen, sofern die schwere Folge nicht nur fahrlässig oder mit Eventualvorsatz herbeigeführt wurde, sondern der Täter oder die Täterin diesbezüglich mit direktem Vorsatz (Wissentlichkeit) oder in Absicht gehandelt hat.

1. Objektiver Tatbestand

Es müsste der objektive Qualifikationstatbestand des § 226 StGB verwirklicht sein. Dies könnte in Form einer erheblichen dauerhaften Entstellung des B gemäß § 226 I Nr. 3 StGB gegeben sein. Unter einer Entstellung ist die Verunstaltung der Gesamterscheinung zu verstehen. Um erheblich zu sein, muss die Entstellung in seinem Gewicht in etwa den in den anderen Ziffern des § 226 I StGB beschriebenen schweren Folgen entsprechen. Die erhebliche Entstellung ist dauerhaft, wenn sich ihr Ende nicht bestimmen lässt.

Laut Sachverhalt hinterlassen die von A verursachten Schnittverletzungen bei B mehrere wulstige, das heißt stark ins Auge fallende, acht bis zwölf Zentimeter lange Narben. Das Gesicht spielt für die Gesamterscheinung einer Person grundsätzlich eine entscheidende Rolle. Deshalb prägen Narben im Gesicht das äußere Erscheinungsbild eines Menschen. Dies gilt umso mehr, da diese (anders als bei Narben an anderen Körperteilen) üblicherweise nicht von der Kleidung verdeckt werden können. Im vorliegenden Fall handelt es sich um mehrere und sehr lange Narben. Vor diesem Hintergrund kann davon ausgegangen werden, dass der B durch die Narbenbildung in erheblicher Weise entstellt ist. Laut Sachverhalt ist auch nicht mehr mit einem Verschwinden der Narben zu rechnen, sodass eine dauernde Entstellung in erheblicher Weise gemäß § 226 I Nr. 3 StGB vorliegt und damit der objektive Qualifikationstatbestand verwirklicht wurde.

2. Subjektiver Tatbestand

Für den subjektiven Qualifikationstatbestand reicht Eventualvorsatz nicht aus. Vielmehr müssen die schweren Folgen nach § 226 II StGB wissentlich oder mit Absicht durch den Täter bzw. die Täterin herbeigeführt worden sein.

Laut Sachverhalt ging es dem A gerade darum, den B so zu verunstalten, dass er auf Dauer in seiner Attraktivität deutlich herabgesetzt ist und er damit bei der Partnerinnensuche möglichst erfolglos ist. Das heißt, die dauerhaft verbleibenden entstellenden Narben waren gerade das Ziel des A. Er wusste auch, dass er durch die Messerschnitte solche Narben im Gesicht des B verursachen kann. Somit handelte er mit Absicht. Der subjektive Qualifikationstatbestand des § 226 II StGB ist somit ebenfalls erfüllt.

III. Rechtswidrigkeit

Die Rechtswidrigkeit ist gegeben.

IV. Schuld

Die Schuld liegt ebenfalls vor.

V. Ergebnis

A hat sich wegen einer schweren Körperverletzung nach §§ 223 I, 226 I, II StGB strafbar gemacht.

Fall 13: Das versuchte Delikt (inklusive einer Rücktrittsprüfung)

Sachverhalt

An einem sonnigen Augustabend sitzt Heike Hering (H) auf ihrer Terrasse, um sich von einem anstrengenden Arbeitstag zu erholen. Schon nach wenigen Minuten quält sie der laut dröhnende Rasenmäher der Nachbarin Barbara Bauer (B). H, die sich schon seit geraumer Zeit sehr daran stört, dass die gesamte Nachbarschaft ihre motorbetriebenen Gartengeräte immer dann zum Einsatz bringt, wenn sie sich erholen will, beschließt nun, ein Exempel gegen die „Lärmverschmutzung" in ihrem Wohngebiet zu statuieren. Als exzellente Sportschützin hat sie einige Schusswaffen in ihrem Wohnhaus aufbewahrt. Sie greift zu ihrer Pistole, geht zum Gartenzaun und schießt auf die nur wenige Meter entfernte B, um diese zu töten. Zur großen Überraschung von H verfehlt der Schuss jedoch B. Diese bleibt unverletzt. Als H in das entsetzte Gesicht ihrer Nachbarin schaut, erkennt sie, zu welcher Tat sie sich gerade hat hinreißen lassen, und ist ihrerseits bestürzt. Obwohl H weiß, dass das Magazin ihrer Pistole noch fast voll ist, das heißt es ihr möglich gewesen wäre, weitere Schüsse auf B abzugeben, lässt H von ihrem Tötungsvorhaben ab und zieht sich in ihr Haus zurück.

Hat H sich wegen (versuchten) Totschlags strafbar gemacht?

Lösung

H könnte sich wegen versuchten Totschlags gemäß §§ 212 I, 22, 23 I, 12 I StGB strafbar gemacht haben, indem sie mit einer Schusswaffe einen Schuss auf die B abgab.

0. Vorprüfung

1. Keine Vollendung
Dies setzt zunächst voraus, dass die Tat nicht vollendet wurde. B überlebt den Angriff der H. Somit wurde der Tatbestand des § 212 I StGB nicht vollendet.

2. Versuchsstrafbarkeit
Die Strafbarkeit des versuchten Totschlags ergibt sich aus den §§ 212 I, 22, 23 I, 12 I StGB.

I. Tatbestand

1. Subjektiver Tatbestand

Zur Verwirklichung des subjektiven Tatbestandes müsste H den Tatentschluss hinsichtlich der Tötung eines anderen Menschen gehabt haben.

a) Tatentschluss bezüglich des Taterfolgs
Laut Sachverhalt wollte H, dass B stirbt, um ein Exempel für die gesamte Nachbarschaft zu statuieren. Damit liegt ein Tatentschluss hinsichtlich des Taterfolgs, dem Tod eines anderen Menschen, vor.

b) Tatentschluss bezüglich der Tathandlung
H hat auch wissentlich und willentlich mit ihrer Schusswaffe auf B gezielt und einen Schuss ausgelöst. Damit erfolgte auch die Tathandlung, die Schussabgabe der H auf B, mit Tatentschluss.

c) Tatentschluss bezüglich der Kausalität
Darüber hinaus müsste aber auch der Tatentschluss der H bezüglich der Kausalität zwischen ihrer Schussabgabe und dem Tod der B vorliegen. Kausal ist jede Handlung, die nicht hinweggedacht werden kann, ohne dass der tatbestandliche Erfolg in seiner konkreten Gestalt entfiele.

Nach der Vorstellung der H von der Tat sollte B durch die Kugel aus ihrer Schusswaffe sterben. Somit kann die Schussabgabe nicht hinweggedacht werden, ohne dass der angestrebte Erfolg – Tod der B – aus der Sicht der H entfällt. Mithin liegt auch ein Tatentschluss der H bezüglich der Kausalität zwischen Tathandlung und Taterfolg vor.

d) Tatentschluss bezüglich der objektiven Zurechnung
Schließlich muss auch der Tatentschluss hinsichtlich der objektiven Zurechnung gegeben sein. Objektive Zurechnung ist ein durch menschliches Handeln verursachter Erfolg, wenn durch die Handlung eine rechtlich missbilligte Gefahr geschaffen wird und sich diese Gefahr in tatbestandstypischer Weise im Erfolg niederschlägt.

H weiß, dass die Schussabgabe auf eine andere Person die Gefahr birgt, dass diese tödlich verletzt wird. Genau diese Gefahr wollte H auch schaffen. Ferner wollte die H, dass sich die von ihr geschaffene Gefahr im Tod der B realisiert, und sie wusste auch, dass sie diesen Erfolg mit der Schussabgabe realisieren kann. Damit ist auch der Tatentschluss der H hinsichtlich der objektiven Zurechnung des Todes der B gegeben.

Somit liegt der Tatentschluss der H hinsichtlich der Tötung der B vor. Der subjektive Tatbestand ist mithin erfüllt.

2. Objektiver Tatbestand: Unmittelbares Ansetzen zur Tat gemäß § 22 StGB

Darüber hinaus müsste auch der objektive Tatbestand verwirklicht worden sein. Dies setzt das unmittelbare Ansetzen der H zur Tatbestandsverwirklichung voraus. Das unmittelbare Ansetzen liegt vor, wenn der Täter subjektiv die Schwelle zum „Jetzt geht es los!" überschreitet und objektiv zur tatbestandsmäßigen Angriffshandlung ansetzt, sodass sein Tun ohne (wesentliche) Zwischenschritte in die Erfüllung des Tatbestandes übergeht.

Indem H die B anvisierte und auf diese einen Schuss mit ihrer Pistole abgab, hat H die Schwelle zum „Jetzt geht es los!" überschritten. Zwischen der Schussabgabe und dem angestrebten Tod der B liegen keine weiteren wesentlichen Zwischenschritte. Somit liegt auch der objektive Tatbestand vor.

Der Tatbestand der §§ 212 I, 22 StGB ist damit verwirklicht.

II. Rechtswidrigkeit

Rechtfertigungsgründe sind nicht ersichtlich. H handelte somit auch rechtswidrig.

III. Schuld

Schuldausschließungs- und Entschuldigungsgründe liegen ebenfalls nicht vor. H handelte mithin auch schuldhaft.

IV. Strafaufhebungsgrund: Rücktritt nach § 24 I StGB

Fraglich ist, ob H nach § 24 I S. 1 StGB strafbefreiend vom versuchten Totschlag zurückgetreten ist, indem sie keine weiteren Schüsse auf ihre Nachbarin abgegeben hat.

1. Kein fehlgeschlagener Versuch
Voraussetzung hierfür ist, dass der Versuch nicht fehlgeschlagen ist. Ein Versuch ist fehlgeschlagen, sofern der Täter oder die Täterin erkennt oder zumindest annimmt, dass das ursprüngliche Ziel aufgrund der konkret gegebenen Tatsituation nicht mehr zu erreichen ist. Ursprünglich ging H – aufgrund ihrer Fähigkeiten als sehr guter Sportschützin und wegen der geringen Entfernung zu der anvisierten B – davon aus, dass ein einziger Schuss genügt, um B zu töten. Sofern auf die ursprüngliche Vorstellung der H von der Tat abgestellt würde, wäre der Versuch fehlgeschlagen, da ihr ursprünglicher Plan – die B mit einem gezielten Schuss zu töten – gescheitert ist. Dies würde wiederum dazu führen, dass die H nicht mehr von ihrem Tötungsversuch

strafbefreiend zurücktreten könnte. Eine solche Sichtweise stützt sich auf die sogenannte Einzelakttheorie.

Andererseits erkennt H nach der Abgabe des Schusses, dass sie weitere Schüsse auf B abgeben könnte und damit noch den Tod der B herbeiführen kann, da sie noch über weitere Munition verfügt und demzufolge die B durch einen weiteren Schuss hätte töten können. Nach der in der Rechtsprechung und weiten Teilen der Strafrechtswissenschaften vertretenen sogenannten Gesamtbetrachtungslehre soll ein Versuch noch nicht fehlgeschlagen sein, sofern der Täter oder die Täterin nach Abschluss der letzten Tathandlung erkennt, dass weitere Handlungsoptionen bestehen, um den tatbestandlichen Erfolg herbeizuführen, hierauf aber verzichtet.

Für die Einzelakttheorie spricht, dass es letztlich nur dem Zufall zu verdanken ist, dass der Erfolg nicht eingetreten ist. Vor diesem Hintergrund ist fraglich, warum der Täter oder die Täterin bereits dadurch, dass keine weiteren Tathandlungen vorgenommen werden, sich die Straffreiheit „verdient" haben soll. Außerdem könnte gegen die Gesamtbetrachtungslehre sprechen, dass durch sie Täter und Täterinnen mit einer höheren kriminellen Energie eher in den Genuss der Straffreiheit gelangen als Täter und Täterinnen, denen die Möglichkeit fehlt, sich weitere Szenarien vorzustellen, um den Erfolg herbeizuführen. Sofern die Vorstellungskraft sich nur auf die bereits vorgenommene und gescheiterte tatbestandliche Handlung bezieht und keine weiteren Handlungsoptionen gesehen werden, würde dies auch nach der Gesamtbetrachtungslehre zum Versagen des strafbefreienden Rücktritts führen. Der Täter oder die Täterin, die jedoch die intellektuelle Möglichkeit und die kriminelle Energie besitzen, nach Erkennen ihres anfänglichen Scheiterns andere Handlungsoptionen in Erwägung zu ziehen, werden durch die Gesamtbetrachtungstheorie begünstigt.

Ein entscheidender Gedanke der Straffreiheit des Versuchs ist jedoch der Opferschutzaspekt. Die Gefahr für ein Opfer ist umso höher, je eher der Täter oder die Täterin zu dem Schluss kommt, dass nun ohnehin „alles egal" ist, weil sowieso eine Strafe droht und deshalb die Tat auch zu Ende gebracht werden kann. Das heißt, jeder Anreiz für den Täter oder die Täterin, durch ein weiteres Verhalten doch noch zur Straffreiheit zu gelangen, birgt eine Rettungschance für das Opfer, da dem Täter oder der Täterin auch in einem fortgeschrittenen Stadium eine „goldene Brücke" in die Straffreiheit gebaut wird, die gegebenenfalls genutzt wird. Zu berücksichtigen ist ferner, dass Täter und Täterinnen, die bewusst auf weitere Handlungsoptionen zur Erfolgsherbeiführung verzichten, bereits eine Umkehrleistung erbracht haben, indem sie wieder die Rechtsordnung anerkennen und nicht weiter gegen sie verstoßen. Es bedarf also auch unter diesem Gesichtspunkt nicht der Einwirkung durch Strafe, um dem Täter oder der Täterin das Unrecht der Tat vor Augen zu halten. Dieses Unrecht hat der Täter oder die Täterin bereits ohne die Einwirkung von Strafe erkannt, und diese Erkenntnis hat ihn bzw. sie zu einer Verhaltensumkehr veranlasst. Vor dem Hintergrund der vorstehenden Argumente ist die Gesamtbetrachtungslehre der Einzelakttheorie vorzuziehen. Das heißt, der Versuch der H ist noch nicht fehlgeschlagen und damit bleibt die Möglichkeit eines strafbefreienden Rücktritts erhalten.

Anmerkung

Der vorstehend dargestellte Theorienstreit stellt ein Beispiel dar, wie ein solcher in einem Gutachten formuliert werden kann. Beim Verfassen einer Klausur unter Prüfungsbedingungen wird er in der Regel zeitbedingt aber nicht in der hier aufgezeigten Tiefe dargestellt werden können.

2. Abgrenzung des unbeendeten Versuchs vom beendeten Versuch

Fraglich ist nun, ob vorliegend ein unbeendeter oder ein beendeter Versuch anzunehmen ist, da der Gesetzgeber an diese beiden Varianten unterschiedliche Voraussetzungen knüpft. Während es bei einem unbeendeten Versuch ausreicht, dass der Täter oder die Täterin die weiteren Tatausführungen lediglich vollständig und endgültig abbricht, wird als Rücktrittsleistung bei einem beendeten Versuch verlangt, dass Gegenmaßnahmen ergriffen werden.

Ein Rücktritt vom unbeendeten Versuch gemäß § 24 I S. 1 Alt. 1 StGB liegt vor, wenn der Täter oder die Täterin noch nicht alles getan hat, was nach seiner oder ihrer Vorstellung zur Herbeiführung des Erfolgs notwendig ist. Demgegenüber liegt der Rücktritt vom beendeten Versuch nach § 24 I S. 1 Alt. 2 StGB vor, sofern der Täter oder die Täterin meint, schon alles Notwendige getan zu haben, um den tatbestandlichen Erfolg herbeizuführen. Der maßgebliche Zeitpunkt für die Beurteilung ist der Abschluss der letzten Ausführungshandlung.

Unter Berücksichtigung der hier vertretenen Gesamtbetrachtungstheorie, nach der das gesamte Geschehen einheitlich zu sehen ist, hat H nach der Abgabe des ersten Schusses erkannt, dass sie weitere Schüsse auf B abgeben müsste, um deren Tod noch herbeizuführen. Damit hat die H aus ihrer Sicht noch nicht alles getan, was zur Erfolgsherbeiführung notwendig ist. Es kommt mithin nur ein Rücktritt vom unbeendeten Versuch gemäß § 24 I S. 1 Alt. 1 StGB in Betracht.

3. Rücktrittshandlung: vollständiges und endgültiges Ablassen von der weiteren Tatausführung

Die H hat sich nach der Abgabe des Schusses wieder in ihr Wohnhaus zurückgezogen. Vom ursprünglichen Plan, die B zu töten, hat sie Abstand genommen. Mithin liegt ein vollständiges und endgültiges Abbrechen der weiteren Tatausführung vor. Die Voraussetzungen an die Rücktrittshandlung vom unbeendeten Versuch sind mithin erfüllt.

4. Freiwilligkeit der Rücktrittshandlung

Schließlich müsste H freiwillig zurückgetreten sein. Dies ist zu bejahen, sofern H aus autonomen – nicht unbedingt moralisch hochstehenden Gründen – von weiteren Tatausführungen abgelassen hat. H hat nach der Abgabe des Schusses das Erschrecken ihrer Nachbarin erkannt. In diesem Moment hat H reflektiert, wie absurd ihr ursprünglicher Plan war. Das heißt, den Entschluss zum endgültigen Ablassen von weiteren Tatausführungen hat H ohne äußere Zwänge getroffen. Eine Freiwilligkeit ist damit zu bejahen.

Somit ist H gemäß § 24 I S. 1 Alt. 1 StGB vom Versuch strafbefreiend zurückgetreten.

V. Ergebnis

H hat sich nicht gemäß §§ 212 I, 22, 23 I, 12 I StGB wegen versuchten Totschlags strafbar gemacht.

Fall 14: Das vorsätzliche unechte Unterlassungsdelikt

Sachverhalt

Max Meier (M) und Xaver Xenos (X) sind geübte Bergsteiger. Sie beschließen, eine besonders anspruchsvolle Route gemeinsam zu klettern. Bereits beim Aufstieg kommt es zwischen beiden immer wieder zu massiven Meinungsverschiedenheiten darüber, wie sie die sich stellenden Herausforderungen bewältigen sollen. X ist sehr risikobereit, während M sicherheitsbewusster agieren will und deshalb von X mehrfach verspottet wird. Die Stimmung zwischen beiden wird zunehmend schlechter. Beim Abstieg verletzt sich X so schwer am Bein, dass er nicht mehr aus eigener Kraft weitergehen kann. Beide Kletterer haben keinen Handyempfang. Hilfe durch Dritte ist nicht erreichbar. M erkennt, dass X nicht aus eigener Kraft ins Tal gelangen kann und erfrieren wird, falls M ihm nicht beim Abstieg hilft. M weiß, dass er aufgrund seiner eigenen körperlichen Fitness und seiner sehr guten alpinen Kenntnisse durchaus in der Lage wäre, den X sicher ins Tal zu verbringen, ohne sich selbst zu gefährden. Wegen der vorangegangenen Auseinandersetzungen mit X verzichtet M trotzdem auf eine Bergung des X und steigt allein ins Tal ab. Wie von M vorhergesehen, erfriert X in der Nacht im Gebirge.

Hat sich M wegen Totschlags durch Unterlassen strafbar gemacht?

Lösung

M könnte sich wegen Totschlags durch Unterlassen gemäß § 212 I, 13 I StGB strafbar gemacht haben, indem er X am Berg liegen gelassen hat und ihm nicht beim Abstieg ins Tal half.

I. Tatbestand

Dafür müsste der Tatbestand der §§ 212 I, 13 I StGB gegeben sein.

1. Objektiver Tatbestand

a) Eintritt des tatbestandlichen Erfolgs
Es müsste der Taterfolg, der Tod eines anderen Menschen, eingetreten sein. X erfriert. Der Erfolg des Todes eines Menschen liegt somit vor.

b) Nichtvornahme der zur Erfolgsabwendung objektiv erforderlichen Handlung
Darüber hinaus müsste die zur Erfolgsabwendung objektiv erforderliche Handlung nicht vorgenommen worden sein. Zur Erfolgsabwendung wäre es

hier notwendig gewesen, dass M den verletzten X beim Abstieg unterstützt. Dies hat er nicht getan und damit eine zur Erfolgsabwendung notwendige Handlung unterlassen.

c) Physisch-reale Handlungsmöglichkeit zur Erfolgsabwendung
Laut Sachverhalt wäre M aufgrund seiner eigenen guten körperlichen Verfassung und seiner alpinen Kenntnisse in der Lage gewesen, den X ins Tal zu bringen, ohne sich selbst zu gefährden. Er verfügte somit über entsprechende physisch-reale Handlungsmöglichkeiten zur Erfolgsabwendung.

d) Hypothetische Kausalität des Unterlassens
Das Liegenlassen des X im Gebirge bzw. die mangelnde Unterstützung beim Abstieg müsste quasi-kausal für den Tod des X gewesen sein. Die Quasi-Kausalität des Unterlassens liegt vor, wenn die unterlassene Tätigkeit nicht hinzugedacht werden kann, ohne dass der Erfolg mit an Sicherheit grenzender Wahrscheinlichkeit entfallen würde.

Gemäß dem Sachverhalt hätte M mit an Sicherheit grenzender Wahrscheinlichkeit den X ins Tal verbringen können. Sofern diese unterlassene Handlung hinzugedacht wird, wäre der verletzte X nicht im Gebirge erfroren. Die erforderliche Quasi-Kausalität liegt damit vor.

e) Objektiver Zurechnungszusammenhang
Schließlich muss der objektive Zurechnungszusammenhang zwischen dem Fehlverhalten und dem Erfolgseintritt zu bejahen sein. Dies ist der Fall, wenn der Täter durch sein Verhalten eine rechtlich missbilligte Gefahr geschaffen hat, die sich in tatbestandstypischer Weise im Erfolg niedergeschlagen hat. Indem M den verletzten X im Gebirge zurücklässt, entsteht die Gefahr, dass dieser verstirbt, indem er erfriert, verdurstet oder verhungert. Ungeachtet einer Garantenstellung ergibt sich bereits aus § 323c I StGB die Pflicht zur Hilfeleistung im Unglücksfall. Das heißt, das Nichthelfen bei einem Unglücksfall (trotz der Handlungsmöglichkeit und Zumutbarkeit) ist strafbar und damit rechtlich missbilligt. Vorliegend hat sich die rechtlich missbilligte Gefahr, dass X aufgrund seiner Hilflosigkeit versterben kann, in seinem Erfrierungstod realisiert. Der objektive Zurechnungszusammenhang liegt somit vor.

f) Garantenstellung
Wegen eines unechten Unterlassungsdelikts kann sich nur eine Person strafbar machen, der eine Garantenstellung im Sinne des § 13 I StGB zukommt, das heißt, die dafür einzustehen hat, dass der tatbestandliche Erfolg gerade nicht eintritt. Eine solche Garantenstellung könnte sich vorliegend aus dem Gedanken der Gefahrengemeinschaft (als Unterfall der Beschützergarantenstellung) ergeben. Der die Garantenstellung begründende Aspekt der

sogenannten Gefahrengemeinschaften ist, dass sich die Mitglieder dieser Gemeinschaft bei ihrer gefährlichen Unternehmung wechselseitig Beistand, insbesondere in Notfällen, leisten wollen. Diese gegenseitige Hilfe müssen sich die Gemeinschaftsmitglieder nicht ausdrücklich zusagen, es genügt bereits, wenn sie hiervon stillschweigend ausgehen und ihr Verhalten entsprechend ausrichten. Die Vorteile, die sich für jeden Einzelnen aus der Gefahrreduzierung in dem gemeinsamen Angehen der gefährlichen Unternehmung ergeben, ziehen spiegelbildlich auch eine entsprechende Verantwortlichkeit für das Wohl der anderen Mitglieder der Gefahrengemeinschaft nach sich. Bergsteiger bilden dabei einen Klassiker der Gefahrengemeinschaft. Sie entschließen sich gerade deshalb zur gemeinsamen Tour, weil die Gefahr für Einzelbesteigungen in der Regel als zu hoch angesehen wird.

Daraus folgt, dass dem M hinsichtlich des Lebens und der körperlichen Unversehrtheit des X eine Garantenstellung zukommt, aus der sich die Garantenpflicht zur Hilfe nach § 13 I StGB ableitet.

g) Gleichstellungsklausel des § 13 I StGB

Die unterlassene Unterstützung des M beim Talabstieg des X entspricht dem Unrechtsgehalt der Verwirklichung des Tatbestands durch ein aktives Tun. Die Gleichstellungsklausel des § 13 I StGB ist mithin ebenfalls erfüllt.

Damit liegt der objektive Tatbestand der §§ 212 I, 13 I StGB vor.

2. Subjektiver Tatbestand

Schließlich müsste M den subjektiven Tatbestand verwirklicht haben, das heißt vorsätzlich gehandelt haben. Unter Vorsatz ist hier das Wissen und das Wollen bezüglich aller objektiven Tatbestandsmerkmale, inklusive der eigenen Garantenstellung, zu verstehen.

M hat erkannt, dass X aus eigener Hilfe nicht absteigen kann und ohne Hilfe am Berg erfrieren würde. M wusste ferner, dass er in der Lage ist, den X sicher ins Tal zu verbringen, ohne sich selbst zu gefährden. Er weiß auch um den Umstand, dass beide die Bergbesteigung bewusst gemeinsam angegangen sind, weil sie sich wechselseitig in Notfällen Hilfe leisten wollten und konnten. Gleichwohl hat M aufgrund der vorherigen Auseinandersetzungen mindestens billigend in Kauf genommen, dass X ohne fremde Hilfe nicht absteigen kann und am Berg erfriert.

Vorsatz und damit der subjektive Tatbestand sind deshalb zu bejahen.

II. Rechtswidrigkeit

Rechtfertigungsgründe sind nicht ersichtlich. M handelte somit auch rechtswidrig.

III. Schuld

Schuldausschließungs- und Entschuldigungsgründe liegen ebenfalls nicht vor. M handelte mithin auch schuldhaft.

IV. Ergebnis

M hat sich gemäß §§ 212 I, 13 I StGB wegen Totschlags durch Unterlassen strafbar gemacht.

Fall 15: Das fahrlässige unechte Unterlassungsdelikt

Sachverhalt

Anne Aust (A) ist Eigentümerin eines schön gelegenen Grundstücks. Im Garten hat sie einen Fischteich angelegt, der eine Tiefe von eineinhalb Metern aufweist. Das Grundstück ist durch eine niedrige Buchsbaumhecke eingefasst, aber über einen kleinen Plattenweg von der Straße aus frei zugänglich. Über eine Absicherung des Teichs hat sie zwar schon nachgedacht, geht aber davon aus, dass schon nichts passieren wird. Im Nachbarhaus wohnt eine Familie mit dem dreijährigen Jungen Jonathan (J). Als die Eltern des J durch Gäste abgelenkt sind, nutzt J diese Unaufmerksamkeit, verlässt das eigene Grundstück und läuft auf das Grundstück der A, um dort die Fische anzuschauen. Als J nach einem der Fische greifen will, verliert er das Gleichgewicht, fällt in den Teich und ertrinkt.

Wie hat A sich strafbar gemacht?

Lösung

A. Strafbarkeit der A wegen §§ 212 I, 13 I StGB

A könnte sich wegen Totschlags durch Unterlassen gemäß §§ 212 I, 13 I StGB strafbar gemacht haben, indem sie ihr Grundstück bzw. den dort gelegenen Fischteich nicht vor dem Zutritt unbefugter Dritter gesichert hat und der J in diesem Fischteich ertrunken ist.

I. Tatbestand

Dies würde neben der Verwirklichung des objektiven Tatbestands jedoch auch das Vorliegen des subjektiven Tatbestands voraussetzen, das heißt, A müsste hinsichtlich des Todes des J vorsätzlich gehandelt haben. Unter Vorsatz ist das Wissen und Wollen hinsichtlich der Verwirklichung der objektiven Tatbestandsmerkmale zu verstehen.

A wollte jedoch den Tod des Nachbarkindes nicht. Sie hat den Tod des J nicht billigend in Kauf genommen. Somit fehlt es an einem vorsätzlichen Verhalten der A.

II. Ergebnis

Eine Strafbarkeit nach §§ 212 I, 13 I StGB scheidet somit aus.

B. Strafbarkeit der A wegen §§ 222, 13 I StGB

Allerdings könnte sich A wegen der mangelnden Absicherung ihres Grundstücks bzw. des darauf befindlichen Fischteichs wegen fahrlässiger Tötung durch Unterlassen gemäß §§ 222, 13 I StGB strafbar gemacht haben.

I. Tatbestand

1. Eintritt des Taterfolgs
Hierfür müsste der Erfolg des § 222 StGB, der Tod eines Menschen, eingetreten sein. J ist tot. Der Erfolgseintritt ist somit zu bejahen.

2. Nichtvornahme der zur Erfolgsabwendung objektiv erforderlichen Handlung
Die A müsste eine zur Erfolgsabwendung objektiv erforderliche Handlung nicht vorgenommen haben. Die A hat ihren Fischteich nicht davor gesichert, dass Menschen in ihn hineinfallen und ertrinken.

3. Physisch-reale Möglichkeit der Erfolgsabwendung
A hätte z. B. die physisch-reale Möglichkeit gehabt, einen Zaun um ihr Grundstück oder um den Fischteich zu errichten.

4. Hypothetische Kausalität des Unterlassens
Die unterlassene Sicherung des Fischteichs müsste quasi-kausal für den Tod des J gewesen sein. Eine Kausalität des Unterlassens liegt vor, wenn die unterlassene Tätigkeit nicht hinzugedacht werden kann, ohne dass der Erfolg mit an Sicherheit grenzender Wahrscheinlichkeit entfallen würde.

Hätte A ihr Grundstück durch einen Zaun o. Ä. so gesichert, dass Unbefugte nicht auf das Grundstück gelangen können, wäre J mit an Sicherheit grenzender Wahrscheinlichkeit nicht unbemerkt auf das Grundstück gelaufen, wäre nicht in den Fischteich hineingefallen und damit auch nicht ertrunken. Somit ist eine Quasi-Kausalität vorliegend zu bejahen.

5. Garantenstellung gemäß § 13 I StGB
Durch die Anlegung des Fischteichs hat A eine Gefahrenquelle auf ihrem Grundstück eröffnet. Es kommt damit eine Überwachungsgarantenstellung der A in Betracht. Als Eigentümerin ist A verantwortlich für die Einhaltung der ihr obliegenden Verkehrssicherungspflichten bzw. haftet dafür, dass sich die von dem Teich ausgehende Gefahr, insbesondere des Hineinfallens und Ertrinkens, nicht realisiert. Mithin kommt der A eine entsprechende Garantenstellung zu.

6. Objektive Sorgfaltspflichtverletzung bei objektiver Vorhersehbarkeit
Ferner müsste A eine aus dieser Garantenstellung resultierende objektive

Sorgfaltspflicht verletzt haben, und es muss objektiv vorhersehbar sein, dass die Verletzung der Sorgfaltspflicht zum Erfolgseintritt führen kann. Für die Festlegung des maßgeblichen Sorgfaltsmaßstabs kommt es darauf an, wie sich ein besonnener und gewissenhafter Mensch in der konkreten Lage und sozialen Situation des Täters oder der Täterin verhalten hätte. Die objektive Vorhersehbarkeit ist zu bejahen, wenn der wesentliche Kausalverlauf und der eingetretene Erfolg nicht so außerhalb aller Lebenserfahrung liegen, dass nicht mit seinem Eintritt zu rechnen ist.

Die Inhaberin der Sachherrschaft über eine Sache hat die Sache daraufhin zu kontrollieren, dass von dieser keine Gefahren für Dritte ausgehen, und muss die Sache besonders absichern. Solche „Verkehrssicherungspflichten“ wurden vornehmlich im Zivilrecht entwickelt und beinhalten den Grundsatz, dass die Person, die „eine Gefahrenlage“ – gleich welcher Art – schafft, grundsätzlich auch verpflichtet ist, die notwendigen und zumutbaren Vorkehrungen zu treffen, um Schädigungen möglichst zu verhindern. Um den Verkehrssicherungspflichten bei einem Teich auf einem Privatgrundstück nachzukommen, ist es grundsätzlich notwendig, das Grundstück vollkommen einzufrieden und abzuschließen. Das heißt, die A hätte entsprechende Schutzvorkehrungen, in Form eines höheren Zauns o. Ä., der das Grundstück komplett umschließt, treffen müssen, damit insbesondere kleine Kinder nicht unbemerkt auf das Grundstück gelangen und in den Teich fallen. Eine solche Sicherung des Grundstücks bzw. des Fischteichs hat sie nicht vorgenommen und damit gegen die objektiven Sorgfaltspflichten verstoßen. Für eine besonnene und gewissenhafte Grundstückseigentümerin ist auch erkennbar, dass eine mangelnde Absicherung eines eineinhalb Meter tiefen Gewässers die Gefahr birgt, dass Kinder in dieses gegebenenfalls hineinfallen und ertrinken, weil sie noch nicht schwimmen können.

Somit ist die objektive Sorgfaltspflichtverletzung durch A bei objektiver Vorhersehbarkeit des Erfolgseintritts gegeben.

7. Objektiver Zurechnungszusammenhang

Darüber hinaus muss auch der objektive Zurechnungszusammenhang zwischen dem Fehlverhalten der A und dem Tod des J gegeben sein. Der objektive Zurechnungszusammenhang liegt dann vor, wenn sich das rechtlich missbilligte Verhalten der A in tatbestandstypischer Weise in der verursachten Folge, hier dem Tod des J, niedergeschlagen hat. Bezogen auf das Fahrlässigkeitsdelikt müssen in diesem Zusammenhang insbesondere der Pflichtwidrigkeitszusammenhang und der Schutzzweckzusammenhang gegeben sein. Pflichtwidrigkeitszusammenhang bedeutet, dass der Erfolg seinen Grund in der Pflichtwidrigkeit haben muss. Der Schutzzweckzusammenhang schließt Erfolge aus, die nicht von der verletzten (Sorgfalts-)Norm geschützt werden sollen. Im vorliegenden Fall bestehen der Sinn und der Zweck der Verpflichtung zur Absicherung des Grundstücks darin, dass niemand auf diesem zu Schaden kommt bzw. dass die Gefahr des Ertrinkungstods von Menschen beseitigt oder zumindest minimiert wird. Der Schutzzweckzusammenhang ist damit vorliegend gegeben. Durch die Verletzung der Verkehrssicherungspflichten hat A die Gefahr des Todes von spielenden Kleinkindern geschaffen, und genau diese Gefahr hat sich im Tod des J realisiert. Somit ist auch der Zurechnungszusammenhang hier erfüllt.

Folglich ist der Pflichtwidrigkeitszusammenhang ebenfalls gegeben.

8. Gleichstellungsklausel des § 13 I StGB

Die unterlassene Absicherung des Grundstücks entspricht dem Unrechtsgehalt der Verwirklichung des Tatbestands durch ein aktives Tun. Die Gleichstellungsklausel des § 13 I StGB ist mithin ebenfalls erfüllt.

Damit liegt der Tatbestand der §§ 222, 13 I StGB vor.

II. Rechtswidrigkeit

Der Tatbestand wurde – mangels Rechtfertigungsgründen – auch rechtswidrig verwirklicht.

III. Schuld

1. Keine Schuldausschließungs- oder Entschuldigungsgründe

Schuldausschließungs- oder Entschuldigungsgründe liegen nicht vor.

2. Fahrlässigkeitsschuld

Fraglich ist, ob auch eine subjektive Sorgfaltspflichtverletzung der A bei subjektiver Vorhersehbarkeit gegeben ist. Dies liegt vor, wenn die A nach ihren persönlichen Fähigkeiten und ihren persönlichen Kenntnissen in der Lage gewesen ist, die objektive Sorgfaltspflicht einzuhalten und den drohenden Schaden zu erkennen. Aus dem Sachverhalt geht hervor, dass sich die A in der Vergangenheit bereits Gedanken über eine bessere Absicherung des Teichs gemacht hat. Das heißt, sie hat erkannt, dass ihr durch die Anlegung des Teichs eine besondere Sorgfaltspflicht zukommt und dass bei der Nichteinhaltung Menschen zu Schaden – schlimmstenfalls auch zu Tode – kommen können.

Damit ist die Schuld der A ebenfalls zu bejahen.

IV. Ergebnis

A hat sich gemäß §§ 222, 13 I StGB strafbar gemacht.

Anmerkung

Gemäß der Fallfrage war nur auf die Strafbarkeit der A einzugehen. Wäre die Fallfrage allgemeiner gestellt worden, hätte auch nach einer Strafbarkeit der Eltern des J wegen fahrlässiger Tötung durch Unterlassen nach §§ 222, 13 I StGB geprüft werden müssen, da diese gegebenenfalls ihre Aufsichtspflicht gegenüber ihrem Sohn verletzt haben und ihnen als Eltern des dreijährigen J eine Beschützergarantenstellung zukommt.

Es ist zu beachten: Insbesondere bei Fahrlässigkeitsdelikten (unabhängig von der Frage, ob diese durch aktives Tun oder durch Unterlassen begangen werden) können mehrere Personen aufgrund der Verletzung unterschiedlicher Sorgfaltspflichten sich im Hinblick auf ein verletztes Rechtsgut strafbar gemacht haben.

TEIL 2

Strafprozessrecht

1. Einführung in das Strafprozessrecht

Die Strafprozessordnung befasst sich mit der Verbrechensermittlung und regelt den Ablauf des Verfahrens von der Anzeige bis zur Strafvollstreckung. Das Strafverfahrensrecht wird auch als formelles Strafrecht bezeichnet. Geht es um die Frage, ob sich eine Person nach einem bestimmten Straftatbestand strafbar gemacht hat, wird dies – wie im ersten Teil der Handreichung dargestellt – vom materiellen Strafrecht, also dem Strafgesetzbuch, erfasst. Das Strafprozessrecht konzentriert sich hingegen, insbesondere im ersten Buch (§§ 1–150 StPO), auf die Ermittlungsbehörden und deren Befugnisse, um genau diese Straftaten aufzuklären. Vereinfacht gesagt: Es handelt sich um unterschiedliche Protagonisten.

Strafgesetzbuch *(materielles Strafrecht)*	**Strafprozessrecht** *(formelles Strafrecht)*
Frage: Handelt es sich bei **A** um einen Dieb?	*Frage:* Darf die **Polizei** A nach Diebesgut durchsuchen?
Antwort: Bei A handelt es sich um einen Dieb, wenn die Voraussetzungen von § 242 I StGB vorliegen.	*Antwort:* Die Polizei darf A nach Diebesgut durchsuchen, wenn die Voraussetzungen von § 102 StPO vorliegen.
Protagonist: Täter oder Täterin	*Protagonist:* Ermittlungsbehörden

Elementar ist, dass das Strafprozessrecht eine doppelte Aufgabe hat und sich aus diesem Verständnis heraus auch die Besonderheit für die Ermittlungsbehörden ergibt. Zum einen stellt das Verfahrensrecht Befugnisse zur Verfügung, die geeignet sind, die Täterin oder den Täter einer Straftat zu überführen und die Gesellschaft vor weiteren Verbrechen zu schützen. Gleichzeitig soll aber sichergestellt werden, dass in die Grundrechte des Einzelnen durch den Staat so wenig wie möglich eingegriffen und ein Unschuldiger nicht verurteilt wird. Es gilt also im gesamten Ermittlungsverfahren, dieses Spannungsverhältnis durch sorgfältige Abwägung in einen Ausgleich zu bringen. Bildlich gesprochen ist jede Bürgerin und jeder Bürger mit einem unsichtbaren Schutz ummantelt, nämlich dem der Grundrechte. In diesen Schutz soll der Staat so wenig wie möglich und nur so viel wie nötig eingreifen. Abgeleitet aus dem Rechtsstaatsprinzip in Art. 20 III Grundgesetz (GG) ist der Eingriff in die Grundrechte nur dann zulässig, wenn dies explizit eine Eingriffsnorm (auch Befugnisnorm genannt) erlaubt. Solch eine

Eingriffsnorm lässt sich der Strafprozessordnung entnehmen, sofern es sich um die Aufklärung einer Straftat handelt und die Ermittlungsbehörden somit *repressiv* tätig werden. Im Fall der Gefahrenabwehr, also einem *präventiven* Vorgehen, ist in Hessen das Hessische Gesetz über die Sicherheit und Ordnung (HSOG) anzuwenden. Entsprechendes gilt für die Polizeigesetze in den übrigen Bundesländern. Das Staats- und Verfassungsrecht, die Strafprozessordnung und das Hessische Gesetz über die Sicherheit und Ordnung stehen somit für die polizeiliche Arbeit in einem engen Zusammenhang.

Am Beispiel der in der Praxis und polizeilichen Ausbildung am häufigsten vorkommenden Eingriffe ergibt sich daraus die folgende schematische Abbildung:

Polizeiliche Maßnahme	**Betroffene Grundrechte GG**	**Eingriffsnorm StPO**	**Eingriffsnorm HSOG**
Identitäts-feststellung	Art. 2 I iVm. 1 I Art. 2 II S. 2 iVm. 104	§ 163b	§ 18
Sicherstellung und Beschlag-nahme	Art. 14 I S. 1 Art. 2 I	§ 94 I § 94 I, II, 98 § 111b	§§ 40–43
Durchsuchung von Personen/ Sachen	Art. 2 I iVm. 1 I	§ 102 § 103	§ 36 I–IV § 37
Körperliche Untersuchung	Art. 2 II S. 1 Art. 2 II S. 2 iVm. 104	§ 81a § 81c	§ 36 V
Vorläufige Festnahme	Art. 2 II S. 2 iVm. 104	§ 127 II iVm. 112 ff.	§ 32
TKÜ	Art. 10 Art. 2 I iVm. 1 I	§ 100a	§ 15
Großer Lauschangriff	Art. 2 I iVm. 1 I Art. 13 I	§ 100c	§ 15
Kleiner Lauschangriff	Art. 2 I iVm. 1 I	§ 100f	§ 15
Platzverweis, Aufenthalts-verbot	Art. 2 II S. 2 iVm. 104	-	§ 31

Aus der Darstellung lässt sich entnehmen, dass es sich hauptsächlich um Eingriffe in die Grundrechte des allgemeinen Persönlichkeitsrechts, der Freiheit der Person und der körperlichen Unversehrtheit handelt. Die entsprechende Eingriffsnorm ist je nach Zielrichtung der polizeilichen Maßnahme auszuwählen.

2. Aufbau der Prüfung polizeilicher Maßnahmen

In diesem Kapitel werden zunächst abstrakt die Aufbauschemata für die Überprüfung der Recht- und Verfassungsmäßigkeit polizeilicher Maßnahmen dargestellt. Für ein umfassendes Verständnis ist es unabdingbar, die jeweiligen Prüfschemata im Zusammenhang mit den anderen als Ganzes zu verstehen. Da die Prüfverfahren Parallelen aufweisen, wird auf diese Weise der Lernaufwand minimiert.

2.1 Aufbauschema für die Überprüfung präventiver Maßnahmen

I. Vorüberlegungen

1. Vorliegen eines Grundrechtseingriffes
2. Präventive oder repressive Maßnahme
3. Realakt oder Verwaltungsakt
4. Bestimmen der einschlägigen Ermächtigungsgrundlage

II. Formelle Rechtmäßigkeit

1. Zuständigkeit
   a) Sachlich, §§ 1, 2 HSOG
   b) Örtlich, § 101 HSOG
   c) Instanziell, § 5 I 1 HSOG-DVO
2. Verfahrens- und Formvorschriften
   a) Allgemeine Anhörung, § 28 HVwVfG
      Bestimmtheit, § 37 I, III HVwVfG
      Form, § 37 II HVwVfG
      Begründung, § 39 HVwVfG
      Bekanntgabe, § 41 HVwVfG
   b) Besondere Verfahrens- und Formvorschriften,
      z. B. §§ 33–35 HSOG

III. Materielle Rechtmäßigkeit

1. Ermächtigungsgrundlage
   a) Tatbestandsvoraussetzungen
   b) Rechtsfolgen

2. Adressat (Normadressat oder §§ 6, 7, 9 HSOG)
3. Verhältnismäßigkeit, § 4 HSOG
4. Ermessen, § 5 HSOG

IV. Ergebnis

2.2 Aufbauschema für die Überprüfung repressiver Maßnahmen

I. Vorüberlegungen
1. Vorliegen eines Grundrechtseingriffes
2. Präventive oder repressive Maßnahme
3. Bestimmen der einschlägigen Ermächtigungsgrundlage

II. Anordnungsvoraussetzungen

III. Anordnungsbefugnis

IV. Verfahrens- und Formvorschriften

V. Verhältnismäßigkeit

VI. Ergebnis

2.3 Aufbauschema für die Überprüfung von Grundrechtseingriffen (Freiheitsrechte)

I. Schutzbereich
1. Persönlicher Schutzbereich
2. Sachlicher Schutzbereich

II. Eingriff

III. Verfassungsrechtliche Rechtfertigung des Eingriffs
1. Ermächtigungsgrundlage
2. Einschränkbarkeit des betroffenen Grundrechts
3. Verfassungsmäßigkeit des Eingriffs

IV. Ergebnis

3. Falllösungen

Bei allen nachfolgenden Fällen ist von der sachlichen, örtlichen und instanziellen Zuständigkeit der Polizeibeamtinnen und Polizeibeamten auszugehen.

Fall 1: Identitätsfeststellung beim Verdächtigen und Unverdächtigen gemäß § 163b I, II StPO

Sachverhalt

Wie fast jeden Donnerstag besuchen die Polizeianwärterin Anna Arnold (A) und der Polizeianwärter Benjamin Becker (B) mit anderen Kolleginnen und Kollegen das Pub „The S." in Kassel. Es wird an diesem Abend besonders kräftig gefeiert, denn das Semester neigt sich dem Ende entgegen. Plötzlich versucht der stark alkoholisierte B die A zu küssen. Dies sieht Claus Cleber (C), der ebenfalls an A interessiert ist, und verpasst dem B einen kräftigen Faustschlag. Es kommt zu einem Handgemenge zwischen B und C. Da die Situation zu eskalieren droht, ruft der Zeuge Zederik Zenke (Z) die Polizei. Die Anwesenden schildern den eingetroffenen Beamten die Vorgänge. Diese fordern anschließend – nach ordnungsgemäßer Belehrung – C und Z auf, sich auszuweisen. Dem kommen C und Z nach.

War die polizeiliche Maßnahme gegenüber C und Z rechtmäßig?

Lösung

Die polizeiliche Maßnahme der Identitätsfeststellung gegenüber C und Z könnte gemäß § 163b I, II StPO rechtmäßig gewesen sein.

I. Vorüberlegungen

Fraglich ist, ob durch die Identitätsfeststellung ein Grundrechtseingriff vorliegt.

Anmerkung

Aus Art. 20 III GG und dem dort verankerten Rechtsstaatsprinzip folgt, dass staatliche Eingriffe in die Grundrechte einer Ermächtigungsgrundlage bedürfen. Die Ermächtigungsgrundlagen können nur solche sein, die selbst ein förmliches Gesetz darstellen. Die Strafprozessordnung und das Hessische Gesetz über die Sicherheit und Ordnung erfüllen diese Voraussetzung.

1. Grundrechtseingriff
Die Beamten haben C und Z aufgefordert, ihre Personalien auszuhändigen. Damit könnte ein Grundrechtseingriff in das informationelle Selbstbestimmungsrecht als Ausgestaltung des allgemeinen Persönlichkeitsrechts im Sinne von Art. 2 I iVm. Art. 1 I GG vorliegen. Der Schutzbereich umfasst die Befugnis jedes Einzelnen, selbst zu entscheiden, wann und innerhalb welcher Grenzen persönliche Lebenssachverhalte offenbart werden. Darunter fällt auch die Preisgabe personenbezogener Daten und deren weitere Verwendung. Durch die Aufforderung der Polizeibeamten, ihre Personalien auszuhändigen, mussten C und Z ihre Identität bekannt geben. Somit liegt ein Eingriff in das Recht auf informationelle Selbstbestimmung vor.

2. Präventive oder repressive Maßnahme
Die Polizeibeamten haben C und Z zur Aufklärung einer Körperverletzung, § 223 I StGB, nach den Personalien befragt. Demnach handelt es sich um eine repressive Maßnahme.

Anmerkung

Es ist nicht zwingend notwendig, in einer Klausur Ausführungen an dieser Stelle zu tätigen. Zumindest aber muss eine gedankliche Auseinandersetzung mit der Fragestellung erfolgen, denn dies ist unerlässlich für die Auswahl der einschlägigen Ermächtigungsgrundlage.

Es gibt sogenannte doppelfunktionale Maßnahmen, das heißt, dass der Zweck sowohl präventiv als auch repressiv sein kann (Gemengelage). Es ist sodann die Ermächtigungsgrundlage nach dem Schwerpunkt der Maßnahme auszuwählen (Schwerpunkttheorie).

3. Einschlägige Ermächtigungsgrundlage
Die einschlägige Ermächtigungsgrundlage könnte bezüglich C § 163b I S. 1 StPO und hinsichtlich Z § 163b II S. 1 StPO sein.

II. Anordnungsvoraussetzungen

Zu prüfen sind die Voraussetzungen von § 163b I S. 1, II S. 1 StPO.

1. Anfangsverdacht

Es müsste zunächst ein Anfangsverdacht vorgelegen haben. Ein Anfangsverdacht ist nach der Legaldefinition des § 152 II StPO gegeben, wenn zureichende tatsächliche Anhaltspunkte für eine verfolgbare Straftat vorliegen.

C hat – nach den Schilderungen der Anwesenden – B mit der Faust ins Gesicht geschlagen, sodass ein Anfangsverdacht für eine Körperverletzung nach § 223 I StGB begründet ist.

Anmerkung

Nach dem Legalitätsprinzip gemäß der §§ 152 II, 160, 163 StPO sind die Strafverfolgungsbehörden verpflichtet, wegen aller verfolgbaren Straftaten einzuschreiten, sofern zureichende tatsächliche Anhaltspunkte vorliegen.

§ 163b I, II StPO ist auch dann die richtige Ermächtigungsgrundlage, wenn es sich um die Verfolgung von Ordnungswidrigkeiten handelt und die Identität festgestellt werden muss. Das ergibt sich aus § 46 I OWiG, wonach sinngemäß die Vorschriften der allgemeinen Gesetze über das Strafverfahren Anwendung finden.

2. Verdächtiger C

C müsste Verdächtiger im Sinne des § 163b I S. 1 StPO sein. Als verdächtig sind solche Personen anzusehen, bei denen Anhaltspunkte dafür bestehen, dass sie als Täter oder Teilnehmer einer Straftat in Betracht kommen.

Laut Aussagen der Anwesenden hat C dem B einen Faustschlag verpasst, somit kommt er als Täter einer Körperverletzung in Betracht. C ist mithin Verdächtiger.

3. Unverdächtige Person Z

Bei Z könnte es sich als Zeuge um eine unverdächtige Person handeln. Als unverdächtig im Sinne von § 163b II S. 1 StPO sind solche Personen anzusehen, bei denen keine Anhaltspunkte dafür bestehen, dass sie als Täter oder Teilnehmer einer Straftat in Betracht kommen oder wegen Schuld- oder Strafausschließungsgründen nicht verfolgt werden können, gleichwohl aber ein gewichtiges Interesse an der Feststellung der Identität gegeben ist.

Z hat laut der Aussage der Anwesenden lediglich die Polizei informiert, da die Situation zu eskalieren drohte. Er selbst war nicht in das Handgemenge involviert. Folglich handelt es sich bei Z um eine unverdächtige Person.

Anmerkung

§ 163b StPO kommt allerdings nicht in Betracht, wenn es sich um Straftaten von Kindern handelt. Kinder unter vierzehn Jahren sind gemäß § 19 StGB schuldunfähig. Es können sich aber polizeiliche Maßnahmen aus gefahrenabwehrrechtlichen Aspekten ergeben.

4. Zulässige Maßnahmen zur Identitätsfeststellung
Gemäß § 163b I S. 1 StPO dürfen zur Identitätsfeststellung die erforderlichen Maßnahmen getroffen werden. Dabei gilt, dass grundsätzlich Satz 1 bis Satz 3 in einem abgestuften Verhältnis anzuwenden sind. Das heißt, wenn durch Befragung verbunden mit der Aufforderung sich auszuweisen, die Identität nicht festgestellt werden kann, kommen die Maßnahmen aus Satz 2 und 3 zur Anwendung.

Die Beamten haben C und Z aufgefordert, sich auszuweisen. Dem sind diese nachgekommen, sodass die Maßnahme von § 163b I S. 1, II S. 1 StPO gedeckt ist.

Anmerkung

Zur vollständigen Feststellung der Identität gehören gemäß § 111 OWiG:

- Vorname, Familien- oder Geburtsname
- Geburtstag und Geburtsort
- Familienstand
- Wohnort
- Beruf
- Staatsangehörigkeit

5. Zweck der Identitätsfeststellung
Die Feststellung der Identität des C verfolgt den Zweck der Strafverfolgung. Bei Z bestehen konkrete Anhaltspunkte dafür, dass er als Zeuge im Strafverfahren benötigt wird.

III. Anordnungsbefugnis

Nach § 163b I S. 1 StPO sind die Staatsanwaltschaft und die Beamten des Polizeidienstes zur Feststellung der Identität befugt. Die Personalien von C und Z wurden von den Polizeibeamten festgestellt. Diese waren somit anordnungsbefugt.

IV. Verfahrens- und Formvorschriften

1. Gemäß § 163b I S. 1 iVm. § 163a IV S. 1 StPO ist dem Betroffenen zu eröffnen, welche Straftat ihm zur Last gelegt wird.
2. Nichtverdächtige sind ausdrücklich nach § 163b II S. 1 iVm. § 69 I S. 2 StPO zu belehren.

Laut Sachverhalt wurden sowohl C als auch Z ordnungsgemäß belehrt. Die Verfahrens- und Formvorschriften wurden mithin eingehalten.

V. Verhältnismäßigkeit

Der Grundsatz der Verhältnismäßigkeit verlangt, dass eine Maßnahme unter Würdigung aller persönlichen und tatsächlichen Umstände des Einzelfalles zur Erreichung des angestrebten Zwecks geeignet, erforderlich und angemessen ist.

1. Geeignetheit
Die Maßnahme müsste geeignet gewesen sein. Eine Maßnahme ist geeignet, wenn der verfolgte Zweck mit der Maßnahme erreicht oder gefördert werden kann. Die Beamten verfolgten mit der Identitätsfeststellung bei C den Zweck der Strafverfolgung und bei Z, ihn als Zeuge im Strafverfahren zu führen. Die Feststellung der Identität des C und des Z fördert diesen Zweck. Die Maßnahme war geeignet.

2. Erforderlichkeit
Die Maßnahme müsste aber auch erforderlich gewesen sein. Dies ist dann der Fall, wenn es keine mildere, gleich geeignete Maßnahme gibt. Die Identitätsfeststellung ist bereits eines der mildesten Mittel im Strafverfahrensrecht. Ein noch weniger belastender Grundrechtseingriff, der gleich geeignet ist, ist nicht ersichtlich. Demnach war die Maßnahme auch erforderlich.

3. Angemessenheit
Die Maßnahme müsste aber auch angemessen gewesen sein. Das heißt, der beabsichtige Zweck darf nicht außer Verhältnis zum Grundrechtseingriff stehen. Das Strafverfolgungsinteresse wiegt im konkreten Fall höher als der Eingriff in das Recht auf informationelle Selbstbestimmung. Die Beamten wären ansonsten daran gehindert, das Delikt der Körperverletzung aufzuklären. In Abwägung dieser widerstreitenden Interessen mussten die Belange des C und des Z zugunsten der Ermittlungen zurücktreten.

VI. Ergebnis

Die Identitätsfeststellung bei C und Z war nach § 163b I, II StPO rechtmäßig.

Fall 2: Vertiefungsfall zur Identitätsfeststellung gemäß § 163b I StPO

Sachverhalt

Alfred Albert (A) nimmt regelmäßig um 18:00 Uhr an den sogenannten Montagsdemonstrationen in seiner Stadt teil. Bisher verliefen diese immer friedlich. An diesem Montag ist die Stimmung allerdings aufgeheizt. Ein abgrenzbarer Teil der Versammlungsteilnehmerinnen und -teilnehmer vermummt sich und rüstet sich mit Schlagstöcken und Schutzschildern aus, um anschließend Körperverletzungsdelikte gegen die Polizei zu begehen. Die Polizei reagiert, indem sie einen Polizeikessel um eine Gruppe von mindestens 400 Personen bildet, der auch A angehört. Die vorgesehenen Durchlassstellen dürfen von den Personen passiert werden, deren Identität festgestellt werden konnte. A verweigert nach vorangegangener Aufforderung, seine Personalien auszuhändigen. Er gibt zutreffend an, er habe sich friedlich verhalten, sich weder vermummt, noch sonst gegen Gesetze verstoßen. Der Beamte F durchsucht daraufhin vergeblich den A nach Ausweisdokumenten. Erst nachdem die Beamten A durch Videografierung erkennungsdienstlich behandelt haben, darf er nach fünf Stunden den Polizeikessel verlassen. Eine ordnungsgemäße Belehrung lag vor. Eine richterliche Anordnung wurde indes nicht eingeholt.

War die Identitätsfeststellung gegenüber A rechtmäßig?

Lösung

Anmerkung

Der Fall ist angelehnt an den Beschluss des Bundesverfassungsgerichts vom 02.11.2016 (Az.: 1 BvR289/15).

Die polizeiliche Maßnahme der Identitätsfeststellung gegenüber A könnte gemäß § 163b I StPO rechtmäßig gewesen sein.

I. Vorüberlegungen

Durch die polizeilichen Maßnahmen könnte in die Grundrechte des A eingegriffen worden sein. Jede staatliche Maßnahme mit Eingriffscharakter verlangt nach dem Rechtsstaatsprinzip eine gesetzliche Legitimierung.

1. Grundrechtseingriff

a) Aufforderung, sich auszuweisen

Die Beamten haben A aufgefordert, seine Personalien auszuhändigen. Damit könnte ein Grundrechtseingriff in das Recht auf informationelle Selbstbestimmung, Art. 2 I iVm. Art. 1 I GG, vorliegen. Das Grundrecht schützt das Recht jeder Person, selbst über die Preisgabe personenbezogener Daten und deren weitere Verwendung zu entscheiden.

A kommt der Aufforderung, sich auszuweisen, nicht nach, sodass noch kein Grundrechtseingriff in das Recht auf informationelle Selbstbestimmung vorliegen dürfte, da eine Datenerhebung gerade noch nicht erfolgt ist.

b) Durchsuchung nach Ausweisdokumenten

Der Beamte F hat A nach Ausweisdokumenten durchsucht. Es könnte durch die Durchsuchung ein Eingriff in das allgemeine Persönlichkeitsrecht gemäß Art. 2 I iVm. Art. 1 I GG vorliegen. Das allgemeine Persönlichkeitsrecht ist ein unbenanntes Freiheitsrecht und wird aus der Menschenwürde, Art. 1 I GG, und der allgemeinen Handlungsfreiheit, Art. 2 I GG, abgeleitet. Geschützt ist das Recht auf Selbstdarstellung und Selbstentfaltung. Nach der Sphärentheorie wird konkret die Intim-, Privat- und Sozialsphäre geschützt. Demnach obliegt es jedem selbst zu entscheiden, von wem man sich in welcher Form berühren lässt.

Dadurch, dass A die Durchsuchung gegen seinen Willen dulden muss, liegt ein Eingriff in das allgemeine Persönlichkeitsrecht vor.

c) Erkennungsdienstliche Behandlung

Die Beamten haben A durch Videografierung erkennungsdienstlich behandelt. Dadurch könnte ein Eingriff in das Recht am eigenen Bild gemäß Art. 2 I iVm. Art. 1 I GG vorliegen. Dem Einzelnen wird eine Entscheidungsfreiheit hinsichtlich der Gestattung von Anfertigung und Verwendung von Fotografien und Videoaufzeichnungen gewährleistet. Durch die Videoaufnahme liegt ein Eingriff in das Recht am eigenen Bild vor.

d) Freiheit der Person

Durch die polizeilichen Maßnahmen könnte in die Freiheit der Person gemäß Art. 2 II iVm. Art. 104 II GG in Form der Freiheitsentziehung eingegriffen worden sein. Das Recht auf Freiheit der Person schützt die körperliche Bewegungsfreiheit, das heißt die Freiheit, einen tatsächlich oder rechtlich zugänglichen Ort oder Raum aufzusuchen und sich dort aufzuhalten. Die an Art. 104 I GG geknüpften Voraussetzungen der Freiheitsbeschränkung umfassen nur kurzfristige Beeinträchtigungen. Die Freiheitsentziehung nach Art. 104 II GG setzt hingegen einen Richtervorbehalt voraus. Zur Differenzierung ist nach Zweck, Dauer und der Intensität abzugrenzen.

A wurde über fünf Stunden daran gehindert, den Polizeikessel zu verlassen, sodass es sich um eine Freiheitsentziehung handelt. Ein Eingriff in Art. 2 II iVm. Art. 104 II GG liegt mithin vor.

Anmerkung

Art. 8 GG dürfte hingegen nicht betroffen sein, denn A wird grundsätzlich nicht daran gehindert, sich zu versammeln (a.A. dürfte aber ebenfalls gut vertretbar sein, da A zumindest für den Zeitraum nicht teilnehmen kann).

Die Darstellung der etwaigen Grundrechtseingriffe muss in der Klausur nicht in der vorhandenen Tiefe vorgenommen werden.

2. Präventive oder repressive Maßnahme
Mit der Identitätsfeststellung verfolgen die Beamten den Zweck, Straftaten aufzuklären. Demnach handelte es sich bei der Identitätsfeststellung um eine repressive Maßnahme.

3. Einschlägige Ermächtigungsgrundlage
Als Ermächtigungsgrundlage kommt § 163b I StPO in Betracht.

Anmerkung

Das Hessische Versammlungsfreiheitsgesetz ist als spezielles Gesetz ausgestaltet, sodass der Grundsatz der „Polizeifestigkeit“ gilt. Nur unter bestimmten Voraussetzungen darf auf das Gesetz zur Hessischen Sicherheit und Ordnung zurückgegriffen werden (z. B. bei sogenannten Minusmaßnahmen).

Dieser Grundsatz ist aber nicht ohne Weiteres anwendbar, wenn es um die Aufklärung von Straftaten geht.

II. Anordnungsvoraussetzungen

Zu prüfen sind die Voraussetzungen von § 163b I StPO.

1. Anfangsverdacht
Es müsste zunächst ein Anfangsverdacht vorgelegen haben. Ein Anfangsverdacht ist nach der Legaldefinition des § 152 II StPO gegeben, wenn zureichende tatsächliche Anhaltspunkte für eine verfolgbare Straftat vorliegen.

Dies könnte fraglich sein, denn A hat sich weder selbst vermummt, noch sich mit einem Schlagstock oder Schutzschild ausgerüstet. Demnach fehlt es grundsätzlich an tatsächlichen Anhaltspunkten, die dafürsprechen, dass durch A eine verfolgbare Straftat begangen wurde oder wird.

Grundsätzlich muss der Verdacht auf konkrete Versammlungsteilnehmerinnen und -teilnehmer konkretisiert werden. Ausgeschlossen sind nach dem Bundesverfassungsgericht aber nicht solche Maßnahmen, die sich auf eine ganze Gruppe von Versammlungsteilnehmern bezieht, wenn sich aus dem Gesamtauftreten auch ein Verdacht gegenüber den einzelnen Mitgliedern der Gruppe ergibt.

A hatte sich nicht als abgrenzbarer Teil der Gruppe positioniert, sodass für die Beamten nicht auszuschließen war, dass auch er Straftaten begehen werde. Ein Anfangsverdacht lag somit vor.

2. Verdächtiger

A müsste Verdächtiger sein. Als verdächtig sind solche Personen anzusehen, bei denen Anhaltspunkte dafür bestehen, dass sie als Täterin oder Täter oder Teilnehmerin oder Teilnehmer einer Straftat in Betracht kommen.

Aufgrund des planvollen, systematischen Vorgehens der Gruppe und dem Eindruck der Geschlossenheit durften die Beamten davon ausgehen, dass auch von A Straftaten begangen werden. A ist somit auch Verdächtiger.

3. Zulässige Maßnahmen

Gemäß § 163b I S. 1 StPO dürfen zur Identitätsfeststellung die erforderlichen Maßnahmen getroffen werden. Dabei gilt, dass grundsätzlich Satz 1 bis Satz 3 in einem abgestuften Verhältnis anzuwenden sind. Das heißt, wenn durch Befragung verbunden mit der Aufforderung sich auszuweisen, die Identität nicht festgestellt werden kann, kommen die Maßnahmen aus Satz 2 und 3 zur Anwendung.

A wurde durch die Beamten gemäß § 163b I S. 1 StPO aufgefordert, sich auszuweisen. Dieser Aufforderung ist A nicht nachgekommen. Deshalb ist der Anwendungsbereich von Satz 2 und 3 eröffnet.

Nach Satz 2 darf der Verdächtige festgehalten werden, wenn die Identität sonst nicht oder nur unter erheblichen Schwierigkeiten festgestellt werden kann. Festhalten stellt damit den Oberbegriff zur Freiheitsbeschränkung und Freiheitsentziehung dar. Eine vorläufige Festnahme ist damit nicht inbegriffen, denn diese erfordert eine eigenständige gesetzliche Legitimierung.

Die Beamten haben zur Identifizierung Durchlassstellen vorgesehen, die nach der erfolgten Maßnahme passiert werden konnten. Aufgrund der großen Gruppe und des erheblichen Widerstandes hatte das Festhalten des A insgesamt fünf Stunden gedauert. Dies stellt eine lange Dauer mit erheblicher Intensität dar. Folglich liegt ein Festhalten in Form der Freiheitsentziehung vor. Die Maßnahme ist von der Ermächtigungsgrundlage gedeckt. Da A sich weigerte, seine Personalien auszuhändigen, durfte er auch zum Zweck der Identitätsfeststellung nach Satz 3 durchsucht werden. Die

Videografierung als erkennungsdienstliche Maßnahme ist ebenfalls von Satz 3 gedeckt, da auch die Durchsuchung nicht zum Erfolg geführt hatte.

4. Zweck der Identitätsfeststellung
Die Aufforderung, sich auszuweisen, die Durchsuchung und die erkennungsdienstliche Maßnahme verfolgten ausschließlich den Zweck der Identitätsfeststellung, sodass die Maßnahmen insgesamt auf § 163 I S. 1–3 StPO gestützt werden konnten.

III. Anordnungsbefugnis

Nach § 163b I S. 1 StPO sind die Staatsanwaltschaft und die Beamtinnen und die Beamten des Polizeidienstes zur Feststellung der Identität befugt. Die Maßnahmen wurden durch die anwesenden Polizeibeamten getroffen, diese waren auch anordnungsbefugt.

IV. Verfahrens- und Formvorschriften

1. Gemäß § 163b I S. 1 iVm. § 163a IV S. 1 StPO ist dem Betroffenen zu eröffnen, welche Straftat ihm zur Last gelegt wird, und es ist ihm nach § 163c I S. 3 iVm. § 114a S. 2 StPO mitzuteilen, welches die Gründe für das Festhalten sind. A wurde laut Sachverhalt ordnungsgemäß belehrt.
2. Nach § 163c I S. 1 StPO darf die betroffene Person nicht länger als zur Feststellung ihrer Identität notwendig festgehalten werden. Aufgrund der hohen Personenzahl und des erheblichen Widerstands Einzelner konnte die Maßnahme bei A nicht schneller durchgeführt werden. Es gibt im Sachverhalt keine Anhaltspunkte dafür, dass A länger festgehalten wurde, als zur Feststellung der Identität notwendig war. Die Höchstdauer von zwölf Stunden nach § 163c II StPO wurde dabei nicht überschritten.
3. Es wurde nach § 163c I S. 2 StPO aber keine richterliche Entscheidung eingeholt. Bei Freiheitsentziehungen, die nicht auf einer richterlichen Anordnung beruhen, ist diese grundsätzlich nach Art. 104 II S. 2 GG unverzüglich nachzuholen.
4. Gemäß § 163c III StPO sind die Identifizierungsunterlagen zu den Strafakten zu nehmen.
5. Hinsichtlich der Durchsuchung war § 81d StPO zu beachten. A wurde von einem Beamten des gleichen Geschlechts durchsucht.

V. Verhältnismäßigkeit

Der Grundsatz der Verhältnismäßigkeit verlangt, dass eine Maßnahme unter Würdigung aller persönlichen und tatsächlichen Umstände des Einzelfalles zur Erreichung des angestrebten Zwecks geeignet, erforderlich und angemessen ist.

1. Geeignetheit
Die Maßnahme müsste geeignet gewesen sein. Eine Maßnahme ist geeignet, wenn der verfolgte Zweck mit der Maßnahme erreicht oder gefördert werden kann. Die Beamten verfolgten mit der Identitätsfeststellung den Zweck einer möglichen Strafverfolgung. Die Feststellung der Identität des A förderte diesen Zweck und war mithin geeignet.

2. Erforderlichkeit
Die Maßnahme müsste aber auch erforderlich gewesen sein. Dies ist dann der Fall, wenn es keine mildere, gleich geeignete Maßnahme gibt. Eine mildere, aber gleich geeignete Maßnahme im Strafverfahrensrecht ist nicht ersichtlich, um den angestrebten Zweck zu erreichen. Demnach war die Maßnahme der Identitätsfeststellung auch erforderlich.

3. Angemessenheit
Die Maßnahme müsste aber auch angemessen gewesen sein. Das heißt, der beabsichtigte Zweck darf nicht außer Verhältnis zum Grundrechtseingriff stehen. Die Maßnahme der Identitätsfeststellung greift in das allgemeine Persönlichkeitsrecht, das Recht am eigenen Bild und die Freiheit der Person in Form der Freiheitsentziehung ein.

Demgegenüber standen Körperverletzungsdelikte an Polizeibeamten und Polizeibeamtinnen. Der Angriff auf Strafverfolgungsbehörden wiegt schwer und beeinträchtigt das Sicherheitsgefühl der Allgemeinheit in den Rechtsstaat. Ferner war die Handlungsfähigkeit der Beamten beeinträchtigt, sodass die Versammlung nicht ohne Weiteres gewährleistet werden konnte. Es hätte somit die Gefahr einer Auflösung der Versammlung bestanden, die auch friedliche Teilnehmerinnen und Teilnehmer hätte betreffen können.

Die Einkesselung einer zusammengehörig erscheinenden unfriedlichen Gruppe zur Feststellung der Identität überwiegt demnach in der Abwägung der betroffenen Grundrechte und der Gewährleistung einer effektiven Strafrechtspflege. Der zeitliche Aspekt von fünf Stunden vermag auch zu keinem anderen Ergebnis zu führen, denn die Beamten haben Durchlassstellen errichtet, die bei kooperativem Verhalten und Aushändigung der Ausweispapiere zügig hätten passiert werden können. Die Maßnahme war somit auch angemessen.

VI. Ergebnis

Die Identitätsfeststellung des A nach § 163b I StPO war rechtmäßig.

Fall 3: Durchsuchung gemäß §§ 102, 103 StPO

Sachverhalt

Silvio Santos (S) sitzt wieder einmal wegen unterschiedlicher Raubdelikte in der Justizvollzugsanstalt Kassel ein. Er kann das eintönige Leben hinter den Gefängnismauern nicht mehr ertragen und beschließt zu flüchten. Als endlich seine langersehnte vollzugsöffnende Maßnahme ansteht und er das Wochenende in Freiheit verbringen darf, beschließt er, nicht mehr zurückzukehren. S wird zur Personenfahndung ausgeschrieben. S kommt bei wechselnden Freunden aus dem „Milieu" unter, die ihn zunächst mit Lebensmitteln und ein paar Kleidungsstücken versorgen. Er merkt aber schnell, dass ihm das nicht reicht, und verfällt in alte Muster. An einem späten Sommerabend gegen 23:00 Uhr trifft er auf die alte Dame Rosalinde Rhode (R) im Stadthallenpark, entreißt ihr mit Gewalt die Handtasche und flüchtet. R, die früher Olympiasiegerin im Langstreckenlauf war, nimmt die Verfolgung des S auf. R kann aber nur noch sehen, wie S in den Hauseingang Golfstraße 69 flieht. Sie alarmiert sofort die Polizei und beschreibt nach deren Eintreffen ausführlich den Tathergang sowie die verfolgte Person. Schnell haben die Beamten die Vermutung, es könne sich um den ohnehin schon gesuchten S handeln. Die Befragung der Hausbewohner ergibt, dass S sich bei Giovanni Gagliardi (G) im 1. OG aufhalten könne. Man habe in der letzten Woche einen Mann gesichtet, auf den die Beschreibung passe. Die Beamten durchsuchen in Anwesenheit des G die Wohnung vergebens. G gibt an, S sei soeben über den Balkon in Richtung Goetheanlage geflohen. S kann wenige Minuten später gestellt werden. Die Beamten durchsuchen den mitgeführten Rucksack des S und finden die Handtasche der R.

1. War die Durchsuchung des S rechtmäßig?
2. War die Wohnungsdurchsuchung bei G rechtmäßig?

Bearbeitungshinweis:

- *Trotz mehrfacher Versuche konnte eine Richterin oder ein Richter nicht erreicht werden.*
- *Bei den Beamten handelt es sich um Ermittlungspersonen der Staatsanwaltschaft (§ 152 des Gerichtsverfassungsgesetzes).*
- *Von der Verhältnismäßigkeit der Maßnahmen ist auszugehen.*

Lösung

Aufgabe 1

Die Durchsuchung des S durch die Beamten könnte nach § 102 StPO rechtmäßig gewesen sein.

I. Vorüberlegungen

Die Durchsuchung könnte in Grundrechte des S eingegriffen haben. Jede staatliche Maßnahme mit Eingriffscharakter verlangt nach dem Rechtsstaatsprinzip eine gesetzliche Legitimierung.

1. Grundrechtseingriff
Durch die Durchsuchung könnte ein Eingriff in das allgemeine Persönlichkeitsrecht, Art. 2 I iVm. Art. 1 I GG, vorliegen. Das allgemeine Persönlichkeitsrecht ist ein unbenanntes Freiheitsrecht und wird aus der Menschenwürde, Art. 1 I GG, und der allgemeinen Handlungsfreiheit, Art. 2 I GG, abgeleitet. Geschützt ist das Recht auf Selbstdarstellung und Selbstentfaltung. Nach der Sphärentheorie wird konkret die Intim-, Privat- und Sozialsphäre geschützt. Demnach obliegt es jedem selbst zu entscheiden, von wem man sich in welcher Form berühren lässt. Dadurch, dass S die Durchsuchung dulden muss, liegt ein Eingriff in das allgemeine Persönlichkeitsrecht vor.

2. Präventive oder repressive Maßnahme
Die Beamten haben S zur Aufklärung eines Raubdeliktes nach § 249 I StGB durchsucht. Folglich handelte es sich um eine repressive Maßnahme.

3. Einschlägige Ermächtigungsgrundlage
Als Ermächtigungsgrundlage kommt § 102 StPO in Betracht.

II. Anordnungsvoraussetzungen

Die Voraussetzungen für § 102 StPO müssten vorliegen.

1. Anfangsverdacht
Es müsste zunächst ein Anfangsverdacht bestanden haben. Ein Anfangsverdacht ist nach der Legaldefinition des § 152 II StPO gegeben, wenn zureichende tatsächliche Anhaltspunkte für eine verfolgbare Straftat vorliegen.

Die Zeugin R hat den Beamten geschildert, dass ihre Handtasche gestohlen wurde. Es liegen somit zureichende und tatsächliche Anhaltspunkte für eine Straftat, nämlich einen Raub nach § 249 I StGB, vor.

2. Verdächtige Person

Überdies müsste es sich bei S um eine verdächtige Person handeln. Als verdächtig sind solche Personen anzusehen, bei denen Anhaltspunkte dafür bestehen, dass sie als Täter oder Teilnehmer einer Straftat in Betracht kommen. Die Zeugin R konnte S detailliert beschreiben. Folglich war dieser Tatverdächtiger.

Anmerkung

Irrtümlich könnte nach der Überschrift des § 102 StPO davon ausgegangen werden, es müsse sich um einen Beschuldigten handeln. Dies ist aber nicht Voraussetzung, denn die Befugnis richtet sich ausweislich des Gesetzestextes gegen den Verdächtigen. Insbesondere, wenn Sachen oder die Wohnung ohne die Kenntnis des Betroffenen durchsucht werden, handelt es sich nur um einen Verdächtigen. Beschuldigter ist erst derjenige, der weiß, dass gegen ihn ermittelt wird (sogenannter Inkulpationsakt).

3. Durchsuchungsobjekte

Gemäß § 102 StPO dürfen die Wohnung und andere Räume, die Person und Sachen des Verdächtigen durchsucht werden. Die Beamten haben den mitgeführten Rucksack des S durchsucht. Dies stellt ein taugliches Durchsuchungsobjekt dar.

Anmerkung

Unerheblich ist die Eigentumsfrage. Es dürfen somit auch Sachen durchsucht werden, die dem Tatverdächtigen nicht gehören, aber sich in seinem Gewahrsam befinden

4. Durchsuchungszweck

Für die Durchsuchung müsste ein zulässiger Durchsuchungszweck im Sinne des § 102 StPO vorliegen. Die Durchsuchung hat die Ermittlungs- und/oder Ergreifungsdurchsuchung zum Zweck. So kann der Zweck in der Ergreifung des Verdächtigen selbst, im Auffinden von Beweismitteln, Spuren oder Einziehungsgegenständen liegen.

Die Durchsuchung verfolgte den Zweck, die Handtasche als Beweismittel aufzufinden. Es handelt sich somit um eine Ermittlungsdurchsuchung.

Anmerkung

Werden die Person oder die Sachen des Verdächtigen *zum Zweck der Identitätsfeststellung* durchsucht, so kommt als Ermächtigungsgrundlage § 163b StPO statt § 102 StPO in Betracht.

5. Erfolgsaussicht
Überdies müssten hinreichende Aussichten bestehen, dass das Durchsuchungsziel durch die Maßnahme erreicht werden kann. Eine bloße Auffindungsvermutung genügt. Bei S wurde die Handtasche auch tatsächlich aufgefunden, sodass der Erfolg sogar gegeben war.

III. Anordnungsbefugnis

Die im vorliegenden Fall handelnden Polizeibeamten müssten auch befugt gewesen sein, die Durchsuchung anzuordnen. Gemäß § 105 I StPO ist grundsätzlich der Richter anordnungsbefugt. Nur in Fällen von Gefahr im Verzug können ausnahmsweise auch die Staatsanwaltschaft sowie ihre Ermittlungspersonen gemäß § 152 GVG die Durchsuchung anordnen.

Eine richterliche Anordnung konnte nicht eingeholt werden. Fraglich ist, ob Gefahr im Verzug vorlag. Gefahr im Verzug liegt vor, wenn der Erfolg der Durchsuchung durch die Verzögerung, welche die Erwirkung der richterlichen Entscheidung mit sich bringen würde, gefährdet wäre. Der Begriff ist eng auszulegen.

Vorliegend haben die Beamten vergeblich versucht, eine Richterin oder einen Richter zu erreichen. In Anbetracht der Uhrzeit von 23:00 Uhr konnten die Beamten davon ausgehen, auch nicht alsbald mit einem Rückruf rechnen zu können. Es ist wahrscheinlich, dass bei einem Abwarten der richterlichen Entscheidung S die Handtasche in dieser Zeit entsorgt hätte und somit der Zweck der Maßnahme, nämlich die Beweissicherung, erheblich gefährdet gewesen wäre. Gefahr im Verzug lag somit aufgrund der situativen Umstände vor. Die Beamten sind auch Ermittlungspersonen der Staatsanwaltschaft, sodass sie insgesamt anordnungsbefugt waren.

IV. Verfahrens- und Formvorschriften

1. S ist nach § 163 IV StPO über den Tatvorwurf zu belehren.
2. Nach § 107 S. 1 StPO ist eine Durchsuchungsbescheinigung auszustellen.

V. Verhältnismäßigkeit

Von der Verhältnismäßigkeit ist laut Bearbeitungshinweis auszugehen.

VI. Ergebnis

Die Durchsuchung des S durch die Beamten war nach § 102 StPO rechtmäßig.

Aufgabe 2

Die Wohnungsdurchsuchung bei G könnte gemäß § 103 I S. 1 StPO rechtmäßig gewesen sein.

I. Vorüberlegungen

Die Wohnungsdurchsuchung könnte in Grundrechte des G eingegriffen haben. Jede staatliche Maßnahme mit Eingriffscharakter verlangt nach dem Rechtsstaatsprinzip eine gesetzliche Legitimierung.

1. Grundrechtseingriff
Durch das Betreten und Durchsuchen der Wohnung des G könnte ein Eingriff in die Unverletzlichkeit der Wohnung nach Art. 13 I GG vorliegen. Art. 13 I GG schützt alle Räume, die eine Person der Öffentlichkeit entzogen hat und zur privaten Lebensgestaltung nutzt. Es obliegt somit dem Wohnungsinhaber selbst zu entscheiden, wer die Räumlichkeiten betreten darf und wer nicht. Die Beamten haben die Wohnung des G durchsucht, um den zur Fahndung ausgeschriebenen S zu ergreifen. Ein Eingriff in die Unverletzlichkeit der Wohnung liegt somit vor.

2. Präventive oder repressive Maßnahme
Die Wohnungsdurchsuchung verfolgte den Zweck, den flüchtigen S zu ergreifen und wieder der Justizvollzugsanstalt Kassel zu überstellen. Ferner sollte das Raubgut, die Handtasche der R, aufgefunden werden. Die Maßnahme hat somit insgesamt einen repressiven Charakter.

3. Einschlägige Ermächtigungsgrundlage
Als taugliche Ermächtigungsgrundlage kommt § 103 I S. 1 StPO in Betracht.

II. Anordnungsvoraussetzungen

Die erfolgte Wohnungsdurchsuchung könnte gemäß § 103 I S. 1 StPO rechtmäßig gewesen sein.

1. Anfangsverdacht
Es müsste zunächst ein Anfangsverdacht bestanden haben. Ein Anfangsverdacht ist nach der Legaldefinition des § 152 II StPO gegeben, wenn

zureichende tatsächliche Anhaltspunkte für eine verfolgbare Straftat vorliegen.

Die Zeugin R hat den Beamten geschildert, dass ihre Handtasche gestohlen wurde. Es liegen somit zureichende und tatsächliche Anhaltspunkte für eine Tat nach § 249 I StGB vor. Ein Anfangsverdacht war somit nach § 152 II StPO gegeben.

2. Unverdächtige Person

G müsste eine unverdächtige Person sein. Als unverdächtig sind solche Personen anzusehen, bei denen keine Anhaltspunkte dafür bestehen, dass sie als Täter oder Teilnehmer einer Straftat in Betracht kommen, oder die wegen des Vorliegens von Schuld- oder Strafausschließungsgründen nicht verfolgt werden können. G kann zum gegenwärtigen Zeitpunkt mit keiner Straftat in Verbindung gebracht werden, sodass G eine unverdächtige Person ist.

3. Durchsuchungsobjekt

Gemäß § 103 I S. 1 StPO dürfen die Wohnung und andere Räume, die Person und Sachen des Unverdächtigen durchsucht werden. Die Beamten haben die Wohnung des G durchsucht. Folglich handelt es sich bei dieser um ein taugliches Durchsuchungsobjekt.

4. Durchsuchungszweck

Überdies müsste ein berechtigter Durchsuchungszweck vorliegen. Die Durchsuchung darf zur Ergreifung des Beschuldigten, zum Auffinden von Spuren oder Beweismitteln sowie von Einziehungsgegenständen erfolgen.

Die Wohnungsdurchsuchung des G diente zum einen dem Zweck, den Beschuldigten S zu ergreifen, und zum anderen dem Zweck, die geraubte Handtasche der R aufzufinden. Der Tatverdacht gegen S hatte sich durch die Aussagen der R und der Hausbewohner auch derart konkretisiert, dass er nunmehr als Beschuldigter zu führen war.

5. Erfolgsaussicht

Aufgrund bestimmter Tatsachen muss die Annahme gerechtfertigt sein, dass der Durchsuchungszweck erreicht wird. Aufgrund der Aussagen der R und der Hausbewohner liegen Tatsachen vor, aus denen zu schließen ist, dass die gesuchte Person S und die Handtasche sich in den zu durchsuchenden Räumen befindet.

Anmerkung

Die Beschränkungen des § 103 I S. 1 hinsichtlich des Durchsuchungszwecks gegenüber § 102 StPO gelten dann nicht, wenn der Beschuldigte in den Räumen ergriffen worden ist oder er diese während der Verfolgung betreten hat. Der Nachweis von Tatsachen ist also nicht erforderlich.

So liegt es grundsätzlich auch in diesem Fall. Dies ist hier aber deshalb unerheblich, weil die engen Voraussetzungen von § 103 StPO ebenfalls vorliegen.

6. Durchsuchung zur Nachtzeit

Es könnte sich um eine Durchsuchung zur Nachtzeit gehandelt haben. Gemäß § 104 I StPO dürfen zur Nachtzeit die Wohnung, die Geschäftsräume und das befriedete Besitztum nur bei Verfolgung auf frischer Tat oder bei Gefahr im Verzug oder zur Wiederergreifung eines entwichenen Gefangenen durchsucht werden. Die Nachtzeit erstreckt sich nach § 104 III StPO auf den Zeitraum von 21:00 bis 06:00 Uhr.

Die Tat geschah gegen 23:00 Uhr, die sich anschließende Wohnungsdurchsuchung lag somit in der Nachtzeit. Vorliegend war S auf frischer Tat betroffen, da zwischen Tatbegehung, Entdeckung und Verfolgung durch die R und der Durchsuchung ein enger zeitlicher Zusammenhang bestand. Darüber hinaus handelt es sich bei S um einen entwichenen Gefangenen, sodass die Durchsuchung auch der Wiederergreifung diente. Die Wohnung des G durfte also zur Nachtzeit durchsucht werden.

III. Anordnungsbefugnis

Die im vorliegenden Fall handelnden Polizeibeamten müssten auch befugt gewesen sein, die Wohnungsdurchsuchung anzuordnen. Gemäß § 105 I StPO ist grundsätzlich die Richterin oder der Richter anordnungsbefugt. Nur in Fällen von Gefahr im Verzug können ausnahmsweise auch die Staatsanwaltschaft sowie ihre Ermittlungspersonen gemäß § 152 GVG die Durchsuchung anordnen.

Eine richterliche Anordnung wurde nicht eingeholt. Fraglich ist, ob Gefahr im Verzug vorlag. Gefahr im Verzug liegt vor, wenn der Erfolg der Durchsuchung durch die Verzögerung, welche die Erwirkung der richterlichen Entscheidung mit sich bringen würde, gefährdet wäre. Der Begriff ist eng auszulegen.

Vorliegend haben die Beamten gar nicht versucht, einen Richter zu erreichen, sodass allein in Anbetracht der Uhrzeit von 23:00 Uhr nicht von Gefahr im Verzug ausgegangen werden konnte. Es gilt der gesetzgeberische Wille, zunächst einen richterlichen Beschluss zu erwirken. Es ist allerdings wahrscheinlich, dass bei einem Abwarten der richterlichen Entscheidung S sich zum Zeitpunkt der Durchsuchung nicht mehr in den Räumen des G befunden hätte und auch die Handtasche nicht mehr auffindbar gewesen wäre. Gefahr im Verzug lässt sich somit anhand der situativen Umstände ausnahmsweise begründen, wenn auch gleichwohl eine Richterin oder ein Richter nicht kontaktiert wurden. Gefahr im Verzug lag somit vor (a. A. gut vertretbar). Da die Beamten Ermittlungsbeamten der Staatsanwaltschaft sind, durfte die Anordnung von ihnen auch getroffen werden.

IV. Verfahrens- und Formvorschriften

1. Nach § 105 II StPO sind bei Raumdurchsuchungen grundsätzlich Zeugen hinzuzuziehen, allerdings muss dies auch möglich sein. Die Möglichkeit ist abhängig vom Zeitfaktor, von der Eignung und Bereitschaft vorhandener Personen und dem Gefährdungsgrad zugezogener Personen. Es handelt sich mithin um eine Soll-Vorschrift, die nach pflichtgemäßem Ermessen der Beamtinnen und der Beamten anzuwenden ist. Es gibt im Sachverhalt keine Anhaltspunkte dafür, dass Zeugen zugezogen wurden. Die Umstände und der zeitliche Faktor, schnell handeln zu müssen, sprechen aber dafür, dass auf die Anwesenheit von Zeuginnen und Zeugen verzichtet werden konnte. Ermessensfehler sind insofern nicht ersichtlich.
2. Nach § 106 I StPO ist die Inhaberin oder der Inhaber der Wohnung, wenn möglich, hinzuzuziehen. G war bei der Durchsuchung anwesend.
3. Nach § 106 II StPO war der Durchsuchungszweck dem G bekannt zu geben. Davon ist auszugehen, zumal G zu S befragt wurde.
4. Es ist gemäß § 107 S. 1 StPO eine Durchsuchungsbescheinigung auszustellen.

V. Verhältnismäßigkeit

Von der Verhältnismäßigkeit der Maßnahme ist laut Bearbeitungshinweis auszugehen.

VI. Ergebnis

Die Wohnungsdurchsuchung bei G war gemäß § 103 I S. 1StPO rechtmäßig.

Fall 4: Sicherstellung gemäß § 94 I StPO

Sachverhalt

Mit unterschiedlichen Aushilfstätigkeiten versucht Martina Müller (M) ihren Lebensunterhalt zu bestreiten. Seit der enormen Preissteigerung der Lebensunterhaltungskosten gerät M zunehmend in eine wirtschaftliche Krise. Insbesondere die exorbitanten Benzinpreise machen ihr zu schaffen. Den Wünschen ihrer Kinder, sie zum Sport oder zu Freunden zu fahren, kann sie kaum mehr nachkommen. Als Lösung sieht M den Erwerb eines Lastenfahrrades, wie sie es schon bei vielen Familien in der Stadt gesehen hat. Der Traum wird aber schnell getrübt, als sie feststellt, dass das neue Gefährt mehrere tausend Euro kostet. Diese Ausgabe kann M sich unter keinen Umständen leisten. In ihrer großen Verzweiflung schmiedet M einen Plan. Im Nachbarhaus wohnt eine junge Frau (F), die bereits solch ein Lastenfahrrad besitzt. Eines Nachts begibt sich M in den Garten des Nachbarhauses, wo das Fahrrad angeschlossen in einer frei zugänglichen Gartenlaube steht. Mit einem Bolzenschneider öffnet M das Schloss und nimmt das Fahrrad mit. Als F den Verlust bemerkt, erstattet sie Anzeige. Sie teilt die Rahmennummer mit und gibt eine detaillierte Beschreibung des Fahrrades ab. Als M einige Tage später mit dem Lastenrad ihre Kinder zur Schule fahren möchte, wird sie von der Polizei angehalten. Die Überprüfung ergibt, dass es sich um das gestohlene Fahrrad von F handelt. Die Polizei fordert M auf, das Fahrrad herauszugeben. Dem kommt sie unter Tränen, aber ohne Widerstand nach.

War die Sicherstellung des Lastenfahrrads rechtmäßig?

Bearbeitungshinweis:

Von der Einhaltung der Verfahrens- und Formvorschriften ist auszugehen. Diese sind jedoch fallbezogen zu prüfen.

Lösung

Die Sicherstellung des Lastenfahrrades könnte gemäß § 94 I StPO rechtmäßig gewesen sein.

I. Vorüberlegungen

Die Sicherstellung könnte in Grundrechte der M eingegriffen haben. Jede staatliche Maßnahme mit Eingriffscharakter verlangt nach dem Rechtsstaatsprinzip eine gesetzliche Legitimierung.

1. Grundrechtseingriff
Es könnte ein Eingriff in Art. 14 GG vorliegen. Obwohl Art. 14 GG nur das Grundrecht auf Eigentum nennt, ist allgemein anerkannt, dass sich dieses Grundrecht auch auf den Besitz erstreckt. Dennoch ist umstritten, ob bei der Sicherstellung ein Eingriff in Art. 14 GG vorliegt. Eine Auffassung verneint dies mit dem Argument, dass der Betroffene die Gegenstände zurückerhalte und nur kurzweilig in seiner Verfügungsmacht beeinträchtigt sei. Die überwiegende Meinung in Rechtsprechung und Literatur geht indes davon aus, dass ein Eingriff vorliegt, da zumindest durch den zeitweiligen Besitzverlust die freie Nutzungsmöglichkeit genommen ist. Bei unrechtmäßig erworbenen Sachen soll Art. 14 GG nicht betroffen sein. Dies kann aber in der Regel zum Zeitpunkt der polizeilichen Maßnahme noch nicht sicher festgestellt werden, sodass im Zweifel zunächst anzunehmen ist, dass zumindest ein Eingriff durch den zeitweiligen Besitzverlust vorliegt.

Überdies könnte die Sicherstellung aber zumindest auch in das Grundrecht der allgemeinen Handlungsfreiheit gemäß Art. 2 I GG eingegriffen haben. Art. 2 I GG gilt als sogenanntes Auffanggrundrecht und ist gegenüber den übrigen Freiheitsgrundrechten subsidiär. Es greift also immer dann, wenn es kein spezielleres Grundrecht gibt, und gewährleistet so einen lückenlosen Schutz der Freiheit. Die allgemeine Handlungsfreiheit schützt das menschliche Verhalten in einem umfassenden Sinn. Geschützt wird demnach auch die Freiheit zu eigenbestimmtem Handeln. Folglich liegt durch die Sicherstellung des Lastenfahrrades auch ein Eingriff in Art. 2 I GG vor.

2. Präventive oder repressive Maßnahme
Die Polizei hat das Fahrrad zum Zweck der Beweissicherung im Strafverfahren sichergestellt. Es kommt eine Straftat gemäß §§ 242 I, 243 I Nr. 2 StGB in Betracht. Es handelt sich somit um eine repressive Maßnahme.

3. Einschlägige Ermächtigungsgrundlage
Die Sicherstellung könnte gemäß § 94 I StPO rechtmäßig sein.

Anmerkung

§ 111b StPO ist nur dann einschlägig, soweit es um die vollstreckungssichernde Beschlagnahme geht. Dadurch wird ein Veräußerungsverbot erzielt und dem Grundsatz der Vermögensabschöpfung Rechnung getragen.

Vereinfacht ausgedrückt: Mittels der Beschlagnahme nach § 111b StPO soll nichts mehr in den Wirtschaftskreislauf zurückgelangen, was zum einen gegen die Rechtsordnung als solches verstößt und zum anderen unrechtmäßig erworben wurde (z. B. Immobilien im Rahmen der organisierten Kriminalität).

II. Anordnungsvoraussetzungen

Die Voraussetzungen von § 94 I StPO müssten vorliegen.

1. Anfangsverdacht

Es müsste zunächst ein Anfangsverdacht bestehen. Ein Anfangsverdacht ist nach der Legaldefinition des § 152 II StPO gegeben, wenn zureichende tatsächliche Anhaltspunkte für eine verfolgbare Straftat vorliegen.

F hat bei der Polizei den Diebstahl ihres Lastenfahrrades angezeigt. Sie hat die Rahmennummer und das Modell konkret beschrieben. M wurde genau mit diesem Fahrrad von der Polizei angetroffen. Daraus ergeben sich zureichende und tatsächliche Anhaltspunkte, dass ein Diebstahl in einem besonders schweren Fall nach §§ 242 I, 243 I S. 2 Nr. 2 StGB begangen wurde. Ein Anfangsverdacht liegt vor.

2. Gegenstand mit potenzieller Beweisbedeutung

Bei dem Lastenfahrrad müsste es sich um einen Gegenstand mit potenzieller Beweisbedeutung handeln. Gegenstände im Sinne von § 94 I StPO sind alle beweglichen und unbeweglichen Sachen, die unmittelbar oder mittelbar für die Tat oder die Umstände ihrer Begehung Beweise erbringen. Mit dem Lastenfahrrad könnte die M der Tat überführt werden, da durch die Feststellung der Rahmennummer und durch die Inaugenscheinnahme des Fahrrades der Beweis geführt werden könnte, dass es sich um das Fahrrad der F handelt. Folglich liegt ein Gegenstand mit potenzieller Beweisbedeutung vor.

3. Freiwillige Herausgabe

Eine formlose Sicherstellung ist nur dann möglich, wenn eine freiwillige Herausgabe des Gegenstandes erfolgt. M ist der Aufforderung, das Fahrrad zu übergeben, nachgekommen. Folglich liegt eine freiwillige Herausgabe vor.

Anmerkung

Die Sicherstellung ist der Oberbegriff. Differenziert wird sodann zwischen der formlosen und der förmlichen Sicherstellung. Die Beschlagnahme als förmliche Sicherstellung ist nur unter den strengeren Voraussetzungen der §§ 94 I, II, 98 StPO rechtmäßig.

III. Anordnungsbefugnis

Die Polizei müsste auch anordnungsbefugt gewesen sein. Aus dem Umkehrschluss nach § 98 I S. 1 StPO sind für die formlose Sicherstellung die

Staatsanwaltschaft und die Beamtinnen und Beamten des Polizeidienstes befugt. Demnach war die Anordnungsbefugnis vorliegend gegeben.

IV. Verfahrens- und Formvorschriften

1. Die Maßnahme ist dem Betroffenen gemäß § 35 I StPO bekannt zu geben.
2. Nach § 107 S. 2 StPO ist ein Verzeichnis über die in Verwahrung genommenen oder beschlagnahmten Gegenstände auszustellen.
3. Überdies ist der Gegenstand gemäß § 109 StPO genau zu verzeichnen und zur Verhütung von Verwechslungen in geeigneter Weise kenntlich zu machen.
4. Das Lastenfahrrad ist nach § 94 IV iVm. §§ 111n und o StPO an die F als Verletzte herauszugeben.

V. Verhältnismäßigkeit

Die Sicherstellung müsste auch verhältnismäßig sein. Der Grundsatz der Verhältnismäßigkeit verlangt, dass eine Maßnahme unter Würdigung aller persönlichen und tatsächlichen Umstände des Einzelfalles zur Erreichung des angestrebten Zwecks geeignet, erforderlich und angemessen ist.

1. Geeignetheit
Eine Maßnahme ist geeignet, wenn der verfolgte Zweck mit der Maßnahme erreicht oder gefördert werden kann. Die Sicherstellung des Lastenfahrrades verfolgt den Zweck der Beweisführung im Strafverfahren gegen M. Dieser Zweck wird erreicht und gefördert.

2. Erforderlichkeit
Die Maßnahme müsste aber auch erforderlich sein. Dies ist dann der Fall, wenn es keine mildere, gleich geeignete Maßnahme gibt. Die Sicherstellung ist erforderlich, denn es gibt keine mildere, gleich geeignete Maßnahme, um den Beweis zu führen. Insbesondere konnte das Lastenfahrrad nicht der M bis zur Klärung des Sachverhaltes überlassen werden, denn es wäre damit zu rechnen gewesen, dass diese das Fahrrad zur Seite schafft. Die Maßnahme war somit auch erforderlich.

3. Angemessenheit
Die Maßnahme müsste aber auch angemessen gewesen sein. Der beabsichtigte Zweck darf nicht außer Verhältnis zum Grundrechtseingriff stehen.
Die Sicherstellung greift in das Recht auf Eigentum aus Art. 14 I S. 1 GG und der allgemeinen Handlungsfreiheit, Art. 2 I GG, von M ein. Sie kann das Fahrrad nicht mehr nach ihrem Willen benutzen. Demgegenüber steht die Aufklärung eines Diebstahls in einem besonders schweren Fall. Das Fahrrad

war durch das Schloss besonders gesichert und hat zudem einen Wert von mehreren tausend Euro. Die allgemeine Handlungsfreiheit unterliegt demnach in der Abwägung dem Strafverfolgungsinteresse. Folglich war die Sicherstellung angemessen.

Die Maßnahme war insgesamt verhältnismäßig.

VI. Ergebnis

Die Sicherstellung gemäß § 94 I StPO war rechtmäßig.

Fall 5: Beschlagnahme gemäß §§ 94 I, II, 98 I StPO

Sachverhalt

Bisher ist es der Polizei nicht gelungen, Gerd Albert (A) den Handel mit Betäubungsmitteln nachzuweisen, obwohl sie schon seit langer Zeit intensiv gegen ihn ermittelt. Die ermittelnden Beamtinnen sehen ihre Chance gekommen, als eine Vertrauensperson mitteilt, sie habe sich mit A über einen Messengerdienst am Dienstag um 12:00 Uhr im Frankfurter Bahnhofsviertel verabredet, um Rauschgift zu beziehen. Als A am besagten Tag in unmittelbarer Nähe des Treffpunktes gesichtet wird, durchsuchen POKin J und KOKin L nach ordnungsgemäßer Belehrung den A und dessen mitgeführten Rucksack. Drogen können nicht aufgefunden werden. Stattdessen nehmen die Beamtinnen gegen den Willen des A das im Rucksack befindliche Smartphone sowie ein Schriftstück seines Verteidigers an sich. Dadurch erhoffen sie sich, Hinweise über Drogengeschäfte und weitere Personen zu erhalten. Einen richterlichen Beschluss holen sie nicht ein. Das Handy wird anschließend auf der Dienststelle ausgelesen.

1. *Waren die Beschlagnahme des Smartphones sowie die Beschlagnahme des Schriftstücks rechtmäßig?*

Bearbeitungshinweis:

Bei den Beamtinnen handelt es sich um Ermittlungspersonen der Staatsanwaltschaft (§ 152 GVG).

2. *Auf welche Ermächtigungsgrundlage kann die Datenauslesung des Mobiltelefons gestützt werden?*

Lösung

Aufgabe 1

Die Beschlagnahme des Smartphones und die Beschlagnahme des Verteidigerschriftsatzes könnten rechtmäßig gewesen sein. Dazu müssten die Voraussetzungen von § 94 I, II iVm. § 98 StPO vorliegen.

I. Vorüberlegungen

Die Beschlagnahme könnte in Grundrechte des A eingegriffen haben. Jede staatliche Maßnahme mit Eingriffscharakter verlangt nach dem Rechtsstaatsprinzip eine gesetzliche Legitimierung.

1. Grundrechtseingriff
Es könnte ein Eingriff in Art. 14 GG vorliegen. Neben dem Eigentum wird über den Wortlaut hinausgehend auch der Besitz geschützt. Die Beschlagnahme bewirkt zumindest zeitweiligen Besitzverlust und schränkt die freie Nutzungsmöglichkeit ein. Folglich liegt ein Eingriff in Art. 14 GG vor.

2. Präventive oder repressive Maßnahme
Die Beamten ermitteln gegen A wegen einer Straftat nach den §§ 29 ff. BtMG, somit hat die Beschlagnahme strafverfolgenden Charakter. Es liegt eine repressive Maßnahme vor.

3. Einschlägige Ermächtigungsgrundlage
Da die Beschlagnahme zur Beweisführung erfolgt ist, könnte die Maßnahme auf § 94 I, II iVm. § 98 StPO gestützt werden.

II. Anordnungsvoraussetzungen

Es müssten die Anordnungsvoraussetzungen von § 94 I, II StPO vorliegen.

1. Anfangsverdacht
Es müsste zunächst ein Anfangsverdacht bestehen. Ein Anfangsverdacht ist nach der Legaldefinition des § 152 II StPO gegeben, wenn zureichende tatsächliche Anhaltspunkte für eine verfolgbare Straftat vorliegen. Die Vertrauensperson hat der Polizei mitgeteilt, sie sei mit A verabredet, um Rauschgift zu beziehen. Dies sind konkrete, tatsächliche Anhaltspunkte für eine Straftat nach den §§ 29 ff. BtMG. Ein Anfangsverdacht lag somit vor.

2. Gegenstand mit potenzieller Beweisbedeutung
Bei dem Smartphone und dem Schriftstück müsste es sich um Gegenstände mit potenzieller Beweisbedeutung handeln. Gegenstände im Sinne von § 94 I StPO sind alle beweglichen und unbeweglichen Sachen, die unmittelbar oder mittelbar für die Tat oder die Umstände ihrer Begehung Beweise erbringen.

Das Smartphone soll mit der anschließenden Datenauslesung Aufschluss darüber geben, ob der Kontakt mit der Vertrauensperson tatsächlich stattgefunden hat und es Hinweise auf Rauschgifthandel gibt. Fraglich ist, ob der Schriftsatz des Verteidigers Beweisbedeutung für die mögliche Tat hat. Es gibt keine konkreten Anhaltspunkte im Sachverhalt dafür, dass mit dem Schriftstück der Beweis geführt werden könnte, dass ein Verstoß gegen das Betäubungsmittelgesetz geplant war. Verlangt wird allerdings als Mindestvoraussetzung, dass es sich um einen Gegenstand mit potenzieller Beweisbedeutung handeln muss. In welcher Weise der Gegenstand konkret Beweisbedeutung haben kann, muss zum Zeitpunkt der Sicherstellung noch nicht feststehen.

Es ist nicht gänzlich auszuschließen, dass sich aus dem Schriftsatz Hinweise zu Zeugen oder Hintermännern ergeben, die A einer Tat überführen können. Folglich handelt es sich um Gegenstände mit potenzieller Beweisbedeutung.

3. Gewahrsam des Betroffenen an den Gegenständen
A müsste Gewahrsam an dem Smartphone und dem Schriftsatz gehabt haben. Gewahrsam bedeutet die von einem natürlichen Herrschaftswillen getragene tatsächliche Sachherrschaft einer Person über eine Sache. A hatte die Gegenstände in dem von ihm mitgeführten Rucksack. Somit hatte er auch Gewahrsam.

4. Keine freiwillige Herausgabe des Gewahrsamsinhabers
Die Polizei hat die Gegenstände gegen den Willen des A an sich genommen. Eine freiwillige Herausgabe lag demnach nicht vor.

5. Kein Beschlagnahmeverbot gemäß §§ 96, 97, 148 StPO
Es dürfte kein Beschlagnahmeverbot vorliegen. Die Vorschriften §§ 96, 97 StPO sollen zum einen verhindern, dass das Wohl des Bundes oder eines deutschen Landes gefährdet wird (§ 96 StPO), zum anderen sollen die Vorschriften verhindern, dass Zeugnisverweigerungsrechte nach den §§ 52, 53 oder 53a StPO umgangen werden (§ 97 StPO).

Vorliegend könnte zumindest der Schriftsatz des Verteidigers unter das Beschlagnahmeverbot fallen, da A nach § 97 I Nr. 1 iVm. § 53 I S. 1 Nr. 2 StPO ein Zeugnisverweigerungsrecht zusteht. Nach dem Wortlaut des § 97 II S. 1 StPO soll das Beschlagnahmeverbot aber nur dann gelten, wenn sich der Gegenstand auch in dem Gewahrsam der zur Verweigerung des Zeugnisses Berechtigten befinden. Dies wäre mithin der Verteidiger selbst. Die Polizei hat das Schriftstück aber bei A sichergestellt, sodass grundsätzlich kein Beschlagnahmeverbot vorliegen dürfte. Der eindeutige Wortlaut findet aber seine Grenzen, wenn mit der Beschlagnahme der Grundsatz eines fairen Verfahrens gefährdet wäre. Der Verkehr zwischen Verteidiger und Beschuldigtem gehört zu den unabdingbaren Voraussetzungen einer Verteidigung und ist von jeglicher Behinderung und Erschwerung freizuhalten. Deshalb ist aus § 148 StPO abzuleiten, dass selbst dann, wenn sich schriftliche Mitteilungen des Verteidigers im Gewahrsam des Mandanten befinden, diese nicht beschlagnahmt werden dürfen. § 148 StPO konkretisiert dahingehend den Wortlaut von § 97 II S. 1 StPO. Folglich durfte der Schriftsatz nicht durch die Polizei sichergestellt werden. Es liegt dahingehend ein Beschlagnahmeverbot vor.

III. Zwischenergebnis

Die Beschlagnahme des Schriftsatzes war rechtswidrig.

Anmerkung

Die Prüfung ist dennoch fortzuführen, da ein Beschlagnahmeverbot für das Smartphone nicht vorliegt. Die Anordnungsvoraussetzungen lagen dafür vollumfänglich vor.

IV. Anordnungsbefugnis

Gegenstände, die nicht freiwillig herausgegeben werden, müssen gemäß § 94 II StPO beschlagnahmt werden. Eine Beschlagnahme darf nach § 98 I StPO nur durch eine Richterin oder einen Richter, bei Gefahr im Verzug durch die Staatsanwaltschaft und ihre Ermittlungspersonen angeordnet werden.

Eine Anordnung durch das Gericht wurde nicht eingeholt. Fraglich ist, ob Gefahr im Verzug vorlag. Gefahr im Verzug liegt vor, wenn der Erfolg der Beschlagnahme durch die Verzögerung, welche die Erwirkung der richterlichen Entscheidung mit sich bringen würde, gefährdet wäre. Der Begriff ist eng auszulegen.

Die Polizeibeamtinnen haben erst gar nicht versucht, einen Richter zu erreichen. Dies hätte aber an einem Wochentag zur Mittagszeit, an dem gewöhnlich gearbeitet wird, zumindest getan werden müssen. Demgegenüber steht zwar, dass bei Zurücklassen des Gegenstandes dieser später wahrscheinlich nicht mehr greifbar gewesen wäre oder zumindest relevante Chatverläufe vom Smartphone gelöscht worden wären, dies kann aber dann nicht überzeugen, wenn noch nicht einmal der Versuch unternommen wurde, eine Richterin oder einen Richter zu erreichen, da ansonsten die gesetzliche Voraussetzung des § 98 I StPO leerlaufen würde. Folglich lag keine Gefahr im Verzug vor. Die Polizei war somit nicht anordnungsbefugt.

V. Ergebnis

Die Beschlagnahme des Schriftstückes und die Beschlagnahme des Smartphones waren nach §§ 94 II, 98 StPO rechtswidrig.

Anmerkung

Insofern kein Hinweis erfolgt ist, dass im Fall einer rechtswidrigen Maßnahme in einem Hilfsgutachten weiter zu prüfen ist, muss nach der Feststellung der Rechtswidrigkeit die Prüfung beendet werden.

Aufgabe 2

Die Sicherstellung und Beschlagnahme ermöglichen grundsätzlich noch nicht, die Daten des Mobiltelefons auszulesen. Teilweise wird vertreten, dass das Auslesen als Annex unter den Voraussetzungen von §§ 94 I, II, 98 StPO zulässig sei (so im Ergebnis wohl auch BVerfG, Beschl. v. 12.04.2005, 2 BvR 1027/02, Rn. 98 ff.; BVerfG, Beschl. v. 16.06.2009, 2 BvR 902/06, Rn. 55 ff.).

Vertretbar erscheint ebenfalls, das Auslesen von Datenspeichern als eigenständige Durchsuchung auf § 102 StPO zu stützen. Zu beachten ist dann als Formvorschrift § 110 StPO.

Fall 6: Beschlagnahme gemäß § 111b I StPO

Sachverhalt

Die Polizei ist Gert Albert (A) wieder einmal auf den Fersen. Das Glück, bei den Rauschgiftgeschäften unentdeckt zu bleiben, scheint nun endgültig vorbei zu sein. Gerade als A seinem Freund fünf Kilogramm Kokain verkaufen will, wird er von der Polizei beobachtet und noch vor der Übergabe gestellt. KKin D beschlagnahmt das Kokain. Eine Richterin oder einen Richter konnte sie nicht erreichen.

War die vollstreckungssichernde Beschlagnahme rechtmäßig?

Bearbeitungshinweis:

- *KKin D ist Ermittlungsperson der Staatsanwaltschaft.*
- *A wurde über seine Rechte ordnungsgemäß belehrt.*

Lösung

Die Beschlagnahme des Kokains könnte gemäß § 111b StPO iVm. § 74 StGB rechtmäßig gewesen sein.

I. Vorüberlegungen

Durch die Beschlagnahme könnte ein Grundrechtseingriff vorliegen. Jede staatliche Maßnahme mit Eingriffscharakter verlangt nach dem Rechtsstaatsprinzip eine gesetzliche Legitimierung.

1. Grundrechtseingriff
Durch die Beschlagnahme des Kokains könnte ein Eingriff in Art. 14 I GG vorliegen. Art. 14 I GG schützt alle vermögenswerten Rechte. Neben dem Eigentum wird auch über den Wortlaut hinaus der Besitz geschützt. Der zumindest zeitweilige Besitzverlust schränkt die freie Nutzungsmöglichkeit ein, sodass ein Eingriff in Art. 14 I GG vorliegt.

Anmerkung

Es ist strittig, ob an illegalen Drogen Eigentum erworben werden kann. Je nach Ansicht ist dann aber zumindest auf die allgemeine Handlungsfreiheit nach Art. 2 I GG abzustellen.

Anmerkung

Die Beschlagnahme nach § 111b bewirkt nicht sofort einen Eigentumsübergang an den Staat. Die endgültige Wirkung der Einziehung wird erst durch das Gericht festgestellt, sodass der Eigentumsübergang erst mit der rechtskräftigen Entscheidung vollzogen wird.

2. Präventive oder repressive Maßnahme

Der Handel und der Besitz von Kokain stellen eine Straftat nach § 29 I Nr. 1 und 3 BtMG dar. Die Sicherstellung verfolgt zum einen den Zweck der Beweisführung, und zum anderen soll die Vollstreckung gesichert werden, damit A nicht weiter im Besitz der Drogen bleiben kann. Es geht also auch um die Sicherung der Einziehung. Die Maßnahme hat folglich repressiven Charakter.

3. Einschlägige Ermächtigungsgrundlage

Als taugliche Ermächtigungsgrundlage kommt § 111b StPO iVm. § 74 II StGB iVm. § 33 BtMG in Betracht.

Nach § 111b StPO können sogenannte Einziehungsgestände sichergestellt werden. Einziehungsgegenstände sind Taterträge nach § 73 StGB, Tatprodukte, Tatmittel und Tatobjekte nach § 74 StGB sowie solche, die spezialgesetzlich oder an anderer Stelle im StGB geregelt sind.

Exkurs

Die folgenden beiden Tabellen stellen die Unterschiede im Überblick dar.

§ 73 StGB Einziehung von Taterträgen

§ 73 Abs. 1	§ 73 Abs. 2	§ 73 Abs. 3
„etwas erlangt“	Nutzungen	Surrogate
• *durch* die Tat (Beute) • *für* die Tat (z. B. Gehilfenlohn)	Früchte und Gebrauchsvorteile einer Tat (z. B. Zinserträge)	mittelbar *durch* die Tat (z. B. das von dem gestohlenen Geld gekaufte Fahrrad)

§ 74 StGB Einziehung von Tatprodukten, Tatmitteln und Tatobjekten

§ 74 Abs. 1 Alt. 1	§ 74 Abs. 1 Alt. 2	§ 74 Abs. 2
Tatprodukte	Tatmittel	Tatobjekte
Gegenstände, die durch die Tat hervorgebracht worden sind (z. B. Urkunden, Falschgeld)	Gegenstände die zur Tat gebraucht wurden oder dazu bestimmt gewesen sind (z. B. Fluchtfahrzeug, zur Tötung genutzte Waffe) Keine Tatmittel nach Abs. 1 sind Beziehungsgegenstände (siehe die Ausführungen zu Abs. 2).	Gegenstände, auf die sich eine Straftat bezieht, sog. Beziehungsgegenstände (z. B. das Kfz bei einer Fahrt ohne Fahrerlaubnis) Die Einziehung von Beziehungsgegenständen ist nur aufgrund spezieller Vorschriften zulässig, z. B. § 33 BtMG, § 21 I StVG, § 54 WaffG.

II. Anordnungsvoraussetzungen

Es müssten die Anordnungsvoraussetzungen von § 111b I StPO iVm. § 74 II StGB iVm. § 33 BtMG vorliegen. Gemäß § 111b I StPO können Gegenstände beschlagnahmt werden, wenn Gründe für die Annahme vorhanden sind, dass unter anderem die Voraussetzungen für die Einziehung vorliegen. Sie sollen beschlagnahmt werden, wenn dringende Gründe vorliegen.

1. Anfangsverdacht

Es müsste zunächst ein Anfangsverdacht bestehen. Ein Anfangsverdacht ist nach der Legaldefinition des § 152 II StPO gegeben, wenn zureichende tatsächliche Anhaltspunkte für eine verfolgbare Straftat vorliegen.

A wurde durch die Polizei dabei beobachtet, wie er seinem Freund Kokain verkaufen wollte. Demnach lagen zureichende tatsächliche Anhaltspunkte vor. Ein Anfangsverdacht war gegeben.

2. Voraussetzungen der Einziehung nach § 74 II StGB

Gemäß § 74 II StGB unterliegen Gegenstände, die sich auf eine Straftat beziehen (Tatobjekte), der Einziehung nach Maßgabe besonderer Vorschriften. § 33 BtMG stellte eine solche Vorschrift dar.

Erfasst werden sogenannte Beziehungsgegenstände, mithin Gegenstände, auf die sich die Straftat selbst bezieht. Der Handel und der Besitz von Rauschmitteln ist nach § 29 I Nr. 1 und 3 BtMG strafbar, demnach konnte das Kokain nach § 33 BtMG eingezogen werden.

3. Gegenstand gehört Täter oder Teilnehmer, § 74 III StGB
Gemäß § 74 III StGB ist die Einziehung nur zulässig, wenn die Gegenstände zur Zeit der Entscheidung dem Täter oder Teilnehmer gehören oder sie ihm zustehen. A wurde unmittelbar mit dem Kokain angetroffen. Es kann demnach unterstellt werden, dass das Kokain ihm gehört.

III. Anordnungsbefugnis

Gemäß § 111j I S. 1 StPO ist das Gericht anordnungsbefugt. Nur bei Vorliegen von Gefahr im Verzug sind die Staatsanwaltschaft nach § 111j I S. 2 StPO und bei beweglichen Sachen auch die Ermittlungspersonen der Staatsanwaltschaft gemäß § 111j I S. 3 StPO anordnungsbefugt.

Eine Anordnung durch das Gericht wurde nicht eingeholt. Fraglich ist, ob Gefahr im Verzug vorlag. Gefahr im Verzug liegt vor, wenn der Erfolg der Beschlagnahme durch die Verzögerung, welche die Erwirkung der richterlichen Entscheidung mit sich bringen würde, gefährdet wäre.

Die Beamtin konnte eine Richterin oder einen Richter nicht erreichen. Ohne eine sofortige Beschlagnahme war davon auszugehen, dass A das Rauschgift vernichten oder beiseiteschaffen würde. Demnach wäre der Erfolg der Maßnahme, nämlich die Bewirkung eines Veräußerungsverbotes, erheblich gefährdet gewesen. Gefahr im Verzug war mithin gegeben.

Bei dem Kokain handelt es sich um eine bewegliche Sache, sodass die Beamten in diesem Fall nach § 111j I S. 3 StPO anordnungsbefugt waren.

IV. Verfahrens- und Formvorschriften

1. Die Maßnahme ist dem Betroffenen gemäß § 35 StPO bekannt zu geben. A war bei der Vollziehung der Maßnahme anwesend, sodass eine Verkündung vorlag.
2. Nach § 111c I StPO wird bei beweglichen Sachen die Beschlagnahme durch die Ingewahrsamnahme vollzogen.
3. Nach § 111j II S. 3 StPO kann jederzeit die Entscheidung des Gerichts beantragt werden. Hierüber wurde A belehrt.
4. Die Durchführung der Beschlagnahme obliegt nach § 111k I StPO bei beweglichen Sachen auch den Ermittlungspersonen der Staatsanwaltschaft.
5. Nach § 111l StPO besteht eine Mitteilungspflicht an die Staatsanwaltschaft.
6. Es ist nach § 111b II iVm. § 107 S. 2 StPO ein Verzeichnis auszustellen.
7. Die Gegenstände sind nach § 111b II iVm. § 109 StPO zu kennzeichnen.
8. Spezialgesetzlich beschlagnahmte Gegenstände werden nicht nach § 111n und o StPO herausgegeben. Sie verbleiben dauerhaft in amtlicher Verwahrung.

V. Verhältnismäßigkeit

Die Beschlagnahme müsste auch verhältnismäßig gewesen sein. Der Grundsatz der Verhältnismäßigkeit verlangt, dass eine Maßnahme unter Würdigung aller persönlichen und tatsächlichen Umstände des Einzelfalles zur Erreichung des angestrebten Zwecks geeignet, erforderlich und angemessen ist.

1. Geeignetheit
Eine Maßnahme ist geeignet, wenn der verfolgte Zweck mit der Maßnahme erreicht oder gefördert werden kann. Die vorliegende Beschlagnahme verfolgte den Zweck der Erreichung eines Veräußerungsverbotes. Dieser Zweck wurde erreicht und gefördert.

2. Erforderlichkeit
Die Maßnahme müsste aber auch erforderlich sein. Erforderlich ist die Maßnahme, wenn es keine mildere, gleich geeignete Maßnahme gibt.

Vorliegend kommt keine mildere, gleich geeignete Maßnahme in Betracht, um die Vollstreckung zu sichern. Insbesondere konnte das Rauschgift nicht dem A bis zur Klärung des Sachverhaltes überlassen werden, denn es wäre damit zu rechnen gewesen, dass dieser das Kokain beseitigt. Dies sollte die Maßnahme gerade verhindern. Die Maßnahme war somit auch erforderlich.

3. Angemessenheit
Die Maßnahme müsste aber auch angemessen gewesen sein. Der beabsichtigte Zweck darf nicht außer Verhältnis zum Grundrechtseingriff stehen. Die Beschlagnahme greift in das Grundrecht auf Eigentum nach Art. 14 I GG ein.

A kann das Rauschgift nicht mehr nach seinem Belieben verwenden. Demgegenüber stehen das Interesse an der Aufklärung einer Straftat nach dem Betäubungsmittelgesetz sowie der Wille, Rauschgift für die Bevölkerung grundsätzlich unzugänglich zu machen. Betäubungsmittel enthalten potenzielle Gefahren für die Gesundheit der Konsumenten, sodass die Allgemeinheit durch den Staat geschützt werden soll. Das Interesse der Strafverfolgungsbehörde überwiegt demnach das Interesse des A. Die Maßnahme war mithin auch angemessen.

Die Beschlagnahme war verhältnismäßig.

VI. Ergebnis

Die Beschlagnahme nach § 111b StPO iVm. § 74 II StGB iVm. § 33 BtMG war rechtmäßig.

Fall 7: Vorläufige Festnahme gemäß § 127 II in Verbindung mit § 112 StPO

Sachverhalt

Hubert Hammer (H) wurde vor zwei Wochen von seiner Frau Frieda (F) und den gemeinsamen Kindern verlassen. Nahezu täglich kontaktiert er F und fleht sie an, wieder zu ihm zurückzukommen. Als F auf seine Forderungen nicht reagiert, bittet H sie um ein letztes Gespräch. Er gibt vor, das Umgangsrecht mit den Kindern klären zu wollen. F lässt sich auf ein Gespräch mit H ein und begibt sich in die ehemals gemeinsame Wohnung. H empfängt F mit einem gedeckten Tisch bei Kerzenschein. Als F dem H zu verstehen gibt, sie wolle nicht gemeinsam mit ihm zu Abend essen, sondern lediglich die Situation mit den Kindern klären, rastet H völlig aus. Er würgt die F bis zur Bewusstlosigkeit und steckt ihr anschließend eine Wolldecke in den Mund. Sodann holt H ein Küchenmesser und sticht mehrfach auf F ein. Als H die lebensbedrohliche Situation für F erkennt, bekommt er es mit der Angst zu tun und flüchtet. Die Nachbarin (N), die dem blutüberströmten H im Treppenaufgang begegnet und Schreckliches vermutet, alarmiert sofort die Polizei. Die Beamten können nur noch den Tod der F feststellen. H wird zur Fahndung ausgeschrieben. Nach einigen Tagen kann er in einer anderen Stadt gestellt werden und wird vorläufig von den zuständigen Polizeibeamten festgenommen.

1. War die vorläufige Festnahme rechtmäßig?

Bearbeitungshinweis:

Von der Einhaltung der Verfahrens- und Formvorschriften ist auszugehen. Sie sind aber fallbezogen zu nennen.

2. Über welche Rechte müsste H bei seiner Vernehmung belehrt werden?

Lösung

Aufgabe 1

Die vorläufige Festnahme könnte gemäß § 127 II iVm. § 112 StPO rechtmäßig gewesen sein.

I. Vorüberlegungen

Durch die vorläufige Festnahme könnte ein Grundrechtseingriff vorliegen. Jede staatliche Maßnahme mit Eingriffscharakter verlangt nach dem Rechtsstaatsprinzip eine gesetzliche Legitimierung.

1. Grundrechtseingriff
Durch die vorläufige Festnahme könnte ein Eingriff in die Freiheit der Person nach Art. 2 II S. 2 iVm. Art. 104 II GG vorliegen. Die Freiheit der Person schützt das Recht, jeden tatsächlich und rechtlich zugänglichen Ort aufzusuchen, dort zu verweilen und den Ort auch wieder zu verlassen. Durch die Festnahme ist H daran gehindert, einen anderen Ort aufzusuchen oder ihn auch wieder zu verlassen. Ein Eingriff in das Grundrecht der Freiheit der Person liegt somit vor.

2. Präventive oder repressive Maßnahme
H steht im Verdacht, einen Mord gemäß §§ 212, 211 II StGB begangen zu haben. Demnach handelt es sich bei der vorläufigen Festnahme um eine repressive Maßnahme.

3. Einschlägige Ermächtigungsgrundlage
Die Ermächtigung für die vorläufige Festnahme ergibt sich aus § 127 II iVm. §§ 112 ff. StPO.

Anmerkung

§ 127 II StPO ist eine spezialgesetzliche Grundlage zur vorläufigen Festnahme für die Staatsanwaltschaft und die Polizei.

Umstritten ist, ob die Polizei auch nach dem „Jedermann-Festnahmerecht“ nach § 127 I StPO eine Person festhalten darf. Der Anwendungsbereich dürfte aber ohnehin beschränkt sein, denn sobald es bei der Festnahme um die Identitätsfeststellung einer Person geht, greift § 163b StPO für die Polizei.

§ 127 I StPO könnte also nur dann für die Polizei infrage kommen, wenn es nicht um die Frage der Identität geht, die Person auf frischer Tat betroffen ist und keine Haftgründe vorliegen.

II. Anordnungsvoraussetzungen

Es müssten die Anordnungsvoraussetzungen von § 127 II iVm. §§ 112 ff. StPO vorliegen.

1. Dringender Tatverdacht

Gegen H müsste ein dringender Tatverdacht bestehen. Dringender Tatverdacht ist gegeben, wenn eine hohe Wahrscheinlichkeit dafür besteht, dass der Beschuldigte als Täter oder Teilnehmer einer Straftat in Betracht kommt.

N hat gesehen, wie H mit Blutanhaftungen über das Treppenhaus flüchtete. Seine Frau wurde von den hinzugerufenen Polizeibeamten unmittelbar danach tot in der ehemals gemeinsamen Wohnung aufgefunden. H ist mithin dringend tatverdächtig.

2. Beschuldigte Person

H müsste Beschuldigter sein. Beschuldigter ist der Tatverdächtige, gegen den polizeiliche und staatsanwaltschaftliche Ermittlungen wegen des Verdachts einer strafbaren Handlung geführt werden.

Die Strafverfolgungsbehörden haben H zur Fahndung ausgeschrieben, dadurch wird gezielt gegen H ermittelt. H ist folglich Beschuldigter.

3. Haftgründe

Überdies müsste ein Haftgrund greifen. Haftgründe können sich aus den §§ 112 II, III, 112a I StPO ergeben. Vorliegend könnte der Haftgrund Flucht nach § 112 II Nr. 1 StPO einschlägig sein. Flüchtig ist, wer vor Tatbeginn, während oder nach der Tat seine Wohnung aufgibt, ohne eine neue zu beziehen, oder sich ins Ausland mit der Wirkung absetzt, dass er für die Ermittlungsbehörden und Gerichte unerreichbar und ihrem Zugriff auch wegen der zu erwartenden Strafvollstreckung entzogen ist.

H hat nach der Tat seine Wohnung verlassen und ist dorthin nicht wieder zurückgekehrt. H konnte erst einige Tage später in einer anderen Stadt aufgegriffen werden. Zumindest bis zum Zeitpunkt des Ergreifens durch die Polizei war H flüchtig. In dem Moment, als er ergriffen wurde, war er allerdings nicht mehr flüchtig. Der Haftgrund Flucht im Sinne des § 112 II Nr. 1 StPO war somit nicht mehr gegeben.

Fraglich ist, ob aber der Haftgrund der Fluchtgefahr gemäß § 112 II Nr. 2 StPO greift. Fluchtgefahr besteht, wenn es aufgrund bestimmter Tatsachen im konkreten Einzelfall wahrscheinlicher ist, dass sich die Beschuldigte oder der Beschuldigte dem Strafverfahren entziehen werden, als dass er oder sie sich ihm zur Verfügung halten werden. Die Beurteilung der Fluchtgefahr erfordert die Berücksichtigung aller Umstände des Falles, insbesondere der Art der dem Beschuldigten vorgeworfenen Tat, der Persönlichkeit des Beschuldigten, seiner Lebensverhältnisse, seines Vorlebens und seines Verhaltens vor und nach der Tat. Die für und gegen die Flucht sprechenden Umstände sind gegeneinander abzuwägen. Allein die Erwartung einer hohen Strafandrohung kann für die Annahme der Fluchtgefahr nicht genügen, sie kann aber dennoch einen Fluchtanreiz geben und damit Bestandteil eines Motivbündels sein. H hat seine Frau ermordet, sodass er sich wegen eines Mordes nach §§ 212 I, 211 II StGB zu verantworten hat. Dies hat voraussichtlich eine lebenslange Freiheitsstrafe zur Folge. Überdies muss das Täterverhalten des H nach der Tat beurteilt werden. H befand sich auf der Flucht. Es ist demnach anzunehmen, dass er sich auch zukünftig dem Strafverfahren entziehen möchte. Von einer Fluchtgefahr gemäß § 112 II Nr. 2 StPO ist demnach auszugehen. Ein Haftgrund liegt vor (a. A. dürfte mit guter Argumentation vertretbar sein).

Anmerkung

Nach § 112 III StPO kann bei bestimmten Straftaten die Anordnung der Untersuchungshaft auch dann erfolgen, wenn kein Haftgrund nach § 112 II StPO vorliegt. Es bestehen bei dieser Regelung aber Bedenken hinsichtlich des Verhältnismäßigkeitsgrundsatzes. Das BVerfG legt die Vorschrift deshalb dahingehend aus, dass neben dem dringenden Tatverdacht und einer der genannten Katalogstraftaten nicht auszuschließen ist, dass Flucht- oder Verdunkelungsgefahr besteht, wenn gleichwohl dies nicht belegt werden kann. Ausreichend ist auch die ernste Befürchtung, dass der Täter weitere Taten in der Art begehen werde.

Vorliegend kommt mithin nur der Haftgrund Fluchtgefahr nach § 112 II Nr. 2 StPO in Betracht.

III. Anordnungsbefugnis

Die Beamten müssten aber anordnungsbefugt sein. Nach § 127 II StPO sind die Staatsanwaltschaft und jeder Polizeibeamte bei Gefahr im Verzug anordnungsbefugt. Gefahr im Verzug liegt vor, wenn der Erfolg der vorläufigen Festnahme durch die Verzögerung, welche die Erwirkung der richterlichen Entscheidung mit sich bringen würde, gefährdet wäre.

Es war zu befürchten, dass H sich dem Strafverfahren entziehen wird, wenn er nicht alsbald festgenommen wird. H hat bereits in der Vergangenheit gezeigt, dass er flüchtet. Gefahr im Verzug liegt somit vor. Die Beamten waren folglich anordnungsbefugt.

IV. Verfahrens- und Formvorschriften

1. Nach § 127 IV iVm. § 114a S. 2 und 3 StPO ist dem Beschuldigten mitzuteilen, welches die Gründe für die Festnahme sind.
2. Die festgenommene Person ist gemäß § 127 IV iVm. § 114b StPO unverzüglich und schriftlich über ihre Rechte zu belehren.

3. Ihr ist Gelegenheit zu geben, einen Angehörigen oder eine Person ihres Vertrauens zu verständigen, § 127 IV iVm. § 114c I StPO.
4. Gemäß § 128 I S. 1 StPO ist die festgenommene Person spätestens am Tag nach der Festnahme dem zuständigen Richter vorzuführen.

Von der Einhaltung der vorstehenden Verfahrens- und Formvorschriften ist laut Bearbeitungshinweis auszugehen.

V. Verhältnismäßigkeit

Die vorläufige Festnahme müsste verhältnismäßig gewesen sein. Der Grundsatz der Verhältnismäßigkeit verlangt, dass eine Maßnahme unter Würdigung aller persönlichen und tatsächlichen Umstände des Einzelfalles zur Erreichung des angestrebten Zwecks geeignet, erforderlich und angemessen ist.

1. Geeignetheit
Eine Maßnahme ist geeignet, wenn der verfolgte Zweck mit der Maßnahme erreicht oder gefördert werden kann. Die vorläufige Festnahme verfolgte den Zweck, eine weitere Flucht des H zu verhindern und das Strafverfahren zu sichern. Dieser Zweck wurde durch die vorläufige Festnahme erreicht und gefördert.

2. Erforderlichkeit
Die Maßnahme müsste aber auch erforderlich sein, dies ist dann der Fall, wenn es keine mildere, gleich geeignete Maßnahme gibt. Die vorläufige Festnahme war erforderlich, denn es gab keine mildere, gleich geeignete Maßnahme, um die Flucht zu verhindern. Weniger einschneidende Maßnahmen sieht die StPO für die Sicherung dieses Zwecks nicht vor. Die Maßnahme war erforderlich.

3. Angemessenheit
Die Maßnahme müsste angemessen gewesen sein. Der beabsichtigte Zweck darf nicht außer Verhältnis zum Grundrechtseingriff stehen. Die vorläufige Festnahme greift in das Grundrecht auf Freiheit der Person nach Art. 2 II S. 2 iVm. Art. 104 II GG ein. Dies ist ein schwerwiegender Grundrechtseingriff. Demgegenüber steht der Tatverdacht eines Kapitaldeliktes.

Der bisher ermittelte Tathergang und das mutmaßliche Tatmotiv sprechen für eine besondere Verwerflichkeit der Tat. Als Folge der Straftat ist eine Person gestorben. An der Aufklärung schwerster Kapitalverbrechen ist neben den Strafverfolgungsbehörden auch die Allgemeinheit interessiert. Der schwere Grundrechtseingriff steht hier nicht in einem Missverhältnis zu dem Ziel, das Verbrechen aufzuklären. Die Maßnahme war somit angemessen.

VI. Ergebnis

Die vorläufige Festnahme war nach § 127 II iVm. § 112 II Nr. 2 StPO rechtmäßig.

Aufgabe 2

Bei der Vernehmung durch die Polizei ist H gemäß § 163a IV S. 1 StPO zu eröffnen, welche Tat ihm zur Last gelegt wird. Nach § 136 I S. 2 StPO ist er auf sein Schweigerecht und sein Recht darauf, einen Verteidiger oder eine Verteidigerin zu konsultieren, hinzuweisen. Es sind ihm gemäß § 136 I S. 3 StPO Informationen zur Verfügung zu stellen, die es erleichtern, einen Verteidiger oder eine Verteidigerin zu kontaktieren, und ein Hinweis auf anwaltliche Notdienste zu erteilen, vgl. § 136 I S. 4 StPO. H ist gemäß § 136 I S. 5 StPO über sein Antragsrecht für das Erheben von entlastenden Beweisen und gegebenenfalls auf die Bestellung einer Verteidigung hinzuweisen. H kann sich in geeigneten Fällen auch schriftlich äußern. Die Vernehmung ist nach § 136 IV Nr. 1 StPO in Bild und Ton aufzuzeichnen.

Fall 8: Vertiefungsfall zur vorläufigen Festnahme gemäß § 127 II in Verbindung mit § 112 II Nr. 3 StPO

Sachverhalt

Luise Leuchner (L) begleitet ihre Oma Elfriede Ebert (E) regelmäßig zu ihrem Wocheneinkauf. Wie jedes Mal parken sie das Auto von E auf dem Parkplatz vor dem Supermarkt und holen sich anschließend einen Einkaufswagen. Gerade als sie sich in den Supermarkt begeben wollen, schleicht sich ein unbekannter Mann (V) an die beiden heran. Blitzschnell zieht er eine Schere aus seiner Tasche, schneidet damit die von E mitgeführte Handtasche ab und flüchtet. Aufmerksam gewordene Passanten alarmieren sofort die Polizei. Trotz umfangreicher Personenbeschreibung durch L und E führen die sofort eingeleiteten Suchmaßnahmen nicht zum Erfolg. E ist seit diesem Vorfall erheblich eingeschüchtert und traut sich nur noch für alltägliche Besorgungen vor die Tür. Als sie bei der Stadtsparkasse einen Geldbetrag abholen möchte, taucht plötzlich V auf. Er droht, er werde E und ihre Enkelin umbringen lassen, wenn die Polizei ihn fassen sollte. Das Geschehen konnte über die Videokameras der Sparkassenfiliale gefilmt werden. Die Ermittler kommen somit auf die Spur des Unbekannten. Es handelt sich um den polizeibekannten Eloy de Vries (V) aus Kassel. Die Beamten treffen V in seiner Wohnung an. Nach ordnungsgemäßer Belehrung gesteht V vollumfänglich die Tat. Das Geständnis wiederholt V einige Tage später vor dem Ermittlungsrichter. Anschließend erklären die Polizeibeamten V die vorläufige Festnahme.

War die vorläufige Festnahme rechtmäßig?

Lösung

Die vorläufige Festnahme des V könnte gemäß § 127 II iVm. § 112 II Nr. 3 StPO rechtmäßig gewesen sein.

I. Vorüberlegungen

Durch die vorläufige Festnahme könnte ein Grundrechtseingriff vorliegen. Jede staatliche Maßnahme mit Eingriffscharakter verlangt nach dem Rechtsstaatsprinzip eine gesetzliche Legitimierung.

1. Grundrechtseingriff

Durch die vorläufige Festnahme könnte ein Eingriff in die Freiheit der Person nach Art. 2 II S. 2 iVm. Art. 104 II GG vorliegen. Die Freiheit der Person schützt das Recht, jeden tatsächlich und rechtlich zugänglichen Ort aufzusuchen, dort zu verweilen und den Ort auch wieder zu verlassen. Durch die Festnahme ist V daran gehindert, einen anderen Ort aufzusuchen oder ihn auch wieder zu verlassen. Ein Eingriff in das Grundrecht der Freiheit der Person liegt somit vor.

2. Präventive oder repressive Maßnahme

V steht im Verdacht, einen Diebstahl gemäß § 242 I StGB begangen zu haben. Demnach handelt es sich bei der vorläufigen Festnahme um eine repressive Maßnahme.

3. Einschlägige Ermächtigungsgrundlage

Die Ermächtigung für die vorläufige Festnahme könnte sich aus § 127 II iVm. §§ 112 ff. StPO ergeben.

II. Anordnungsvoraussetzungen

Es müssten die Anordnungsvoraussetzungen der § 127 II iVm. §§ 112 ff. StPO vorliegen.

1. Dringender Tatverdacht

Gegen V müsste ein dringender Tatverdacht bestehen. Ein dringender Tatverdacht ist gegeben, wenn eine hohe Wahrscheinlichkeit dafür besteht, dass die Beschuldigte oder der Beschuldigte als Täter oder Teilnehmer einer Straftat in Betracht kommt.

V hat den Handtaschendiebstahl vollumfänglich gestanden. Demnach spricht viel für seine Täterschaft. Gegen V besteht folglich ein dringender Tatverdacht.

2. Beschuldigte Person

V müsste Beschuldigter sein. Beschuldigter ist der Tatverdächtige, gegen den polizeiliche und staatsanwaltschaftliche Ermittlungen wegen des Verdachts einer strafbaren Handlung geführt werden.

Die Polizeibeamten haben V beim Antreffen an seiner Wohnanschrift ordnungsgemäß belehrt, demnach wusste V, dass gegen ihn ermittelt wird. V ist folglich Beschuldigter.

3. Haftgründe

Es müssten Haftgründe vorliegen. Haftgründe könnten sich aus den §§ 112 II, 112 a I StPO ergeben.

Es könnte der Haftgrund Flucht nach § 112 II Nr. 1 StPO einschlägig sein. Flüchtig ist, wer vor Tatbeginn, während oder nach der Tat seine Wohnung aufgibt, ohne eine neue zu beziehen, oder sich ins Ausland mit der Wirkung absetzt, dass er für die Ermittlungsbehörden und Gerichte unerreichbar und ihrem Zugriff auch wegen der zu erwartenden Strafvollstreckung entzogen ist. V ist zwar unmittelbar nach der Tat geflüchtet, dies begründet aber nicht den Haftgrund der Flucht. Dieser verlangt vielmehr, dass der Beschuldigte sich von seinem bisherigen räumlichen Lebensmittelpunkt absetzt. Dafür gibt es keine Anhaltspunkte. Der Haftgrund Flucht ist somit vorliegend nicht gegeben.

Es kann auch nicht der Haftgrund Fluchtgefahr nach § 112 II Nr. 2 StPO angenommen werden. Fluchtgefahr besteht, wenn es aufgrund bestimmter Tatsachen im konkreten Einzelfall wahrscheinlicher ist, dass sich der Beschuldigte dem Strafverfahren entziehen wird, als dass er sich ihm zur Verfügung halten werde. V hat die Tat vollumfänglich eingeräumt. Der Sachverhalt enthält keine Anhaltspunkte, die auf eine mögliche Flucht hindeuten. Dass er sich dem Strafverfahren entziehen werde, ist demnach nicht wahrscheinlicher als die Annahme, er werde sich dem Strafverfahren zur Verfügung halten. Der Haftgrund Fluchtgefahr liegt somit nicht vor.

Es könnte aber der Haftgrund der Verdunkelungsgefahr nach § 112 II Nr. 3 StPO vorliegen. Während die Haftgründe der Flucht und der Fluchtgefahr die Anwesenheit des Beschuldigten im Strafverfahren sicherstellen sollen, hat der Haftgrund der Verdunkelungsgefahr (Kollusionsgefahr) die Funktion, zu verhindern, dass der Beschuldigte durch unlauteres Einwirken auf sachliche und persönliche Beweismittel die Feststellung des strafrechtlich relevanten Sachverhalts beeinträchtigt. Es soll mithin verhindert werden, dass der Beschuldigte eine Handlung vornimmt, die auf eine Beweisvereitelung abzielt, und dadurch die Wahrheitsermittlung erschwert wird.

Der dringende Verdacht der Verdunkelungsgefahr muss sich aus Tatsachen herleiten lassen und bedarf ebenfalls einer Gesamtwürdigung der Situation. Die Verdunkelungshandlung kann sich auf sachliche Beweise oder auf Beweispersonen beziehen, vgl. § 112 II Nr. 3a und b StPO.

V hat gedroht, E und L umbringen zu lassen. E und L sind Zeugen in einem etwaigen Strafverfahren gegen V. Demnach könnte der Haftgrund der Verdunkelungsgefahr nach § 112 II Nr. 3b StPO greifen.

Anmerkung

Ausreichend ist auch, wenn der Beschuldigte nur damit rechnet, dass die Person, auf die er einwirkt, später eine Funktion im Verfahren haben werde.

Als weitere Voraussetzung muss durch die Verdunkelungshandlung die Sachaufklärung konkret gefährdet sein. Dies dürfte vorliegend gerade nicht der Fall sein, denn V hat ein umfassendes Geständnis bei der Polizei und anschließend beim Ermittlungsrichter abgelegt. Die sich zeitlich erst anschließende vorläufige Festnahme kann sich somit nicht mehr auf den Haftgrund der Verdunkelungsgefahr stützen. Es liegt somit auch kein Haftgrund nach § 112 II Nr. 3b StPO vor.

Fraglich ist, ob ein Haftgrund nach § 112a StPO besteht. § 112a I S. 1 Nr. 1 und Nr. 2 StPO kommen von vornherein nicht in Betracht, da V keiner der dort genannten Straftaten dringend verdächtig ist.

Es liegen somit insgesamt keine Haftgründe vor. Eine vorläufige Festnahme nach § 127 II iVm. §§ 112 ff. StPO war folglich rechtswidrig.

III. Ergebnis

Die vorläufige Festnahme des V war rechtswidrig.

Anmerkung

Je nach Auffassung (dazu bereits oben) kann nunmehr § 127 I StPO geprüft werden. Das Jedermann-Festnahmerecht scheitert aber bereits daran, dass V weder auf frischer Tat betroffen noch verfolgt worden ist.

Anmerkung

Eine so ausführliche Darstellung der Haftgründe ist in einer Klausur nicht zwingend vorzunehmen. Dies dient vorliegend lediglich der Veranschaulichung. Es sind nur solche Gründe zu prüfen, die naheliegen. Vorliegend wäre dies in jedem Fall der Haftgrund der Verdunkelungsgefahr.

Fall 9: Blutentnahme bei einer Trunkenheitsfahrt gemäß § 81a I S. 2 StPO

Sachverhalt

Die Kolleginnen Anja Flohr (A) und Yvonne Dietrich (Y) stoßen auf ein erfolgreich beendetes Projekt an. Die Stimmung ist heiter und ausgelassen, sodass sie beschließen, den weiteren Abend in einer Bar zu verbringen. Gegen 02:30 Uhr steigt Y erheblich alkoholisiert in ihren Pkw und tritt den Weg nach Hause an. Es kommt, wie es kommen muss, und das Fahrzeug wird im Rahmen einer Verkehrskontrolle angehalten. Die Polizeibeamtin und der Polizeibeamte nehmen deutlichen Alkoholgeruch wahr. Sie äußern den Verdacht einer Trunkenheitsfahrt und fordern Y zu einem Atemalkoholtest auf. Y, die gute Rechtskenntnisse hat, verweigert den Test. Die Beamtin und der Beamte verbringen die Y daraufhin in das nächstgelegene Krankenhaus. Dort wird ihr von einer Krankenpflegerin Blut abgenommen. Das medizinische Gutachten ergibt einen Wert von 1,15 Promille. Ein Richter wird zu keiner Zeit versucht zu kontaktieren.

War die Blutentnahme rechtmäßig?

Lösung

Die Blutentnahme könnte gemäß § 81a I S. 2 StPO rechtmäßig gewesen sein.

I. Vorüberlegungen

Durch die Blutentnahme könnte ein Grundrechtseingriff vorliegen. Jede staatliche Maßnahme mit Eingriffscharakter verlangt nach dem Rechtsstaatsprinzip eine gesetzliche Legitimierung.

1. Grundrechtseingriff

Es könnte ein Eingriff in die körperliche Unversehrtheit nach Art. 2 II S. 1 GG vorliegen. Der Schutzbereich umfasst die biologisch-physiologische Gesundheit. Demnach kann die Betroffene grundsätzlich selbst entscheiden, ob ihr Blut abgenommen wird. Ein Eingriff in die körperliche Unversehrtheit liegt somit vor.

Durch das Verbringen zum Krankenhaus könnte ferner ein Eingriff in die Freiheit der Person Art. 2 II S. 2 iVm. Art. 104 II GG vorliegen. Die Freiheit der Person schützt das Recht, jeden tatsächlich und rechtlich zugänglichen Ort aufzusuchen, dort zu verweilen und den Ort auch wieder zu verlassen.

Y wurde zumindest vorübergehend daran gehindert, frei zu entscheiden, welchen Ort sie aufsuchen möchte, somit liegt zudem ein Eingriff in die Freiheit der Person vor.

2. Präventive oder repressive Maßnahme
Die Maßnahme ist repressiv, denn es soll dem Verdacht einer Trunkenheitsfahrt nach § 316 StGB nachgegangen werden.

3. Einschlägige Ermächtigungsgrundlage
Die Ermächtigungsgrundlage für die Blutentnahme ergibt sich aus § 81a I S. 2 StPO.

II. Anordnungsvoraussetzungen

Es müssten die Anordnungsvoraussetzungen von § 81a I StPO vorliegen.

1. Anfangsverdacht
Es müsste zunächst ein Anfangsverdacht bestehen. Ein Anfangsverdacht ist nach der Legaldefinition des § 152 II StPO gegeben, wenn zureichende tatsächliche Anhaltspunkte für eine verfolgbare Straftat vorliegen.

Die Beamten nehmen bei einer Verkehrskontrolle erheblichen Alkoholgeruch bei Y wahr. Es besteht somit der Verdacht einer Trunkenheitsfahrt nach § 316 StGB. Ein Anfangsverdacht liegt somit vor.

2. Beschuldigte Person
Y müsste Beschuldigte sein. Beschuldigte ist die Tatverdächtige, gegen die polizeiliche und staatsanwaltschaftliche Ermittlungen wegen des Verdachts einer strafbaren Handlung geführt werden. Mit der Anordnung der Blutentnahme durch die Polizei wird Y zur Beschuldigten.

3. Zulässige Maßnahmen
Zulässig sind körperliche Untersuchungen gemäß § 81a I S. 1 StPO, die der Feststellung der inneren und äußeren Beschaffenheit des menschlichen Körpers dienen. Erlaubt sind nach § 81a I S. 2 StPO auch körperliche Eingriffe. Die Blutentnahme stellt einen körperlichen Eingriff in diesem Sinne dar. Die Vornahme körperlicher Eingriffe hat von einem approbierten Arzt oder einer approbierten Ärztin der Humanmedizin nach den Regeln der ärztlichen Kunst zu erfolgen. Für die Vornahme einer Blutentnahme ist die Einwilligung der betroffenen Person nicht erforderlich. „Körperliche Eingriffe jeglicher Art" im Sinne des § 81a I S. 2 StPO sind weiter einschränkend als die Blutentnahme und deshalb ohne Einwilligung des Betroffenen nur zulässig, wenn gesundheitliche Nachteile nicht zu befürchten sind.

Y wurde das Blut von einer Krankenpflegerin entnommen. Folglich liegt keine zulässige Maßnahme vor.

III. Ergebnis

Die Blutentnahme bei Y war nach § 81a I S. 2 StPO rechtswidrig.

Anmerkung

Unterstellt, die Blutentnahme wäre durch einen approbierten Arzt oder eine approbierte Ärztin erfolgt, wäre die Maßnahme trotz fehlender richterlicher Anordnung rechtmäßig. Nach § 81a II S. 2 StPO wird von dem Erfordernis der richterlichen Anordnung bei dem Verdacht von Verkehrsstraftaten abgesehen.

Anmerkung

Das Verbringen zum Krankenhaus ist im Übrigen von § 81a StPO gedeckt und stellt keine eigenständige Maßnahme im Sinne der vorläufigen Festnahme nach § 127 iVm. §§ 112 ff. StPO dar.

Fall 10: Körperliche Untersuchung gemäß § 81a I S. 1 StPO

Sachverhalt

Die 14-jährige Karoline Klebus (K) schildert unter Tränen bei der Polizei, sie sei heute gegen 15:20 Uhr auf dem Weg zum Reiterhof „Hauser" gewesen, als sie plötzlich ein unbekannter Mann am Arm ins Gebüsch gezogen habe. Er habe versucht, sexuelle Handlungen an ihr vorzunehmen. Sie habe furchtbar geschrien und versucht, sich zu wehren. Außerdem habe sie den Unbekannten dabei erheblich im Gesicht und am Rücken gekratzt. Wie durch ein Wunder habe er dann von ihr abgelassen und sei verschwunden. Nach einer ausführlichen Täterbeschreibung und anschließender Lichtbildvorlage verdichten sich die Ermittlungen gegen den polizeibekannten Marco Meyer (M) der schließlich vorläufig festgenommen wird. Nach richterlicher Anordnung muss M gegen seinen Willen seine Oberbekleidung ausziehen. Es werden zahlreiche Kratzspuren gefunden, die fotografisch festgehalten werden. Durch einen Arzt wird Gewebematerial von der Wunde entnommen.

War die körperliche Untersuchung des M rechtmäßig?

Lösung

Die polizeiliche Maßnahme in Form der körperlichen Untersuchung könnte nach § 81a I S. 1 StPO rechtmäßig gewesen sein.

I. Vorüberlegungen

Durch die körperliche Untersuchung könnte ein Grundrechtseingriff vorliegen. Jede staatliche Maßnahme mit Eingriffscharakter verlangt nach dem Rechtsstaatsprinzip eine gesetzliche Legitimierung.

1. Grundrechtseingriff
Es könnte ein Eingriff in die körperliche Unversehrtheit nach Art. 2 II S. 1 GG vorliegen. Der Schutzbereich umfasst die biologisch-physiologische Gesundheit. Demnach kann der Betroffene grundsätzlich auch selbst entscheiden, ob ihm Gewebe entnommen wird. Ein Eingriff in die körperliche Unversehrtheit liegt somit vor.

Das Ausziehen der Oberbekleidung, das Absuchen nach Spuren und die fotografische Sicherung könnten einen Eingriff in das allgemeine Persönlichkeitsrecht darstellen. Das allgemeine Persönlichkeitsrecht ist ein unbenanntes Freiheitsrecht und wird aus der Menschenwürde, Art. 1 I GG, und der allgemeinen Handlungsfreiheit, Art. 2 I GG, abgeleitet. Geschützt ist das Recht auf Selbstdarstellung und Selbstentfaltung. Nach der Sphärentheorie wird konkret die Intim-, Privat- und Sozialsphäre geschützt. Demnach obliegt es jedem selbst zu entscheiden, vor wem man sich in welcher Form offenbaren möchte. Ein Eingriff in das allgemeine Persönlichkeitsrecht ist gegeben.

Während der Dauer der körperlichen Untersuchung könnte zudem ein Eingriff in die Freiheit der Person nach Art. 2 II S. 2 iVm. Art. 104 II GG vorliegen. Die Freiheit der Person schützt das Recht, jeden tatsächlich und rechtlich zugänglichen Ort aufzusuchen, dort zu verweilen und den Ort auch wieder zu verlassen. Während der Untersuchung ist M daran gehindert, einen anderen Ort aufzusuchen oder ihn auch wieder zu verlassen. Ein Eingriff in das Grundrecht der Freiheit der Person liegt somit ebenfalls vor.

2. Präventive oder repressive Maßnahme

Die Maßnahmen dienen der Aufklärung eines Sexualdeliktes nach § 177 StGB beziehungsweise § 182 StGB Die Polizei wird zur Strafverfolgung mithin repressiv tätig.

3. Einschlägige Ermächtigungsgrundlage

Die Maßnahme könnte auf § 81a I S. 1 StPO gestützt werden.

Anmerkung

Auf der Grundlage von § 81c StPO dürfen andere Personen als Beschuldigte ohne ihre Einwilligung nur untersucht werden, soweit zur Erforschung der Wahrheit festgestellt werden muss, ob sich an ihrem Körper eine bestimmte Spur oder Folge einer Straftat befindet.

II. Anordnungsvoraussetzungen

Es müssten die Anordnungsvoraussetzungen von § 81a StPO vorliegen.

1. Anfangsverdacht

Es müsste zunächst ein Anfangsverdacht bestehen. Ein Anfangsverdacht ist nach der Legaldefinition des § 152 II StPO gegeben, wenn zureichende tatsächliche Anhaltspunkte für eine verfolgbare Straftat vorliegen.

Bei der von K zur Anzeige gebrachten Tat könnte es sich um ein Sexualdelikt nach § 177 StGB handeln. Zureichende tatsächliche Anhaltspunkte sind durch die Angaben der K gegeben.

2. Beschuldigte Person

M müsste Beschuldigter sein. Beschuldigter ist der Tatverdächtige, gegen den polizeiliche und staatsanwaltschaftliche Ermittlungen wegen des Verdachts einer strafbaren Handlung geführt werden. Spätestens mit der richterlichen Anordnung der körperlichen Untersuchung ist M als Beschuldigter zu führen.

3. Zulässige Maßnahmen
Zulässig sind körperliche Untersuchungen gemäß § 81a I S. 1 StPO, die der Feststellung der inneren und äußeren Beschaffenheit des menschlichen Körpers dienen. Körperliche Untersuchung ist die Feststellung der körperlichen Beschaffenheit sowie der Körperoberfläche und gegebenenfalls von Fremdkörpern in den natürlichen Körperöffnungen durch Inaugenscheinnahme. Erlaubt sind nach § 81a I S. 2 StPO auch körperliche Eingriffe. Körperliche Eingriffe liegen insbesondere vor, wenn dem Körper natürliche Bestandteile wie zum Beispiel Blut oder Gewebe entnommen werden.

Die Inaugenscheinnahme des Oberkörpers ist demnach von § 81a I S. 1 StPO gedeckt. Die Entnahme des Gewebematerials erfolgte von einem approbierten Arzt und lässt gesundheitliche Nachteile nicht befürchten. Die Maßnahme ist folglich auf § 81a I S. 2 StPO zu stützen.

4. Untersuchungszweck
Mit der Untersuchung sollen Tatsachen festgestellt werden, die für das Verfahren von Bedeutung sind, mithin ob M tatsächlich Abwehrspuren durch K erlitten hat. Dies kann entweder den Verdacht gegen M erhärten oder aber, in dem Fall, dass die Spuren nicht mit einem möglichen Tathergang im Einklang stehen, M erheblich entlasten.

III. Anordnungsbefugnis

Die Anordnungsbefugnis liegt nach § 81a II S. 1 StPO beim Richter. Eine richterliche Anordnung wurde eingeholt.

IV. Verfahrens- und Formvorschriften

1. Entnommene Körperzellen dürfen nicht für andere Zwecke als das anhängige Verfahren verwendet werden. Das Material ist gemäß § 81a III StPO unverzüglich zu vernichten, sobald es für das Strafverfahren nicht mehr benötigt wird.
2. Nach § 81d StPO gilt für alle körperlichen Untersuchungen, die das Schamgefühl der zu untersuchenden Person verletzen können, dass sie einer Person gleichen Geschlechts oder einem Arzt oder einer Ärztin zu übertragen sind. Es gibt keine Anhaltspunkte, dass das Schamgefühl durch die Maßnahmen beeinträchtigt wurde.
3. Die Maßnahme ist dem Beschuldigten bekannt zu geben.

V. Verhältnismäßigkeit

Die körperliche Untersuchung müsste auch verhältnismäßig sein. Der Grundsatz der Verhältnismäßigkeit verlangt, dass eine Maßnahme unter Würdigung aller persönlichen und tatsächlichen Umstände des Einzelfalles zur Erreichung des angestrebten Zwecks geeignet, erforderlich und angemessen ist.

1. Geeignetheit

Eine Maßnahme ist geeignet, wenn der verfolgte Zweck mit der Maßnahme erreicht oder gefördert werden kann.

Die körperliche Untersuchung verfolgte den Zweck, den M der Sexualstraftat an K zu überführen. Dieser Zweck wurde durch die körperliche Untersuchung erreicht und gefördert.

2. Erforderlichkeit

Die Maßnahme müsste aber auch erforderlich sein. Dies ist dann der Fall, wenn es keine mildere, gleich geeignete Maßnahme gibt.

Die körperliche Untersuchung war erforderlich, denn es gibt keine mildere, gleich geeignete Maßnahme, um die Spuren abzugleichen, die nähere Hinweise auf eine Täterschaft des M geben können. Insbesondere gibt es keine Zeugen, die hätten befragt werden können. Die Maßnahme war somit erforderlich.

3. Angemessenheit

Die Maßnahme müsste aber auch angemessen gewesen sein. Der beabsichtigte Zweck darf nicht außer Verhältnis zum Grundrechtseingriff stehen. Die körperliche Untersuchung greift in die Grundrechte der körperlichen Unversehrtheit nach Art. 2 II S. 1 GG, das allgemeine Persönlichkeitsrecht nach Art. 2 I iVm. Art 1 I GG und in die Freiheit der Person nach Art. 2 II S. 2 iVm. Art. 104 II GG ein. Demgegenüber steht die Aufklärung einer erheblichen Straftat. Eine Sexualstraftat belastet die Betroffenen oft in erheblicher Weise für eine sehr lange Zeit. An der Aufklärung solcher Taten besteht in der Regel auch großes öffentliches Interesse. Das Sicherheitsgefühl in der Bevölkerung muss wiederhergestellt werden. Diesem Bedürfnis wird meist durch die Aufklärung der Tat entsprochen. Die Abwägung der sich widerstreitenden Interessen ergibt kein Missverhältnis zugunsten der Strafverfolgungsbehörden. Die körperliche Untersuchung war somit angemessen.

VI. Ergebnis

Die körperliche Untersuchung des M war nach § 81a I S. 1 StPO folglich rechtmäßig.

Fall 11: Erkennungsdienstliche Maßnahme zum Zweck der Strafverfolgung gemäß § 81b Alt. 1 StPO

Sachverhalt

Manfred Mauser (M) führt seit einiger Zeit das Familienunternehmen seines verstorbenen Vaters weiter. Als Bauunternehmer erhält er immer wieder Großaufträge, die erhebliche Gewinne abwerfen. Unbemerkt gerät M in das Visier einer kriminellen Bande. Handschriftlich erhält M einen vielversprechenden Auftrag, dessen Einzelheiten aber bei einem persönlichen Gespräch erklärt werden sollen. Als Treffpunkt ist eine abgelegene Gaststätte am folgenden Montag gegen 21:00 Uhr angegeben. M kommen zwar die Uhrzeit und der Treffpunkt zunächst merkwürdig vor, er denkt sich aber nichts weiter dabei. Da M sich das lukrative Geschäft nicht entgehen lassen möchte, begibt er sich zu dem vereinbarten Treffpunkt. Zu seiner Verwunderung hat die Gaststätte montags geschlossen. Plötzlich taucht ein Fahrzeug auf. Ein Mann steigt aus und erschießt den ahnungslosen M. Die Ermittler kommen schließlich auf den polizeibekannten Ludwig Lust (L). Es wird ein förmliches Strafverfahren eingeleitet. Um L die Tat nachweisen zu können, wird gegen seinen Willen eine Schrift- und Stimmprobe genommen. Zum Abgleich der Spuren auf der Tatwaffe werden Fingerabdrücke gefertigt. Zum Tatmotiv schweigt L.

Waren die polizeilichen Maßnahmen rechtmäßig?

Bearbeitungshinweis:

Von der Einhaltung der Verfahrens- und Formvorschriften ist auszugehen. Sie sind aber fallbezogen zu nennen.

Lösung

Die erkennungsdienstliche Behandlung (ED-Behandlung) des L könnte nach § 81b Alt. 1 StPO rechtmäßig gewesen sein.

I. Vorüberlegungen

Durch die ED-Behandlung könnte ein Grundrechtseingriff vorliegen. Jede staatliche Maßnahme mit Eingriffscharakter verlangt nach dem Rechtsstaatsprinzip eine gesetzliche Legitimierung.

1. Grundrechtseingriff

Durch die ED-Behandlung könnte ein Grundrechtseingriff in das informationelle Selbstbestimmungsrecht als Ausgestaltung des allgemeinen Persönlichkeitsrechts im Sinne von Art. 2 I iVm. Art. 1 I GG vorliegen. Der Schutzbereich umfasst die Befugnis jedes Einzelnen, selbst zu entscheiden, wann und innerhalb welcher Grenzen persönliche Lebenssachverhalte offenbart werden. Darunter fällt auch die Preisgabe personenbezogener Daten und deren weitere Verwendung.

Bei L wurden eine Schrift- und eine Stimmprobe sowie Fingerabdrücke abgenommen. Diese Daten wurden nicht nur erhoben, sondern auch gespeichert. Ein Eingriff in das Recht auf informationelle Selbstbestimmung liegt mithin vor.

Für die Zeit der ED-Behandlung musste L vor Ort bleiben. Damit könnte ein Eingriff in die Bewegungsfreiheit nach Art. 2 II S. 2 iVm. Art. 104 GG vorliegen. Die Freiheit der Person schützt das Recht, jeden tatsächlich und rechtlich zugänglichen Ort aufzusuchen, dort zu verweilen und den Ort auch wieder zu verlassen.

Durch die ED-Behandlung wurde L daran gehindert, einen anderen Ort aufzusuchen oder ihn auch wieder zu verlassen. Ein Eingriff in das Grundrecht der Freiheit der Person liegt somit ebenfalls vor.

2. Präventive oder repressive Maßnahme

Die Beamten ermitteln gegen L wegen des Verdachts, M ermordet zu haben, gemäß §§ 212, 211 StGB. Die ED-Behandlung erfolgt demnach zu repressiven Zwecken.

3. Einschlägige Ermächtigungsgrundlage

Die Ermächtigung für die ED-Behandlung könnte sich aus § 81b Alt. 1 StPO ergeben.

II. Anordnungsvoraussetzungen

Es müssten die Anordnungsvoraussetzungen von § 81b Alt. 1 StPO vorliegen.

1. Anfangsverdacht

Es müsste zunächst ein Anfangsverdacht bestehen. Ein Anfangsverdacht ist nach der Legaldefinition des § 152 II StPO gegeben, wenn zureichende tatsächliche Anhaltspunkte für eine verfolgbare Straftat vorliegen.

An der Tatwaffe wurden Fingerabdrücke gefunden, die wahrscheinlich L zuzuordnen sind. Ein Anfangsverdacht ist gegeben.

2. Beschuldigte Person

L müsste Beschuldigter sein. Beschuldigter ist der Tatverdächtige, gegen den polizeiliche und staatsanwaltschaftliche Ermittlungen wegen des Verdachts einer strafbaren Handlung geführt werden. Gegen L wurde ein Ermittlungsverfahren eingeleitet, demnach ist L Beschuldigter.

3. Zulässige Maßnahmen nach § 81b Alt. 1 StPO
Zum Zweck der Durchführung des Strafverfahrens dürfen Lichtbilder angefertigt, Fingerabdrücke abgenommen, Messungen vorgenommen werden oder ähnliche Maßnahmen erfolgen. Danach sind alle Maßnahmen erlaubt, die – ohne dass es einer körperlichen Untersuchung bedarf – der Feststellung der körperlichen Beschaffenheit dienen. L wurden zum Abgleich mit der Tatwaffe Fingerabdrücke abgenommen. Mithilfe dieser Maßnahme soll die Schuld oder Unschuld von L bewiesen werden und sie dient somit dem anhängigen Strafverfahren. Dies stellt eine zulässige Maßnahme dar.

Fraglich ist, ob die Schrift- und die Stimmprobe von der Maßnahme gedeckt waren. Bei Stimm- oder Schriftproben wird ein aktives Tun vom Beschuldigten verlangt. Gegen seinen Willen sind solche Maßnahmen nicht erlaubt. Es gilt der Grundsatz des Schweigerechts und des Rechts, sich nicht selbst belasten zu müssen. Folglich war nur die Abnahme der Fingerabdrücke von der Maßnahme gedeckt.

4. Notwendigkeit der Identifizierungsmaßnahme
Die Notwendigkeit der Abnahme der Fingerabdrücke ergibt sich zum Zweck des Strafverfahrens aus der Sachverhaltsaufklärungspflicht nach § 244 II StPO.

III. Anordnungsbefugnis

§ 81b StPO enthält keine Regelung zur Befugnis der Anordnung. Demnach durfte die Maßnahme durch die Polizeibeamten angeordnet werden, vgl. §§ 161 I S. 1, 163 I S. 1 StPO.

IV. Verfahrens- und Formvorschriften

1. L wurde der Grund für das Einschreiten der Beamten mitgeteilt.
2. Nach § 81d StPO gilt für alle Untersuchungen, die das Schamgefühl der zu untersuchenden Person verletzen können, dass sie einer Person gleichen Geschlechts oder einer Ärztin bzw. einem Arzt zu übertragen sind. Durch die Abnahme der Fingerabdrücke wird das Schamgefühl einer Person nicht verletzt. Vor diesem Hintergrund ist die Vorschrift des § 81d StPO hier unbeachtlich.
3. Gewonnene Unterlagen werden gemäß § 81b Alt. 1 StPO zur Strafakte genommen.

V. Verhältnismäßigkeit

Die ED-Behandlung müsste auch verhältnismäßig sein. Der Grundsatz der Verhältnismäßigkeit verlangt, dass eine Maßnahme unter Würdigung aller persönlichen und tatsächlichen Umstände des Einzelfalles zur Erreichung des angestrebten Zwecks geeignet, erforderlich und angemessen ist.

1. Geeignetheit

Eine Maßnahme ist geeignet, wenn der verfolgte Zweck mit der Maßnahme erreicht oder gefördert werden kann. Der Abgleich der Fingerabdrücke verfolgt den Zweck, den L des Mordes an M zu überführen. Dieser Zweck wird durch die Maßnahme gefördert.

2. Erforderlichkeit

Die Maßnahme müsste aber auch erforderlich sein. Dies ist dann der Fall, wenn es keine mildere, gleich geeignete Maßnahme gibt. Der Abgleich der Fingerabdrücke ist erforderlich, denn es gibt keine mildere, gleich geeignete Maßnahme, um L der Tat zu überführen. Insbesondere gibt es keine Zeugen, die befragt werden könnten.

3. Angemessenheit

Die Maßnahme müsste aber auch angemessen gewesen sein. Der beabsichtigte Zweck darf nicht außer Verhältnis zum Grundrechtseingriff stehen. Die ED-Maßnahme greift in das Recht auf informationelle Selbstbestimmung nach Art. 2 I iVm. Art 1 I GG und in die Freiheit der Person nach Art. 2 II S. 2 iVm. Art. 104 II GG ein. Demgegenüber steht die Aufklärung eines Kapitaldeliktes. Ein Mord belastet in der Regel die Hinterbliebenen in erheblicher Weise für eine sehr lange Zeit. An der Aufklärung solcher Taten besteht großes öffentliches Interesse.

Die Abwägung der sich widerstreitenden Interessen ergibt vorliegend kein Missverhältnis zugunsten der Strafverfolgungsbehörden. Die ED-Behandlung war als Maßnahme somit angemessen.

VI. Ergebnis

Die ED-Maßnahme war nur hinsichtlich der Abnahme der Fingerabdrücke rechtmäßig Da L mit der Schrift- und der Stimmprobe nicht einverstanden war, waren diese Maßnahmen nicht von § 81b StPO gedeckt und somit rechtswidrig.

Fall 12: Erkennungsdienstliche Maßnahme zum Zweck der Strafverfolgungsvorsorge gemäß § 81b Alt. 2 StPO

Sachverhalt

Im Stadtpark wurde eine junge Frau vergewaltigt. Im Rahmen der Ermittlungen stoßen die Beamten auf den polizeibekannten Sexualstraftäter Detlev Dietrich (D), der vor einem halben Jahr aus der Justizvollzugsanstalt entlassen wurde. Bei der vorläufigen Festnahme stellen die Beamten fest, dass D nunmehr am Oberarm eine Tätowierung in Form eines gebrochenen Herzens hat, Brillenträger ist und die Haare bis über die Schultern trägt. Von D werden deshalb neue Lichtbilder angefertigt, um zukünftige Straftaten leichter erforschen und aufklären zu können.

War das Vorgehen rechtmäßig?

Bearbeitungshinweis:

- *Von einer Verhältnismäßigkeitsprüfung ist abzusehen.*
- *Von der Einhaltung der Verfahrens- und Formvorschriften ist auszugehen. Sie sind aber fallbezogen zu nennen.*

Lösung

Die erkennungsdienstliche Behandlung (ED-Behandlung) des D könnte nach § 81b Alt. 2 StPO rechtmäßig gewesen sein.

I. Vorüberlegungen

Durch die ED-Behandlung könnte ein Grundrechtseingriff vorliegen. Jede staatliche Maßnahme mit Eingriffscharakter verlangt nach dem Rechtsstaatsprinzip eine gesetzliche Legitimierung.

1. Grundrechtseingriff
Durch die ED-Behandlung könnte ein Grundrechtseingriff in das Recht am eigenen Bild als Ausgestaltung des allgemeinen Persönlichkeitsrechts im Sinne von Art. 2 I iVm. Art. 1 I GG vorliegen. Der Schutzbereich umfasst die Befugnis jedes Einzelnen, selbst zu entscheiden, wann und innerhalb welcher Grenzen er abgelichtet werden möchte. Von D werden neue Lichtbilder angefertigt, sodass ein Eingriff in das Recht am eigenen Bild vorliegt.

Für die Zeit der ED-Behandlung muss D vor Ort verbleiben. Damit könnte ein Eingriff in die Bewegungsfreiheit nach Art. 2 II S. 2 iVm. Art. 104 GG vorliegen. Die Freiheit der Person schützt das Recht, jeden tatsächlich und rechtlich zugänglichen Ort aufzusuchen, dort zu verweilen und den Ort auch wieder zu verlassen. Durch die ED-Behandlung ist D daran gehindert, einen anderen Ort aufzusuchen oder ihn auch wieder zu verlassen. Ein Eingriff in das Grundrecht der Freiheit der Person liegt somit ebenfalls vor.

2. Präventive oder repressive Maßnahme
Die Anfertigung der Lichtbilder erfolgte nicht zum Zweck der Durchführung des Strafverfahrens, sondern aus rein erkennungsdienstlichen Zwecken. Es geht um die vorsorgliche Bereitstellung sachlicher Hilfsmittel für die Erforschung und Aufklärung künftiger Straftaten.

3. Einschlägige Ermächtigungsgrundlage
Die richtige Ermächtigungsgrundlage ist demnach § 81b Alt. 2 StPO.

Anmerkung

Abgrenzung der unterschiedlichen Ermächtigungsgrundlagen zur ED-Behandlung und Reichweite der vom Gesetzgeber festgelegten zulässigen Maßnahmen:

§ 81b Alt. 2 StPO	Zulässig sind insbesondere: • Fingerabdrücke • Lichtbilder • Ähnliche Maßnahmen (Videoaufzeichnung, Stimmaufnahmen, Messungen)
§ 19 II Nr. 2 HSOG	Zulässig sind abschließend: • Fingerabdrücke • Abdrücke anderer Körperpartien • Lichtbilder • Messungen und Feststellungen äußerer körperlicher Merkmale
§ 163b StPO	Merkmale: • Es muss der Verdacht einer Straftat vorliegen. • Verdächtiger (anders bei § 81b StPO) • Nur zum Zweck der Identitätsfeststellung • Auch gegen nicht verdächtige Personen möglich

II. Anordnungsvoraussetzungen

Die Voraussetzungen von § 81b Alt. 2 StPO müssten vorliegen.

1. Anfangsverdacht

Es müsste ein Anfangsverdacht bestehen. Ein Anfangsverdacht ist nach der Legaldefinition des § 152 II StPO gegeben, wenn zureichende tatsächliche Anhaltspunkte für eine verfolgbare Straftat vorliegen. Aus dem Sachverhalt geht hervor, dass ein Tatverdacht gegen D wegen einer Vergewaltigung nach § 177 I, V, VI StGB besteht.

2. Beschuldigte Person

Anders als bei dem Beschuldigtenbegriff im Übrigen wird bei § 81b Alt. 2 StPO nur verlangt, dass die Anordnung der Maßnahme nicht an beliebige Tatsachen anknüpfen oder zu einem beliebigen Zeitpunkt ergehen darf. Die Maßnahme muss durch ein geführtes Strafverfahren veranlasst sein und das Ergebnis dieses Verfahrens die gesetzlich geforderte Notwendigkeit der erkennungsdienstlichen Behandlung begründen.

Diese Anforderungen sind erfüllt, denn gegen D wird ein Strafverfahren nach § 177 I, V, VI StGB geführt, sodass auch die Anforderungen an den Beschuldigtenbegriff nach § 81b Alt. 2 StPO erfüllt sind.

3. Zulässige Maßnahmen zum Zweck des Erkennungsdienstes

Zum Zweck des Erkennungsdienstes dürfen Lichtbilder angefertigt, Fingerabdrücke abgenommen und Messungen vorgenommen werden sowie ähnliche Maßnahmen erfolgen. Danach sind alle Maßnahmen erlaubt, die – ohne dass es einer körperlichen Untersuchung bedarf – der Feststellung der körperlichen Beschaffenheit dienen.

Von D wurden Lichtbilder gefertigt, die insbesondere die Veränderungen des Erscheinungsbildes des D dokumentieren sollen. Es handelt sich dabei um eine zulässige Maßnahme nach § 81b Alt. 2 StPO.

4. Notwendigkeit der Identifizierung

Schließlich müsste die Anfertigung der Bilder auch notwendig gewesen sein. Für die Notwendigkeit ist eine erhöhte Wahrscheinlichkeit für eine künftige Straffälligkeit maßgeblich.

D ist bereits wegen einschlägiger Delikte vorbestraft. Er ist gerade erst vor einem halben Jahr aus der Justizvollzugsanstalt entlassen worden und es liegen Hinweise darauf vor, dass er mit der Tat an der jungen Frau im Zusammenhang steht. Es liegen demnach Anhaltspunkte dafür vor, dass der Beschuldigte in ähnlicher Weise auch zukünftig straffällig werden könnte. Die neue Ablichtung des D erscheint deshalb geeignet, um zukünftige Ermittlungen gegen D zu fördern oder zu erleichtern. Die Identifizierung ist demnach notwendig.

III. Anordnungsbefugnis

§ 81b StPO enthält keine ausdrückliche Regelung zur Anordnungsbefugnis. Demnach durfte die Maßnahme durch die Polizeibeamten angeordnet werden.

IV. Verfahrens- und Formvorschriften

1. D ist der Grund für das Einschreiten der Beamten mitzuteilen.
2. Nach § 81d StPO gilt für alle Untersuchungen, die das Schamgefühl der zu untersuchenden Person verletzen können, dass sie einer Person gleichen Geschlechts oder einer Ärztin oder einem Arzt zu übertragen sind. Durch das Anfertigen der Lichtbilder dürfte das Schamgefühl vorliegend aber nicht tangiert sein. Demnach kann § 81d StPO vorliegend außer Betracht bleiben.
3. Gewonnene Unterlagen werden zur Strafverfolgungsvorsorge digitalisiert und in den polizeilichen Systemen gespeichert, §§ 484, 486 StPO.

V. Verhältnismäßigkeit

Von der Verhältnismäßigkeitsprüfung war abzusehen.

VI. Ergebnis

Das Anfertigen der Lichtbilder war gemäß § 81b Alt. 2 StPO rechtmäßig.

Fall 13: Vertiefungsfall zu § 81b StPO

Sachverhalt

Fritz Ferchner (F) steht im Verdacht, kinderpornografisches Material auf seinem Smartphone gespeichert zu haben. Bei seiner polizeilichen Vernehmung fordern ihn deshalb die Beamten auf, sein Smartphone zu entsperren und es auszuhändigen. F denkt gar nicht daran und weigert sich. Unter körperlichem Zwang bringen die Vernehmungsbeamten F dazu, sein Smartphone zu entschlüsseln.

Ist die Maßnahme von § 81b StPO gedeckt?

Lösung

Die fortschreitende Digitalisierung stellt die Strafverfolgungsbehörden immer wieder vor große Herausforderungen. Insbesondere die immer komplexer werdenden Verschlüsselungssysteme erschweren die Ermittlungsarbeit. Grundsätzlich stehen zwei Möglichkeiten zur Verfügung, um an verschlüsselte Daten zu gelangen: Die Strafverfolgungsbehörden können mittels zeit- und kostenintensiver technischer Möglichkeiten die Geräte entschlüsseln oder sie sind auf die freiwillige Mitwirkung des oder der Betroffenen angewiesen.

In Fällen wie dem dargelegten ist eine schnelle und effektive Erforschung des Sachverhaltes wünschenswert. Auf ein Mitwirken des Betroffenen kann in den wenigsten Fällen gehofft werden. Eine Möglichkeit ist, die zwanghafte Entschlüsselung auf die Rechtsgrundlage des § 81b StPO zu stützen. Nach § 81b StPO dürfen auch gegen dessen Willen dem Betroffenen Fingerabdrücke zum Zweck der Durchführung des Strafverfahrens oder des Erkennungsdienstes abgenommen werden. Die Norm ist dabei nicht auf die Abnahme von Fingerabdrücken beschränkt, sondern erlaubt darüber hinaus auch ausdrücklich die Aufnahme von Lichtbildern, die Vornahme von Messungen sowie ähnliche Maßnahmen. Die Vorschrift ist folglich offen gestaltet. Möglich ist auch die Anwendung unmittelbaren Zwangs zum Anfertigen von Lichtbildern oder sonstigen Begleitmaßnahmen, die für die Durchsetzung der erkennungsdienstlichen Maßnahme notwendig sind. Dieser Grundgedanke könnte auf die zwangsweise Entsperrung von Smartphones übertragen werden.

Dagegen kann allerdings angeführt werden, dass der Gesetzgeber bei der Maßnahme die Identifizierung der Person im Sinn hatte. Bereits nach derzeitiger Gesetzeslage dürfen aber *erforderliche Maßnahmen* getroffen werden, die der Durchführung des Strafverfahrens dienen. Der offene Wortlaut der

Norm dürfte deshalb nach hiesiger Ansicht eine zwanghafte Entsperrung decken. Gleichwohl darf nicht übersehen werden, dass das Auslesen der gespeicherten Daten auf eine weitere Ermächtigungsgrundlage gestützt werden muss. In Betracht kommen dazu vor allem §§ 94, 102, 110 StPO.

Fall 14: Telekommunikationsüberwachung gemäß § 100a StPO

Sachverhalt

Justus Joseph (J) finanziert sich seinen Lebensunterhalt mit dem Verkauf von Betäubungsmitteln. Er geht dabei immer sehr geschickt und mit äußerster Vorsicht vor, damit er der Polizei nicht ins „Netz" geht. J hat bereits einen großen Kundenstamm und versorgt diesen fast täglich mit unterschiedlichen berauschenden Mitteln. Im Zuge eines Ermittlungsverfahrens gegen Peter Schmidt (S) ergeben sich erste Hinweise auf J. In der Hoffnung auf eine Strafmilderung nach § 31 I BtMG erzählt S den Ermittlerinnen, welche Form der Legendierung bei Bestellungen über das Handy benutzt werden und wo J das Rauschgift übergibt. Die Beamtinnen beobachten daraufhin den J. Es gelingt ihnen aber nicht, diesen zu überführen. Da die Ermittlungen erheblich ins Stocken geraten sowie zeitliche und personelle Ressourcen bündeln, regen die Ermittlerinnen bei der zuständigen Staatsanwaltschaft einen Beschluss zur Telekommunikationsüberwachung bei J an. Der Beschluss wird vom Gericht erlassen. Die Ermittlerinnen erhalten im Rahmen der Überwachung Kenntnis von einem geplanten Treffen mit Bob Anders (A), bei dem es zur Übergabe von Kokain kommen soll. Tatsächlich gelingt der Zugriff und J kann der Handel mit Betäubungsmitteln nachgewiesen werden.

War die Telekommunikationsüberwachung rechtmäßig?

Bearbeitungshinweis:

- *Die Kommunikation zwischen J und A erfolgte über ein verschlüsseltes System.*
- *Von der Einhaltung der Verfahrens- und Formvorschriften ist auszugehen. Sie sind aber fallbezogen zu nennen.*

Lösung

Die Telekommunikationsüberwachung könnte rechtmäßig gewesen sein.

Anmerkung

Bei der Telekommunikationsüberwachung handelt es sich um eine verdeckte Maßnahme. Der Betroffene weiß also nicht, dass gegen ihn ermittelt wird. Maßnahmen dieser Art stellen einen intensiven Grundrechtseingriff dar und müssen in der Durchführung deshalb in der Regel höhere Voraussetzungen erfüllen als offene Maßnahmen.

I. Vorüberlegungen

Die Telekommunikationsüberwachung könnte in die Grundrechte des J eingegriffen haben. Jede staatliche Maßnahme mit Eingriffscharakter verlangt nach dem Rechtsstaatsprinzip eine gesetzliche Legitimierung.

1. Grundrechtseingriff
Es könnte ein Eingriff in das Fernmeldegeheimnis nach Art. 10 I Var. 3 GG vorliegen. Das Fernmeldegeheimnis gewährleistet Schutz vor staatlichen Eingriffen bei der Übermittlung von Mitteilungen mithilfe des Fernmeldeverkehrs. Geschützt werden neben dem Inhalt auch die Begleitumstände des Fernmeldeverkehrs. In zeitlicher Hinsicht wird über Art. 10 I Var. 3 GG nur der Kommunikationsvorgang als solcher geschützt. Sobald die Informationen auf dem Endgerät sind, endet der Schutzbereich von Art. 10 I Var. 3 GG.

J und A haben über ein verschlüsseltes System kommuniziert, demnach bedarf es zunächst einer Ausleitung der Kommunikation. Der Kommunikationsvorgang als solcher ist dann nicht mehr betroffen, da dieser zu diesem Zeitpunkt bereits abgeschlossen ist. Ein Eingriff in Art. 10 I Var. 3 GG ist demnach nicht gegeben.

In Betracht kommt aber ein Eingriff in das Recht auf informationelle Selbstbestimmung als Ausgestaltung des allgemeinen Persönlichkeitsrechts im Sinne von Art. 2 I iVm. Art. 1 I GG. Der Schutzbereich umfasst die Befugnis jedes Einzelnen, selbst zu entscheiden, wann und innerhalb welcher Grenzen persönliche Lebenssachverhalte offenbart werden. Darunter fällt auch die Preisgabe personenbezogener Daten und deren weitere Verwendung.

Durch das Ausleiten der Kommunikation erhalten die Ermittlerinnen Kenntnis über den persönlichen Lebenssachverhalt des J. Ein Eingriff liegt folglich vor.

2. Präventive oder repressive Maßnahme
Gegen J wird ein Ermittlungsverfahren wegen der möglichen Begehung einer Straftat nach den §§ 29 ff. BtMG geführt. Die Maßnahme hat somit strafrechtlichen Charakter.

3. Einschlägige Ermächtigungsgrundlage
Die Telekommunikationsüberwachung könnte auf § 100a I S. 2 StPO gestützt werden.

Anmerkung

§ 100a I StPO enthält zwei unterschiedliche Rechtsgrundlagen.

§ 100a I S. 1 StPO kommt nur bei der Überwachung unverschlüsselter Kommunikation in Betracht. Der Softwaredienstleister wird verpflichtet, die Kommunikation zur Verfügung zu stellen.

Wesentlich praxisrelevanter ist § 100a I S. 2 StPO, der immer dann zur Anwendung kommt, wenn es um verschlüsselte Kommunikationswege geht. Diese Überwachung wird auch Quellen-TKÜ genannt. Erforderlich ist eine Überwachungssoftware für das Endgerät.

II. Anordnungsvoraussetzungen

Es müssten die Anordnungsvoraussetzungen von § 100a StPO vorliegen.

1. Bestimmte Tatsachen für Katalogtat nach § 100a II StPO

Es müssten bestimmte Tatsachen den Verdacht begründen, dass J als Täter oder Teilnehmer eine der in § 100a II StPO bezeichneten Straftaten begangen, versucht oder vorbereitet hat. Verlangt wird mithin ein qualifizierter Anfangsverdacht, der auf einer gesicherten Tatsachenbasis beruht.

S hat gegenüber den Ermittlerinnen konkrete Angaben zu den Rauschgiftgeschäften des J gemacht. Er konnte den genutzten Treffpunkt und die verwendete Legendierung bei Bestellungen von Rauschmitteln offenbaren. Es liegen somit Tatsachen dafür vor, dass J Straftaten nach § 100a II Nr. 7 StPO begeht.

2. Die Tat muss auch im Einzelfall schwer wiegen.

Nach § 100a I Nr. 2 StPO ist es erforderlich, dass die Anlasstat nicht nur abstrakt, sondern auch im konkreten Einzelfall schwer wiegt. Damit sollen die Fälle ausgeschieden werden, die zwar eine Katalogtat zum Gegenstand haben, aber mangels hinreichender Schwere im konkreten Einzelfall derart eingriffsintensive Maßnahmen nicht zu rechtfertigen vermögen.

Die Ermittlungen legen nahe, dass J in erheblichem Umfang Rauschgiftgeschäfte tätigt, da er einen großen Kundenstamm hat und seinen Lebensunterhalt damit augenscheinlich finanziert. Rauschgift kann eine erhebliche Gefahr für das Rechtsgut „Gesundheit des Einzelnen“ haben. Der Umfang der Geschäfte und die damit große Anzahl der Geschädigten lassen die Tat auch im Einzelfall schwer wiegen.

3. Adressat der Maßnahme

J müsste auch Adressat der Maßnahme sein. Adressat der Maßnahme kann nach § 100a III StPO die Tatverdächtige oder Tatverdächtige selbst, der

Nachrichtenmittler oder der Anschlussüberlasser sein. Vorliegend wurde der Anschluss von J als Tatverdächtigem selbst überwacht.

4. Zweck der Maßnahme

Die Anordnung darf nur getroffen werden, wenn die Erforschung des Sachverhaltes oder die Ermittlung des Aufenthaltsortes des Beschuldigten auf andere Weise wesentlich erschwert oder aussichtslos wären. Die Ermittlerinnen bezwecken mit der Überwachung der Telekommunikation des J, die Verdachtslage des Handeltreibens zu überprüfen, mithin den Sachverhalt zu erforschen.

5. Subsidiaritätsgrundsatz gemäß § 100a I Nr. 3 StPO

Die Erforschung des Sachverhaltes muss auf andere Weise wesentlich erschwert oder aussichtslos sein. Wesentlich erschwert wäre die Sachverhaltserforschung, wenn für andere Maßnahmen oder Mittel zur Zweckerreichung erheblich mehr Zeit aufgewendet werden müsste, oder andere Maßnahmen zwar gleich schnell durchgeführt werden könnten, indes aber zu wesentlich schlechteren Ergebnissen führen würden.

Laut Sachverhalt sind die Ermittlungen seit Längerem ins Stocken geraten und erfordern erhebliche zeitliche sowie personelle Ressourcen, ohne dass diese bisher zum Erfolg geführt haben. Der Subsidiaritätsgrundsatz nach § 100a I Nr. 3 StPO wurde somit beachtet.

6. Kernbereich privater Lebensgestaltung gemäß § 100d StPO

Liegen tatsächliche Anhaltspunkte dafür vor, dass durch eine Maßnahme nach §§ 100a bis 100c allein Erkenntnisse aus dem Kernbereich privater Lebensgestaltung erlangt werden, ist die Maßnahme unzulässig. Zur Entfaltung des Kernbereichs der Persönlichkeit eines Menschen gehört die Möglichkeit, innere Vorgänge wie Empfindungen und Gefühle sowie Überlegungen, Ansichten und Erlebnisse höchstpersönlicher Art zum Ausdruck zu bringen und zwar ohne Angst davor, dass staatliche Stellen dies überwachen.

Tatsächliche Anhaltspunkte, dass der Kernbereich privater Lebensgestaltung durch die Maßnahme betroffen ist, gibt es vorliegend nicht, sodass die Maßnahme nicht bereits deshalb unzulässig ist.

III. Anordnungsbefugnis

Auf Antrag der Staatsanwaltschaft ist gemäß § 100e I S. 1 StPO das Gericht anordnungsbefugt. Das Erfordernis wurde eingehalten.

IV. Verfahrens- und Formvorschriften

1. Nach § 100a IV StPO besteht eine Mitwirkungspflicht der Betreiber von Telekommunikationsdiensten.
2. § 100a V StPO regelt die technischen Erfordernisse bei der sogenannten Quellen-TKÜ gemäß § 100a I S. 2 und 3 StPO.
3. Die Maßnahme ist in dem Umfang des § 100a VI StPO zu protokollieren.
4. Die Maßnahme ist zeitlich auf drei Monate, mit Möglichkeit einer Verlängerung nach § 100e I S. 4 und 5 StPO, zu begrenzen.
5. Nach § 101 I, IV S. 1 Nr. 3, S. 2, V S. 1 StPO besteht, unter den dort genannten Einschränkungen, eine grundsätzliche Benachrichtigungspflicht.
6. Gemäß § 101 III S. 1, VIII S. 1 StPO sind die aus der Maßnahme resultierenden personenbezogenen Daten als solche zu kennzeichnen und – soweit sie nicht mehr erforderlich sind – zu löschen.

V. Verhältnismäßigkeit

Die Telekommunikationsüberwachung müsste auch verhältnismäßig gewesen sein. Der Grundsatz der Verhältnismäßigkeit verlangt, dass eine Maßnahme unter Würdigung aller persönlichen und tatsächlichen Umstände des Einzelfalls zur Erreichung des angestrebten Zwecks geeignet, erforderlich und angemessen ist.

1. Geeignetheit

Eine Maßnahme ist geeignet, wenn der verfolgte Zweck mit der Maßnahme erreicht oder gefördert werden kann. Die Überwachung der Telekommunikation verfolgte den Zweck, den J etwaiger Rauschgiftdelikte zu überführen. Dieser Zweck wurde durch die Maßnahme gefördert und schließlich auch erreicht.

2. Erforderlichkeit

Die Maßnahme müsste zudem erforderlich sein. Dies ist dann der Fall, wenn es keine mildere, gleich geeignete Maßnahme gibt. Andere Maßnahmen hatten nicht zum Erfolg geführt, sodass es für die Ermittlerinnen keine mildere Maßnahme mehr gab, um J zu überführen. Die Telekommunikationsüberwachung war demnach erforderlich.

3. Angemessenheit

Die Maßnahme müsste aber auch angemessen gewesen sein. Der beabsichtigte Zweck darf nicht außer Verhältnis zum Grundrechtseingriff stehen. Die Telekommunikationsüberwachung greift in das Recht auf informationelle Selbstbestimmung nach Art. 2 I iVm. Art 1 I GG ein. Demgegenüber sollen Rauschgiftdelikte aufgeklärt werden.

J steht im Verdacht, in einem erheblichen Umfang an einen großen Kundenstamm Drogen zu verkaufen. Durch den Konsum von Betäubungsmitteln ist das Rechtsgut Gesundheit der Konsumenten in Gefahr. Der Umfang der Geschäfte und die Gefährdung der Konsumenten rechtfertigen den intensiven Grundrechtseingriff. Die Maßnahme war angemessen.

VI. Ergebnis

Die Telekommunikationsüberwachung des J nach § 100a StPO war insgesamt rechtmäßig.

Fall 15: Längerfristige Observation bei einem Tötungsdelikt gemäß § 163f StPO

Sachverhalt

Ein paar Tage nach ihrem achten Geburtstag kommt Julia Jörn (J) nicht wie verabredet um 19:00 Uhr nach Hause. Die Eltern erstatten eine Vermisstenanzeige. Im Rahmen einer groß angelegten Suchmaßnahme kann J im Wald nur noch tot aufgefunden werden. Die Ermittler starten einen Aufruf im Fernsehen und bitten die Bevölkerung um Hinweise zum Mord von J. Ein Zuschauer (Z) erinnert sich, dass er an dem Tattag ein Fahrzeug gesehen habe, das untypisch am Waldrand abgestellt gewesen sei. Er kann den Fahrzeugtyp sowie teilweise das Kennzeichen wiedergeben. Die Ermittlungen konzentrieren sich nach der Abfrage aller in Betracht kommenden Halter auf Herrn Manfred Kornemann (K). K ist wegen Sexualdelikten an Kindern vorbestraft. Z gibt nach einer Gegenüberstellung an, sich sicher zu sein, K am Tatort gesehen zu haben. Die Ermittler suchen vergeblich nach Spuren im Fahrzeuginneren. Befragungen des K und in dessen Umfeld führen zu keinem Ergebnis. Die Ermittler regen bei der Staatsanwaltschaft einen Beschluss zur längerfristigen Observation an, den das Gericht schließlich formgerecht erlässt. Die Maßnahme wurde auf drei Monate begrenzt. Die Beamten erhoffen sich, durch das Bewegungsbild des K weitere Indizien zum Mord von J zu erhalten.

War die Maßnahme nach § 163f StPO rechtmäßig?

Lösung

Die längerfristige Observation des K nach § 163f StPO könnte rechtmäßig gewesen sein.

I. Vorüberlegungen

Die längerfristige Observation nach § 163f StPO könnte in Grundrechte des K eingegriffen haben. Jede staatliche Maßnahme mit Eingriffscharakter verlangt nach dem Rechtsstaatsprinzip eine gesetzliche Legitimierung.

1. Grundrechtseingriff
In Betracht kommt ein Eingriff in das Recht auf informationelle Selbstbestimmung als Ausgestaltung des allgemeinen Persönlichkeitsrechts im Sinne von Art. 2 I iVm. Art. 1 I GG. Der Schutzbereich umfasst die Befugnis jedes Einzelnen, selbst zu entscheiden, wann und innerhalb welcher Grenzen per-

sönliche Lebenssachverhalte offenbart werden. Darunter fällt auch die Preisgabe personenbezogener Daten und deren weitere Verwendung. Durch die Erstellung eines Bewegungsprofils erhalten die Ermittler umfassend Einblicke in die Lebensführung des K. Die Daten werden auch ohne sein Wissen verwendet und gespeichert. Ein Eingriff liegt folglich vor.

2. Präventive oder repressive Maßnahme
Die Maßnahme erfolgt zum Zweck der Aufklärung eines Mordes nach § 211 StGB. Sie hat somit strafrechtlichen Charakter.

3. Einschlägige Ermächtigungsgrundlage
Die Maßnahme könnte auf § 163f StPO gestützt werden.

Anmerkung

Die längerfristige Observation unterscheidet sich von der kurzfristigen dahingehend, dass sie durchgehend länger als 24 Stunden dauert oder als eine zwar unterbrochene, aber an insgesamt mehr als zwei Tagen stattfindende planmäßige Beobachtung des Beschuldigten durchgeführt wird.

Die kurzfristige Observation ist von der Generalklausel gemäß §§ 161 I, 163 I StPO gedeckt.

II. Anordnungsvoraussetzungen

Die Anordnungsvoraussetzungen des § 163f StPO müssten vorliegen.

1. Anfangsverdacht einer Straftat mit erheblicher Bedeutung
Es müsste ein Anfangsverdacht für eine Straftat mit erheblicher Bedeutung vorliegen. Ein Anfangsverdacht ist nach der Legaldefinition des § 152 II StPO gegeben, wenn zureichende tatsächliche Anhaltspunkte für eine verfolgbare Straftat vorliegen.

Z konnte das Auto des K beschreiben und seine Person identifizieren. Er hat das Fahrzeug und K unmittelbar in der Nähe des Tatortes gesehen. Es liegen somit zureichende tatsächliche Anhaltspunkte vor. Es handelt sich auch um eine Straftat mit erheblicher Bedeutung, denn J wurde tot aufgefunden. Mord ist ein Kapitalverbrechen.

2. Beschuldigte Person oder andere Kontaktperson
Adressat der Maßnahme können nach § 161f I S. 1 und S. 3 StPO der Beschuldigte selbst oder eine andere Person sein, wenn aufgrund bestimmter Tatsachen anzunehmen ist, dass der Täter mit ihr in Verbindung steht und die Maßnahme zur Erforschung des Sachverhaltes führen wird.

Adressat der Observation ist K. K ist auch Beschuldigter, da sich gegen ihn die polizeilichen Ermittlungen richten, die aufgrund der Aussagen des Z geführt werden.

3. Zweck der Maßnahme
Eine planmäßige Beobachtung des Beschuldigten darf angeordnet werden, wenn sie durchgehend länger als 24 Stunden oder an mehr als zwei Tagen stattfinden soll. K soll längerfristig observiert werden, da sich bisher keine weiteren Ermittlungsansätze zum Mord von J ergeben haben. Die Observation dient der Erstellung eines Persönlichkeits- und Bewegungsprofils des K. Dadurch erhoffen sich die Ermittler neue Erkenntnisse zum Mordfall.

4. Subsidiaritätsgrundsatz
Nach § 163f I S. 2 StPO darf die Maßnahme nur angeordnet werden, wenn die Erforschung des Sachverhaltes oder die Ermittlung des Aufenthaltsortes des Täters auf andere Weise erheblich weniger erfolgversprechend oder wesentlich erschwert wären. Andere Ermittlungsmaßnahmen haben bisher nicht zur Aufklärung des Falles beigetragen. Der Subsidiaritätsgrundsatz ist folglich gewahrt.

III. Anordnungsbefugnis

Die Anordnung über die Maßnahme treffen nach § 163f III StPO das Gericht und nur bei Gefahr im Verzug die Staatsanwaltschaft und die Ermittlungspersonen der Staatsanwaltschaft. Das Gericht hat vorliegend die Anordnung getroffen.

IV. Verfahrens- und Formvorschriften

1. Die Maßnahme ist nach § 163f III S. 3 iVm. § 100e I S. 4 und 5 StPO auf höchstens drei Monate, mit der Möglichkeit einer Verlängerung um jeweils nicht mehr als drei Monate, zeitlich zu begrenzen. Das Gericht hat die Maßnahme für drei Monate angeordnet. Diese erfolgte auch nach § 163f III S. 3 iVm. § 100e III S. 1 StPO formgerecht.
2. Nach § 101 I, IV S. 1 Nr. 12, S. 2, V S. 1 StPO besteht, unter den dort genannten Einschränkungen, eine grundsätzliche Benachrichtigungspflicht. Eine Benachrichtigung des K hätte den Untersuchungszweck erheblich gefährdet, sodass davon abzusehen war. Er ist aber mit der Beendigung der Maßnahme darüber in Kenntnis zu setzen, damit die Möglichkeit des Rechtsschutzes besteht.
3. Die während der Maßnahme erhobenen personenbezogenen Daten sind als solche zu kennzeichnen und, soweit sie nicht mehr erforderlich sind, zu löschen, § 101 III S. 1, VIII S. 1 StPO.

V. Verhältnismäßigkeit

Die längerfristige Observation müsste auch verhältnismäßig gewesen sein. Der Grundsatz der Verhältnismäßigkeit verlangt, dass eine Maßnahme unter Würdigung aller persönlichen und tatsächlichen Umstände des Einzelfalles zur Erreichung des angestrebten Zwecks geeignet, erforderlich und angemessen ist.

1. Geeignetheit
Eine Maßnahme ist geeignet, wenn der verfolgte Zweck mit der Maßnahme erreicht oder gefördert werden kann. Die längerfristige Observation verfolgt den Zweck, Hinweise zum Mord von J zu erhalten und bestenfalls K der Tat zu überführen. Dieser Zweck wird durch die Maßnahme zumindest gefördert.

2. Erforderlichkeit
Die Maßnahme müsste aber auch erforderlich sein. Dies ist dann der Fall, wenn es keine mildere, gleich geeignete Maßnahme gibt. Andere Ermittlungen haben nicht zum Erfolg geführt, sodass es keine mildere Maßnahme mehr gibt, um K zu überführen. Die längerfristige Observation war demnach erforderlich.

3. Angemessenheit
Die Maßnahme müsste aber auch angemessen gewesen sein. Der beabsichtigte Zweck darf nicht außer Verhältnis zum Grundrechtseingriff stehen. Die längerfristige Observation greift in das Recht auf informationelle Selbstbestimmung nach Art. 2 I iVm. Art. 1 I GG ein. Die Strafverfolgungsbehörden wollen mit der Maßnahme hingegen den Mord an einem achtjährigen Mädchen aufklären. Die Aufklärung liegt im erheblichen Interesse der Eltern und Angehörigen der J. Um das Sicherheitsgefühl der Bevölkerung wieder zu stärken, besteht das Interesse auch für die Öffentlichkeit. Die Maßnahme war angemessen.

VI. Ergebnis

Die längerfristige Observation des K gemäß § 163f StPO war rechtmäßig.

TEIL 3

Klausuren mit Kombinationsfällen zum Strafrecht und Strafprozessrecht

Klausur 1: Bei Gold hört die Bruderliebe auf!

(Bearbeitungszeit: 180 Minuten)

Sachverhalt

Anton Albert (A), der in einer Sicherheitsfirma arbeitet, hat aufgrund der schlechten Wirtschaftslage kaum noch Aufträge. Da er sich in zunehmender Geldnot befindet, sucht er seinen Bruder, den Bernd Albert (B) auf. B hat als Lieblingssohn einige wertvolle Gegenstände von seinen Eltern geerbt. A fühlt sich ungerecht behandelt und ist der Ansicht, dass B ihm jetzt in dieser schwierigen Situation helfen müsse. Da er weiß, dass auch der wertvolle Ehering der Mutter zu den Gegenständen gehört, fordert er B auf, ihm den Ring zu überlassen. B weigert sich, der Aufforderung des A nachzukommen. Wutentbrannt holt A aus und verpasst dem B einen Faustschlag ins Gesicht. B erleidet eine Platzwunde. A kam es darauf an, den B zu verletzen.

Zwei Tage später fasst A erneut den Entschluss, seinen Bruder aufzusuchen. Nachdem A die Betreuung eines wichtigen Objekts beendet hat, fährt er noch in seiner Arbeitskleidung und mit seiner Waffe, die er für die Arbeit benötigt, zu seinem Bruder. Obwohl A sich mehrfach wegen des Faustschlags entschuldigt, zeigt sich B nicht kooperativ und verweigert erneut die Herausgabe des Ringes. Als B sich zur Toilette begibt, nutzt A den scheinbar unbeobachteten Moment und durchsucht die Wohnung des B in der Hoffnung, den Ring zu finden und für sich zu behalten. Nachdem B den A für einige Minuten beobachtet hat, ruft er: „Was machst du da? Jetzt reicht es mir. Ich hole die Polizei!" A bekommt es mit der Angst zu tun und ergreift daraufhin die Flucht, da er annimmt, er könne sein Vorhaben ohnehin nicht mehr verwirklichen. Als die Beamten bei B eintreffen, schildert dieser die Vorgänge der letzten Tage. Auf die Frage, ob Ermittlungen eingeleitet werden sollen, erwidert B, die Vorgänge des heutigen Tages gingen zu weit, da müsse A sich jetzt verantworten. Alles andere sei eine Angelegenheit unter Brüdern, da wolle er jetzt nichts veranlassen.

A begibt sich in der Zwischenzeit in die nächste Kneipe und betrinkt sich. Völlig verzweifelt darüber, dass sein Plan nicht aufgegangen ist und er nun noch immer nicht weiß, wie er zu Geld kommen soll, beschließt er, dem Kneipenwirt Willi Winter (W) die Tageseinnahmen zu entwenden. Als er der letzte Gast in der Kneipe ist, zieht er seine Waffe und richtet sie mit den Worten „Platz da, ich hole mir jetzt das Geld" auf den völlig entsetzten W. A greift in die Kasse und steckt das Geld in seine Tasche. Urplötzlich löst sich völlig ungewollt ein Schuss, der den W trifft. Durch den lauten Knall aufmerksam geworden, beobachten die beiden Passanten Sybille Stein (S) und Gustav Graf (G), wie A aus der Kneipe flüchtet, und verständigen die Polizei. Diese trifft kurz darauf ein, kann aber nur noch den Tod des W feststellen. Die Polizeibeamten POKin T und POK K fordern S und G auf, ihre Personalien auszuhändigen. Der Aufforderung kommen sie nach und beschreiben anschließend die flüchtige Person. Nach kurzer Zeit treffen die Beamtin und der Beamte den völlig aufgelösten A in einem nahe gelegenen Park an. Nach ordnungsgemäßer Belehrung durchsuchen sie A und stellen anschließend die Pistole sowie Geld sicher. A widerspricht der Sicherstellung. Da T und K erheblichen Alkoholgeruch bei A wahrnehmen, verbringen sie ihn zur Dienststelle. Dort wird A von der herbeigerufenen Krankenpflegerin Blut entnommen. Eine Richterin oder einen Richter konnten die Beamtin und der Beamte trotz mehrfacher Versuche nicht erreichen.

Aufgabe 1 **(65 %)**

Prüfen Sie gutachterlich die Strafbarkeit und die Verfolgbarkeit des A nach den Vorschriften des StGB.

Bearbeitungshinweis:

- *Laut gerichtsmedizinischem Gutachten hatte A zur Tatzeit eine Blutalkoholkonzentration von 1,6 Promille.*
- *Die §§ 211 (Mord), 212 (Totschlag), 222 (fahrlässige Tötung), 227 (Körperverletzung mit Todesfolge), 239 (Freiheitsberaubung), 239a (erpresserischer Menschenraub), 239b (Geiselnahme), 240 (Nötigung), 241 (Bedrohung), 253 (Erpressung), 323a (Vollrausch), 323c (unterlassene Hilfeleistung) StGB sind nicht zu prüfen.*
- *Von der Schuldfähigkeit ist auszugehen.*

Aufgabe 2 **(35 %)**

Prüfen Sie die Rechtmäßigkeit folgender strafprozessualer Maßnahmen:
a) Die Identitätsfeststellung gegenüber S und G,
b) die verfahrenssichernde Sicherstellung der Waffe und des Geldes,
c) die Blutentnahme.

Bearbeitungshinweis:

- *Von der sachlichen, örtlichen und instanziellen Zuständigkeit der Polizeibeamten ist auszugehen, die Anordnungskompetenzen sind jedoch fallbezogen zu prüfen.*
- *Von der Einhaltung der Verfahrens- und Formvorschriften ist auszugehen, diese sind jedoch ebenfalls fallbezogen anzusprechen.*

Lösung

Aufgabe 1

Erster Tatkomplex: Herausgabeverlangen bezüglich des Rings

Strafbarkeit des A gemäß § 223 I StGB

A könnte sich wegen Körperverletzung gemäß § 223 I StGB strafbar gemacht haben, indem er B mit der Faust in das Gesicht schlug.

I. Tatbestand

Hierfür müsste A den Tatbestand von § 223 I StGB verwirklicht haben.

1. Objektiver Tatbestand

Dafür müsste zunächst der objektive Tatbestand vorliegen. Der objektive Tatbestand setzt voraus, dass ein Mensch eine andere Person körperlich misshandelt oder an der Gesundheit geschädigt hat.

a) Körperliche Misshandlung
Fraglich ist, ob der Faustschlag in das Gesicht des B eine körperliche Misshandlung gemäß § 223 I Alt. 1 StGB darstellt. Unter körperlicher Misshandlung versteht man jede üble, unangemessene Behandlung, durch die das körperliche Wohlbefinden mehr als nur unerheblich beeinträchtigt wird.

Der Faustschlag in das Gesicht des B war so heftig, dass sich B dadurch eine Platzwunde zugezogen hat. Ein solch heftiger Schlag ist in der Regel sehr schmerzhaft. Die durch den Faustschlag verursachten Schmerzen beeinträchtigen das Wohlbefinden des B deshalb mehr als nur unerheblich. Somit hat A den B körperlich misshandelt.

b) Gesundheitsschädigung
A könnte den B außerdem gemäß § 223 I Alt. 2 StGB an der Gesundheit geschädigt haben. Unter Gesundheitsschädigung versteht man das Hervorrufen oder Steigern eines pathologischen Zustands.

B hat eine Platzwunde erlitten. Eine Wunde stellt einen pathologischen Zustand dar. Durch den Faustschlag ist dieser pathologische Zustand hervorgerufen worden. Infolgedessen hat A den B auch an der Gesundheit geschädigt.

2. Subjektiver Tatbestand

Neben dem objektiven Tatbestand müsste auch der subjektive Tatbestand des § 223 I StGB verwirklicht worden sein. Der subjektive Tatbestand des § 223 I StGB setzt vorsätzliches Handeln des A voraus. Unter Vorsatz versteht man den Willen zur Verwirklichung des objektiven Tatbestands in Kenntnis aller objektiven Tatumstände.

A wusste, dass er dem B mit seiner Faust ins Gesicht schlägt. Er wusste zudem bzw. hielt es mindestens für möglich, dass er B durch den Schlag Schmerzen und Verletzung zufügt, und wollte dies auch. Folglich hat A vorsätzlich gehandelt und damit auch den subjektiven Tatbestand verwirklicht.

II. Rechtswidrigkeit

Rechtfertigungsgründe sind nicht ersichtlich, sodass A den Tatbestand rechtswidrig erfüllt hat.

III. Schuld

Schuldausschließungs- und Entschuldigungsgründe sind nicht ersichtlich. Somit hat A den Tatbestand auch schuldhaft verwirklicht.

IV. Ergebnis

A hat sich gemäß § 223 I StGB strafbar gemacht.

V. Strafantrag

Gemäß § 230 I S. 1 StGB wird die vorsätzliche Körperverletzung nach § 223 StGB nur auf Antrag verfolgt, es sei denn, dass die Strafverfolgungsbehörde wegen des besonderen öffentlichen Interesses an der Strafverfolgung ein Einschreiten von Amts wegen für geboten hält. Es handelt sich mithin um ein relatives Antragsdelikt. B hat ausdrücklich auf eine Anzeige im Zusammenhang mit dem Faustschlag verzichtet, sodass grundsätzlich ein Strafverfolgungshindernis besteht, es sei denn, es besteht ein öffentliches Interesse. Die Entscheidung über das Vorliegen eines besonderen öffentlichen Interesses an der Strafverfolgung trifft die Staatsanwaltschaft nach pflichtgemäßem Ermessen. Eine Bejahung kommt insbesondere in Betracht, wenn durch die Tat eine schwere Verletzung verursacht wurde, der Täter besonders leichtfertig gehandelt hat oder einschlägig vorbestraft ist oder dem Opfer wegen seiner persönlichen Beziehung zum Täter die Stellung eines Strafantrags nicht zugemutet werden kann.

Zweiter Tatkomplex: Der versuchte Diebstahl

Strafbarkeit des A gemäß §§ 242 I, II, 244 I Nr. 1a Alt. 1, II, 22 StGB

A könnte sich wegen versuchten Diebstahls mit Waffen gemäß §§ 242 I, II, 244 I Nr. 1a Alt. 1, II, 22 StGB strafbar gemacht haben, indem er den Ring des B beim zweiten Besuch an sich nehmen wollte.

0. Vorprüfung

1. Keine Vollendung
Dies setzt zunächst voraus, dass die Tat nicht vollendet wurde. A hat den Ring nicht gestohlen. Eine Wegnahme im Sinne von § 242 I StGB liegt mithin nicht vor.

2. Versuchsstrafbarkeit
Die Strafbarkeit des Versuchs ergibt sich aus § 242 II StGB.

I. Tatbestand

1. Subjektiver Tatbestand

Zur Verwirklichung des subjektiven Tatbestandes müsste A den Tatentschluss hinsichtlich des Diebstahls mit Waffen gehabt haben.

a) Tatentschluss bezüglich des Grundtatbestandes § 242 I StGB
A müsste Tatentschluss bezüglich der Wegnahme einer fremden beweglichen Sache gehabt haben. Wegnahme ist der Bruch fremden und die Begründung neuen, nicht notwendigerweise tätereigenen, Gewahrsams.

A wusste, dass es sich bei dem Ring um einen körperlichen Gegenstand handelt, der tatsächlich fortbewegt werden kann und nicht in seinem Alleineigentum steht. Er wollte den Ring dem B auch wegnehmen, denn es kam ihm gerade darauf an, den Gewahrsam des B an dem Ring zu brechen und eigenen Gewahrsam an ihm zu begründen. Das war seine Vorstellung von der Tat. Folglich hatte A Tatentschluss hinsichtlich des Grundtatbestandes.

b) Tatentschluss bezüglich der Qualifikation
A wusste auch, dass er seine Waffe bei sich führte. Waffen sind im technischen Sinn zu verstehen und dienen der Verteidigung oder dem Angriff. Für berufsmäßige Waffenträger ergibt sich für die Anwendung von § 244 I Nr. 1a StGB keine Einschränkung. Zwar führt der Täter hier die Waffe in Erfüllung einer Pflicht, er ist dadurch aber nicht weniger gefährlich als ein anderer Täter, der eine Waffe bei sich führt. A hatte mithin auch Tatentschluss bezüglich des Qualifikationstatbestandes.

c) Absicht rechtswidriger Zueignung
A müsste mit Zueignungsabsicht gehandelt haben. Die Zueignungsabsicht besteht in der Begründung des Eigenbesitzes unter Ausschluss der Berechtigten mit dem Willen, wie ein Eigentümer über die Sache zu verfügen. Dafür müsste A mit Aneignungsabsicht gehandelt haben, das heißt, er muss den zielgerichteten Willen besessen haben, den Ring selbst oder den in ihm verkörperten Sachwert wenigstens vorübergehend seinem Vermögen zuzuführen. Ferner müsste A es mindestens billigend in Kauf genommen haben, dass der B dauerhaft aus seiner Eigentümerposition verdrängt wird.

A wollte gerade den Ring für sich allein haben und wie ein Eigentümer damit verfahren. Er wollte B auch dauerhaft den Besitz entziehen. A handelte somit auch mit Zueignungsabsicht.

d) Tatentschluss bezüglich der Rechtswidrigkeit der Zueignung
A müsste auch Tatentschluss hinsichtlich der Rechtswidrigkeit der Zueignung gehabt haben.

A fühlt sich zwar ungerecht behandelt, weil er nicht hinreichend beim Nachlass berücksichtigt wurde, weiß aber, dass der Ring dem B vererbt wurde und er keinen fälligen und einredefreien Anspruch auf den Ring hat. A befand sich dahingehend auch nicht in einem tatbestandsausschließenden Irrtum, § 16 I StGB. Tatentschluss ist mithin auch diesbezüglich gegeben.

2. Objektiver Tatbestand: Unmittelbares Ansetzen zur Tat, § 22 StGB

Darüber hinaus müsste auch der objektive Tatbestand verwirklicht worden sein.

Dies setzt das unmittelbare Ansetzen des A zur Tatbestandsverwirklichung voraus. Das unmittelbare Ansetzen liegt vor, wenn der Täter subjektiv die Schwelle zum „Jetzt geht es los!“ überschreitet und objektiv zur tatbestandsmäßigen Angriffshandlung ansetzt, sodass sein Tun ohne (wesentliche) Zwischenschritte in die Erfüllung des Tatbestandes übergeht.

Indem A die Wohnung gezielt nach dem Ring durchsuchte, um diesen für sich zu behalten, hat A die Schwelle zum „Jetzt geht es los!“ überschritten. Zwischen der Durchsuchung und dem angestrebten Diebstahl liegen keine weiteren wesentlichen Zwischenschritte mehr.

Somit wurde vorliegend auch der objektive Tatbestand verwirklicht.

Der Tatbestand der §§ 242 I, II, 244 I Nr. 1a Alt. 1, II, 22 StGB ist damit verwirklicht.

II. Rechtswidrigkeit

Rechtfertigungsgründe sind nicht ersichtlich. A handelte somit auch rechtswidrig.

III. Schuld

Schuldausschließungs- und Entschuldigungsgründe liegen ebenfalls nicht vor. A handelte mithin auch schuldhaft.

IV. Rücktritt

Fraglich ist, ob A nach § 24 I S. 1 StGB strafbefreiend vom versuchten Diebstahl mit Waffen zurückgetreten ist, indem er von seinem Vorhaben abgelassen hat, als er von B angesprochen wurde.

Voraussetzung hierfür ist, dass der Versuch nicht fehlgeschlagen ist. Ein Versuch ist fehlgeschlagen, sofern der Täter oder die Täterin erkennt oder zumindest annimmt, dass das ursprüngliche Ziel aufgrund der konkret gegebenen Tatsituation nicht mehr zu erreichen ist. Hier konnte A nach seiner Vorstellung von der Tat das Vorhaben nicht mehr realisieren, da er davon ausging, den Diebstahl wegen des hinzukommenden Bruders nicht mehr verwirklichen zu können. Der Versuch des A war damit in diesem Augenblick fehlgeschlagen und folglich nicht mehr rücktrittsfähig. Ein Rücktritt scheidet somit aus.

V. Ergebnis

A hat sich gemäß §§ 242 I, II, 244 I Nr. 1a Alt. 1, II, 22 StGB strafbar gemacht.

VI. Strafantrag

§ 247 StGB enthält ein Antragserfordernis, um bestimmte persönliche Beziehungen durch Eingreifen von Amts wegen nicht zu stören. Der Anwendungsbereich von § 247 StGB ist vorliegend eröffnet, da es sich bei dem Verletzten B um einen Angehörigen, nämlich den Bruder des A, handelt. Der Anwendungsbereich ist darüber hinaus auch bei einer Versuchsstrafbarkeit bezüglich § 244 StGB eröffnet. B hat gegenüber den Beamten erklärt, er wolle, dass A sich für den versuchten Diebstahl zu verantworten hat. Mithin wurde ein Strafantrag gestellt.

Dritter Tatkomplex: Das Geschehen in der Kneipe

Strafbarkeit des A gemäß §§ 249 I, 250 I Nr. 1a Alt. 1, c, II Nr. 1, 3a, b StGB

A könnte sich wegen schweren Raubes gemäß der §§ 249 I, 250 I Nr. 1a Alt. 1, c, II Nr. 1, 3a, b StGB strafbar gemacht haben, indem er W mittels einer Waffe die Tageseinahmen aus der Kasse entnahm.

I. Tatbestand

Hierfür müsste A den Tatbestand verwirklicht haben.

1. Objektiver Tatbestand

Die Voraussetzungen des objektiven Tatbestandes sind zu prüfen.

a) Fremde bewegliche Sache
Bei den Tageseinnahmen müsste es sich um fremde bewegliche Sachen handeln. Die Geldscheine und das Münzgeld sind körperliche Gegenstände, die fortbewegt werden können und die zumindest nicht im Alleineigentum des A stehen. Somit handelt es sich hierbei um für den A fremde bewegliche Sachen im Sinne des § 242 I StGB.

b) Wegnahme
Ferner müsste eine Wegnahme vorliegen. Unter Wegnahme ist der Bruch fremden und die Begründung neuen, in der Regel tätereigenen Gewahrsams zu verstehen. Gewahrsam wird als das von einem Herrschaftswillen getragene tatsächliche Herrschaftsverhältnis einer Person über die Sache verstanden.

Ursprünglich stand das Geld im Gewahrsam des Gaststätteninhabers. Indem A das Geld einsteckte und damit das Gebäude verlassen hat, hat er diesen Gewahrsam gebrochen und neuen, hier tätereigenen, Gewahrsam am Geld begründet. Eine Wegnahme liegt somit vor.

c) Einsatz eines qualifizierten Nötigungsmittels
Überdies müsste A ein qualifiziertes Nötigungsmittel eingesetzt haben, das heißt Gewalt gegen eine Person verübt oder mit einer gegenwärtigen Gefahr für Leib oder Leben gedroht haben.

aa) Gewalt gegen eine Person
Unter Gewalt gegen eine Person ist ein körperlich wirkender Zwang durch eine unmittelbare oder mittelbare Einwirkung zu verstehen, die nach der Vorstellung des Täters dazu bestimmt und geeignet ist, einen tatsächlichen oder erwarteten Widerstand zu brechen. Ausreichend ist bereits eine mittel-

bar gegen den Körper gerichtete Gewalt, sofern sie vom Opfer als körperlicher Zwang empfunden wird.

A hält dem W die Schusswaffe vor. Dies kann durchaus dazu führen, dass der W auf diese Extremsituation körperlich reagiert. Allerdings teilt der Sachverhalt zu solchen Körperreaktionen des W nichts mit. Die Sachverhaltsangaben reichen demnach nicht aus, um „Gewalt gegen eine Person" im Sinne des § 249 I StGB zu bejahen (a. A. mit guter Begründung vertretbar).

bb) Drohung mit gegenwärtiger Gefahr für Leib oder Leben

A könnte aber mit gegenwärtiger Gefahr für Leib oder Leben gedroht haben. Drohung wird definiert als das Inaussichtstellen eines künftigen Übels, auf das der Drohende vorgibt, Einfluss zu haben. Es ist nicht entscheidend, ob der Täter oder die Täterin die Drohung realisieren will, maßgeblich ist lediglich der Anschein der Ernstlichkeit.

Indem der A dem W die Schusswaffe vorhält, erklärt er konkludent, dass er einen Schuss auf ihn abgeben werde, sofern sich dieser nicht kooperativ zeigt und auf eine Gegenwehr verzichtet. Das heißt, er droht mit einer gegenwärtigen Gefahr für dessen Leben, mindestens aber für dessen körperliche Unversehrtheit. Diese Drohung hat auch den Anschein der Ernstlichkeit. Eine Drohung liegt demnach vor.

A hat mithin ein qualifiziertes Nötigungsmittel im Sinne des § 249 I StGB zum Einsatz gebracht.

d) Finalzusammenhang

Schließlich muss das Nötigungsmittel, die Drohung mit einer gegenwärtigen Gefahr für das Leben des Kneipenwirts, auch das Mittel der Wegnahme gewesen, das heißt zum Zweck der Wegnahme eingesetzt worden sein. Das Nötigungsmittel geht deshalb der Wegnahme regelmäßig voraus.

Vorliegend hat A zunächst W mit der Waffe bedroht, damit eine Gegenwehr unterbunden und sodann das Geld aus der Kasse entnommen werden kann. Damit ist auch der geforderte Finalzusammenhang gegeben.

e) Qualifikationsmerkmal des § 250 II Nr. 1 StGB

Gemäß § 250 II Nr. 1 StGB müsste der A bei der Tat eine Waffe oder ein gefährliches Werkzeug verwendet haben. Laut Sachverhalt bedroht A den W mit einer Waffe. Verwendet wird eine solche Waffe nicht nur, wenn damit Gewalt ausgeübt wird, sondern auch schon dann, wenn diese lediglich als Drohmittel eingesetzt wird. „Bei der Tat" bedeutet, dass die Waffe im Zeitraum vom Versuchsbeginn bis zur Beendigung der Tat verwendet wurde. Ein Verwenden lag somit bereits zu dem Zeitpunkt vor, als A die Waffe mit den Worten „Platz da, ich hole mir jetzt das Geld" auf W gerichtet hatte und nicht erst, als sich ein Schuss löste.

f) Qualifikationsmerkmal des § 250 II Nr. 3a StGB
A könnte den W durch die Tat körperlich schwer misshandelt haben. Eine körperliche schwere Misshandlung liegt vor, wenn die körperliche – nicht lediglich psychische – Integrität des Opfers gravierend, das heißt mit erheblichen Folgen für die Gesundheit oder in einer Weise, die mit erheblichen Schmerzen verbunden ist, beeinträchtigt ist.

Während der Tat hat sich ein Schuss gelöst, an dem der W verstorben ist. Die körperliche schwere Misshandlung liegt demnach als notwendiges Durchgangsstadium vor.

g) Qualifikationsmerkmal des § 250 II Nr. 3b StGB
Überdies könnte A den W durch die Tat in die Gefahr des Todes gebracht haben. W ist durch den Schuss verstorben, sodass die Gefahr des Todes sich sogar realisiert hat. Mithin hat A auch das Qualifikationsmerkmal des § 250 II Nr. 3b verwirklicht.

h) Qualifikationsmerkmal des § 250 I Nr. 1a Alt. 1 StGB
A könnte auch eine Waffe bei sich geführt haben. Indem A die Waffe bei der Tat verwendet hat, ist auch ein Beisichführen einer Waffe im Sinne des § 250 I Nr. 1a Alt. 1 StGB zu bejahen.

i) Qualifikationsmerkmal des § 250 I Nr. 1c StGB
A könnte den W durch die Tat in die Gefahr einer schweren Gesundheitsschädigung gebracht haben. Eine Gesundheitsschädigung liegt vor, wenn ein pathologischer Zustand zumindest vorübergehend hervorgerufen oder gesteigert worden ist. Diese Gesundheitsschädigung muss darüber hinaus schwer sein. Dies ist in der Regel gegeben, wenn eine der Folgen des § 226 StGB eingetreten ist bzw. die Gesundheitsschädigung mit den in § 226 StGB beschriebenen Folgen vergleichbar ist. Die schwere Gesundheitsschädigung muss durch die Tat erfolgt sein.

W ist an den Folgen der Tat verstorben, sodass aus dem Erst-Recht-Schluss eine schwere Gesundheitsschädigung anzunehmen ist. Folglich ist auch das Qualifikationsmerkmal des § 250 I Nr. 1c StGB verwirklicht.

2. Subjektiver Tatbestand

a) Vorsatz bezüglich des Grundtatbestandes
A müsste auch vorsätzlich gehandelt haben. Unter Vorsatz versteht man das Wissen und das Wollen hinsichtlich aller objektiven Tatbestandsmerkmale. A wusste, dass es sich bei dem Geld für ihn um eine fremde bewegliche Sache handelt. Indem er dieses bewusst in seiner Tasche verstaute und mitnahm, wusste er auch, dass er das Geld dem tatsächlichen Zugriff des

Gaststätteninhabers entzieht und eigene Sachherrschaft an ihm begründet. Dies wollte der A. Somit handelte A vorsätzlich.

A müsste auch vorsätzlich bezüglich des eingesetzten Nötigungsmittels gehandelt haben. A hat dem W gedroht, um die Wegnahme des Geldes zu ermöglichen. Ihm kam es gerade darauf an, die Drohung einzusetzen, um sein Ziel zu erreichen. Er handelte mithin vorsätzlich.

b) Absicht rechtswidriger Zueignung

A müsste hinsichtlich der Wegnahme des Geldes außerdem mit der Absicht rechtswidriger Zueignung gehandelt haben.

A will das Geld an sich nehmen, um es sich anzueignen. Aufgrund des Umstands, dass er das Geld für eigene Zwecke verwenden will, weiß er, dass der Gaststätteninhaber mit hoher Wahrscheinlichkeit nicht mehr die Eigentümerposition zurückerlangt, und nimmt dies mindestens billigend in Kauf. Da A keinen Anspruch auf Übereignung des Geldes hat, war die von ihm erstrebte Zueignung auch rechtswidrig.

c) Vorsatz bezüglich der Qualifikationsmerkmale

A müsste aber auch vorsätzlich bezüglich des Qualifikationstatbestandes gehandelt haben. A wollte die Waffe verwenden, um das Geld zu erhalten. Demnach hat er sie auch bewusst und gewollt mit sich geführt. Ein Vorsatz bezüglich § 250 I Nr. 1a, II Nr. 1 StGB ist gegeben.

Fraglich ist, ob A auch vorsätzlich bezüglich § 250 I Nr. 1c, II Nr. 3a, b StGB gehandelt hat. Laut Sachverhalt löste sich völlig ungewollt ein Schuss, der den W tödlich getroffen hat. Demnach kann A kein Vorsatz bezüglich der Qualifikationsmerkmale des § 250 I Nr. 1c, II Nr. 3a, b StGB unterstellt werden.

II. Rechtswidrigkeit

Rechtfertigungsgründe liegen nicht vor. A handelte rechtswidrig.

III. Schuld

Schuldausschließungsgründe oder Entschuldigungsgründe liegen nicht vor. A handelte deshalb auch schuldhaft.

IV. Ergebnis

A hat sich wegen schweren Raubes gemäß der §§ 249 I, 250 I Nr. 1a Alt.1, II Nr. 1 StGB strafbar gemacht.

Strafbarkeit des A gemäß §§ 249 I, 251 StGB

Überdies könnte A sich wegen Raubes mit Todesfolge gemäß §§ 249 I, 251 StGB strafbar gemacht haben, indem sich während der Raubtat ein Schuss löste, der den W tödlich traf.

I. Tatbestand

Es müssten die Tatbestandsvoraussetzungen vorliegen.

1. Vorsätzliche Verwirklichung des Grundtatbestandes
A müsste zunächst den Grundtatbestand verwirklicht haben. Nach vorangegangener Prüfung hat A einen schweren Raub im Sinne der §§ 249 I, 250 I Nr. 1a Alt. 1, II Nr. 1 StGB vorsätzlich begangen. Die vorsätzliche Verwirklichung des Grundtatbestandes ist somit gegeben.

2. Eintritt der schweren Folge
A müsste durch den Raub den Tod eines anderen Menschen verursacht haben. Während der Tat hat sich ein Schuss gelöst, an dem W verstorben ist. Die schwere Folge des § 251 StGB ist folglich eingetreten.

3. Kausalität zwischen Grunddelikt und der schweren Folge
Überdies muss ein Kausalzusammenhang zwischen dem von A begangenen Raub im Sinne des § 249 I StGB und dem Tod des W bestehen. Kausal ist jede Handlung, die nicht hinweggedacht werden kann, ohne dass der Erfolg in seiner konkreten Gestalt entfiele. Der Raub mittels Waffe kann nicht hinweggedacht werden, ohne dass der Tod des W entfallen würde. Mithin liegt die erforderliche Kausalität vor.

4. Wenigstens Leichtfertigkeit bezüglich der schweren Folge
A müsste bezüglich des Todes wenigstens leichtfertig gehandelt haben. Abweichend von § 18 StGB bedarf es demnach einer gesteigerten, nämlich groben Fahrlässigkeit, die sich aus besonderem Leichtsinn oder besonderer Gleichgültigkeit ergeben kann. Für die Bejahung der Leichtfertigkeit kommt es darauf an, ob der Sorgfaltsmangel und die Voraussehbarkeit – bezogen auf die Herbeiführung des Todes – das Urteil grober Fahrlässigkeit rechtfertigen.

Dadurch, dass A die Pistole auf sein Opfer gerichtet hat und er sich nicht zuvor abgesichert hat, ob die Waffe entschärft ist, ist ihm vorzuwerfen, dass er die naheliegende Todesgefahr hätte erkennen müssen. A handelte bezüglich der schweren Folge wenigstens leichtfertig.

5. Unmittelbarkeitszusammenhang
Schließlich muss ein Unmittelbarkeitszusammenhang zu bejahen sein. Ein solcher liegt vor, wenn die dem Grunddelikt spezifisch anhaftende Gefahr sich in der schweren Folge realisiert hat. Die im Grunddelikt angelegte Gefährlichkeit muss sich durch den Tod des W realisiert haben. Bei einem Raub mittels einer geladenen Waffe ist grundsätzlich die Gefahr angelegt, dass sich ein Schuss löst und ein tödlicher Personenschaden entsteht. Der Unmittelbarkeitszusammenhang ist folglich gegeben.

II. Rechtswidrigkeit

Rechtfertigungsgründe liegen nicht vor. Die Tat geschah somit rechtswidrig.

III. Schuld

Schuldausschließungs- und Entschuldigungsgründe zugunsten des A sind dem Sachverhalt ebenfalls nicht zu entnehmen.

Fraglich ist jedoch, ob auch die Fahrlässigkeitsschuld des A zu bejahen ist, das heißt, ob er seine subjektive Sorgfaltspflicht bei subjektiver Vorhersehbarkeit verletzt hat. Dies erfordert, dass der Täter oder die Täterin nach den persönlichen Fähigkeiten und persönlichen Kenntnissen in der Lage gewesen sein muss, die objektive Sorgfaltspflicht einzuhalten.

Der A wäre durchaus in der Lage gewesen zu erkennen, dass ein Raub mittels einer Waffe zum Tod einer anderen Person führen kann. Somit handelte A auch schuldhaft.

IV. Ergebnis

A hat sich gemäß §§ 249 I, 251 StGB strafbar gemacht.

Aufgabe 2

a) Rechtmäßigkeit der Identitätsfeststellung bei S und G

Die polizeiliche Maßnahme der Identitätsfeststellung gegenüber S und G könnte rechtmäßig gewesen sein.

I. Vorüberlegungen

Durch die Identitätsfeststellung könnte ein Grundrechtseingriff vorliegen. Jede staatliche Maßnahme mit Eingriffscharakter verlangt nach dem Rechtsstaatsprinzip eine gesetzliche Legitimierung.

1. Grundrechtseingriff
POKin T und POK K fordern S und G auf, ihre Personalien auszuhändigen. Damit könnte ein Grundrechtseingriff in das informationelle Selbstbestimmungsrecht als Ausgestaltung des allgemeinen Persönlichkeitsrechts im Sinne von Art. 2 I iVm. Art. 1 I GG vorliegen. Der Schutzbereich umfasst die Befugnis jedes Einzelnen, selbst zu entscheiden, wann und innerhalb welcher Grenzen persönliche Lebenssachverhalte offenbart werden. Darunter fällt auch die Preisgabe personenbezogener Daten und deren weitere Verwendung.

Durch die Aufforderung, die Personalien auszuhändigen, müssen S und G ihre Identität bekannt geben. Somit liegt ein Eingriff in das Recht auf informationelle Selbstbestimmung vor.

2. Präventive oder repressive Maßnahme
S und G wurden nach den Personalien befragt, um zur Aufklärung eines Raubes mit Todesfolge nach §§ 249 I, 251 StGB beizutragen. Demnach handelt es sich um eine repressive Maßnahme.

3. Einschlägige Ermächtigungsgrundlage
Die einschlägige Ermächtigungsgrundlage ist § 163b II S. 1 StPO.

II. Anordnungsvoraussetzungen

Zu prüfen sind die Voraussetzungen von § 163b II S. 1 StPO.

1. Anfangsverdacht
Es müsste zunächst ein Anfangsverdacht vorliegen. Ein Anfangsverdacht ist nach der Legaldefinition des § 152 II StPO gegeben, wenn zureichende tatsächliche Anhaltspunkte für eine verfolgbare Straftat vorliegen.

S und G haben einen Schuss wahrgenommen und gesehen, wie A geflüchtet ist. Es liegen somit zureichende tatsächliche Anhaltspunkte vor.

2. Unverdächtige Personen S und G
Bei S und G müsste es sich um unverdächtige Personen handeln. Als unverdächtig im Sinne von § 163b II S. 1 StPO sind solche Personen anzusehen, bei denen keine Anhaltspunkte dafür bestehen, dass sie als Täter oder Teilnehmer einer Straftat in Betracht kommen, oder die wegen des Vorliegens von Schuld- oder Strafausschließungsgründen nicht verfolgt werden können, bei denen gleichwohl aber ein gewichtiges Interesse an der Feststellung der Identität gegeben ist.

S und G haben lediglich die Polizei informiert, da sie den Schuss wahrgenommen haben und A anschließend geflüchtet ist. Folglich handelt es sich bei S und G um unverdächtige Personen, deren Identitätsfeststellung jedoch unter anderem für spätere Zeugenvernehmungen zum Tathergang notwendig sein kann.

3. Zulässige Maßnahmen zur Identitätsfeststellung

Gemäß § 163b II S. 1 StPO darf auch die Identität einer Person festgestellt werden, die einer Straftat nicht verdächtig ist. Die Beamten haben S und G aufgefordert, sich auszuweisen, dem sind sie nachgekommen, sodass die Maßnahme von § 163b I S. 1, II S. 1 StPO gedeckt ist.

4. Zweck der Identitätsfeststellung

Bei S und G bestehen konkrete Anhaltspunkte dafür, dass sie als Zeugen im Strafverfahren gebraucht werden. Zu diesem Zweck werden die Personalien benötigt. Demnach ist die Identitätsfeststellung zur Aufklärung einer Straftat auch geboten.

III. Anordnungsbefugnis

Nach § 163b I S. 1 StPO sind die Staatsanwaltschaft und die Beamten des Polizeidienstes zur Feststellung der Identität befugt. Die Personalien von S und G wurden durch POKin T und POK K festgestellt. Diese waren auch anordnungsbefugt.

IV. Verfahrens- und Formvorschriften

Nichtverdächtige sind nach § 163b II S. 1 iVm. § 69 I S. 2 StPO zu belehren.

Laut Bearbeitungshinweis in der Aufgabenstellung wurden die Verfahrens- und Formvorschriften eingehalten.

V. Verhältnismäßigkeit

Der Grundsatz der Verhältnismäßigkeit verlangt, dass eine Maßnahme unter Würdigung aller persönlichen und tatsächlichen Umstände des Einzelfalles zur Erreichung des angestrebten Zwecks geeignet, erforderlich und angemessen ist.

1. Geeignetheit

Eine Maßnahme ist geeignet, wenn der verfolgte Zweck mit der Maßnahme erreicht oder gefördert werden kann. Die Beamten verfolgen mit der Identitätsfeststellung bei S und G den Zweck, diese im Strafverfahren als Zeugen zu führen. Die Feststellung der Identität des S und des G fördert diesen Zweck. Die Maßnahme ist geeignet.

2. Erforderlichkeit
Die Maßnahme müsste aber auch erforderlich sein. Dies ist dann der Fall, wenn es keine mildere, gleich geeignete Maßnahme gibt. Die Identitätsfeststellung ist bereits eines der mildesten Mittel im Strafverfahrensrecht. Ein noch weniger belastender Grundrechtseingriff, der gleich geeignet ist, ist nicht ersichtlich. Folglich war die Maßnahme auch erforderlich.

3. Angemessenheit
Die Maßnahme müsste aber auch angemessen sein. Das heißt, der beabsichtigte Zweck darf nicht außer Verhältnis zum Grundrechtseingriff stehen. Das Strafverfolgungsinteresse wiegt im konkreten Fall höher als der Eingriff in das Recht auf informationelle Selbstbestimmung, denn es soll ein Raub mit Todesfolge aufgeklärt werden. Daran haben Angehörige des Verstorbenen sowie die Öffentlichkeit in der Regel ein sehr großes Interesse. Die Maßnahme ist im konkreten Fall angemessen.

VI. Ergebnis

Die Identitätsfeststellungen bei S und G waren rechtmäßig.

b) Rechtmäßigkeit der Beschlagnahme der Waffe und des Geldes

Die Beschlagnahme der Waffe und des Geldes könnte gemäß §§ 94 I, II, 98 StPO rechtmäßig gewesen sein.

I. Vorüberlegungen

Durch die Identitätsfeststellung könnte ein Grundrechtseingriff vorliegen. Jede staatliche Maßnahme mit Eingriffscharakter verlangt nach dem Rechtsstaatsprinzip eine gesetzliche Legitimierung.

1. Grundrechtseingriff
Durch eine Beschlagnahme von Gegenständen wird in das Grundrecht des Schutzes von Eigentum und Besitz nach Art. 14 I S. 1 GG eingegriffen (nach anderer Ansicht zumindest in Art. 2 I GG).

2. Präventive oder repressive Maßnahme
Die Beschlagnahme erfolgte, um A einer Straftat zu überführen, und hat somit strafrechtlichen Charakter.

3. Einschlägige Ermächtigungsgrundlage
Die Beschlagnahme kann auf §§ 94 I, II, 98 StPO gestützt werden.

II. Anordnungsvoraussetzungen

Damit dieser Grundrechtseingriff rechtmäßig ist, müssen zunächst die Anordnungsvoraussetzungen der §§ 94 II, 98 StPO vorliegen.

1. Anfangsverdacht
Dies setzt einen Anfangsverdacht voraus. Unter einem Anfangsverdacht versteht man konkrete tatsächliche Anhaltspunkte für das Vorliegen einer Straftat. Im vorliegenden Fall haben S und G die Polizei alarmiert, weil sie einen Schuss wahrgenommen und anschließend gesehen haben, wie A geflüchtet ist.

2. Gegenstand mit potenzieller Beweisbedeutung
Bei der sichergestellten Waffe und dem Geld muss es sich um Gegenstände mit potenzieller Beweisbedeutung handeln. Hierunter sind alle beweglichen oder unbeweglichen Sachen zu verstehen, die unmittelbar oder mittelbar für die Tat oder die Umstände ihrer Begehung Beweise erbringen. Potenzielle Beweisbedeutung meint, dass zumindest die Möglichkeit bestehen muss, dass der Gegenstand im Verfahren zu Untersuchungszwecken verwendet wird. Im vorliegenden Fall finden POKin T und POK K bei A eine Waffe und Geld. Diese Gegenstände sind hinsichtlich der im Raum stehenden Straftat als mögliches Tatwerkzeug bzw. mögliche Tatbeute relevant. Es handelt sich somit um Gegenstände mit potenzieller Beweisbedeutung.

3. Gewahrsam des Betroffenen über den Gegenstand
Die Waffe und das Geld werden bei A im Rahmen einer Durchsuchung durch die Beamtin und den Beamten gefunden. Sie befinden sich somit im Gewahrsam des A.

4. Keine freiwillige Herausgabe
Laut Sachverhalt protestierte A gegen die Sicherstellung der Gegenstände. Somit erfolgte keine freiwillige Herausgabe, sodass eine formelle Beschlagnahme nach § 94 II StPO vorgenommen werden musste.

5. Keine entgegenstehenden Beschlagnahmeverbote
Ein Beschlagnahmeverbot, insbesondere nach §§ 96, 97 oder § 148 StPO, kommt im vorliegenden Fall nicht in Betracht.

III. Anordnungsbefugnis

Fraglich ist, ob POKin T und POK K zur Beschlagnahme der Waffe und des Geldes anordnungsbefugt waren. Gemäß § 98 I StPO liegt die Anordnungsbefugnis grundsätzlich beim Gericht. Nur im Fall von Gefahr im Verzug darf die Beschlagnahme auch von der Staatsanwaltschaft oder deren Ermittlungspersonen nach § 152 GVG angeordnet werden. Gefahr im Verzug besteht, wenn die richterliche Anordnung nicht eingeholt werden kann, ohne dass der Zweck der Maßnahme gefährdet wird.

Im vorliegenden Fall wurde vergeblich versucht, einen Richter oder eine Richterin zu erreichen. Es war anzunehmen, dass alsbald kein richterlicher Beschluss vorgelegen hätte. Überdies war aber zu befürchten, dass A die Waffe und das erbeutete Geld bis dahin heimlich hätte verschwinden lassen und damit die Beweismittel in einem Strafverfahren nicht mehr zur Verfügung gestanden hätten. Gefahr im Verzug ist mithin zu bejahen, sodass die Beamtin und der Beamte auch anordnungsbefugt waren.

IV. Verfahrens- und Formvorschriften

1. Die Beamtin und der Beamte müssten A zunächst die Maßnahme, die Beschlagnahme der Gegenstände, bekannt gegeben haben. Diese Bekanntgabe ist laut Sachverhalt erfolgt.
2. A ist gemäß § 98 II S. 2, 5 StPO über seine Rechte zu belehren.
3. Da die Gegenstände ohne richterliche Anordnung beschlagnahmt wurden, soll binnen drei Tagen eine richterliche Bestätigung der Maßnahme erfolgen.
4. Nach § 107 StPO ist dem A ein Beschlagnahmeverzeichnis auszuhändigen.
5. Überdies sind die beschlagnahmte Waffe und das Geld gemäß § 109 StPO genau zu verzeichnen und zur Verhütung von Verwechselungen in geeigneter Weise kenntlich zu machen.

V. Verhältnismäßigkeit

Die Beschlagnahme müsste auch verhältnismäßig gewesen sein. Der Grundsatz der Verhältnismäßigkeit verlangt, dass eine Maßnahme unter Würdigung aller persönlichen und tatsächlichen Umstände des Einzelfalles zur Erreichung des angestrebten Zwecks geeignet, erforderlich und angemessen ist.

1. Geeignetheit

Hierfür muss die Beschlagnahme zunächst geeignet sein. Die Maßnahme ist geeignet, wenn mit ihrer Hilfe im konkreten Fall der strafprozessuale Zweck gefördert werden kann. Durch die Beschlagnahme der Waffe als mögliches Tatwerkzeug und des Geldes als mögliche Tatbeute kann im nachfolgenden Strafverfahren der Beweis über die Bewaffnung des A und bestenfalls des Raubes geführt werden. Durch diese erleichterte Beweisführung ist eine Eignung der Maßnahme gegeben.

2. Erforderlichkeit
Des Weiteren muss die Beschlagnahme auch erforderlich sein, das heißt, es dürfen keine milderen, gleich wirksamen, aber die Grundrechte des Betroffenen nicht oder weniger einschränkenden Mittel zur Verfügung stehen. Mildere prozessuale Mittel als die Beschlagnahme sind vorliegend nicht ersichtlich.

3. Angemessenheit
Abschließend muss die Beschlagnahme auch angemessen sein. Hierfür ist eine Gesamtabwägung aller Umstände, insbesondere des Interesses an der Strafverfolgung wegen der im Raum stehenden Straftaten einerseits und des Grundrechtseingriffs durch die strafprozessuale Maßnahme andererseits, vorzunehmen. Das Strafverfolgungsinteresse hinsichtlich eines Verbrechens nach §§ 249 I, 251 StGB wiegt im konkreten Fall höher als der Eingriff in das Recht auf informationelle Selbstbestimmung. Der Grundrechtseingriff tritt gegenüber dem Strafverfolgungsinteresse zurück. Die Maßnahme war mithin auch angemessen.

VI. Ergebnis

Die Beschlagnahme war im vorliegenden Fall rechtmäßig.

c) Rechtmäßigkeit der Blutentnahme

Die vorgenommene Blutentnahme könnte rechtmäßig gewesen sein.

I. Vorüberlegungen

Durch die Blutentnahme könnte ein Grundrechtseingriff vorliegen. Jede staatliche Maßnahme mit Eingriffscharakter verlangt nach dem Rechtsstaatsprinzip eine gesetzliche Legitimierung.

1. Grundrechtseingriff
Es könnte ein Eingriff in die körperliche Unversehrtheit nach Art. 2 II S. 1 GG vorliegen. Der Schutzbereich umfasst die biologisch-physiologische Gesundheit. Demnach kann der Betroffene grundsätzlich auch selbst entscheiden, ob ihm Blut abgenommen wird. Ein Eingriff in die körperliche Unversehrtheit des A liegt somit vor.

Durch das Verbringen zur Dienststelle könnte ferner ein Eingriff in die Freiheit der Person nach Art. 2 II S. 2 iVm. Art. 104 II GG vorliegen. Die Freiheit der Person schützt das Recht, jeden tatsächlich und rechtlich zugänglichen Ort aufzusuchen, dort zu verweilen und den Ort auch wieder zu verlassen. A ist zumindest vorübergehend daran gehindert, frei zu entscheiden, welchen Ort er aufsuchen möchte, somit liegt auch ein Eingriff in die Freiheit der Person vor.

2. Präventive oder repressive Maßnahme
Mit der Blutentnahme soll die Schuldfähigkeit bezüglich einer Straftat festgestellt werden. Die Maßnahme hat somit strafrechtlichen Charakter.

3. Einschlägige Ermächtigungsgrundlage
Die Maßnahme ist auf § 81a StPO zu stützen.

II. Anordnungsvoraussetzungen

Die Voraussetzungen von § 81a StPO müssten vorliegen.

1. Anfangsverdacht
Es müsste zunächst ein Anfangsverdacht bestehen. Ein Anfangsverdacht ist nach der Legaldefinition des § 152 II StPO gegeben, wenn zureichende tatsächliche Anhaltspunkte für eine verfolgbare Straftat vorliegen. S und G haben einen Schuss wahrgenommen und gesehen, wie A geflüchtet ist. Der W wurde anschließend tot aufgefunden, und bei der Ergreifung des A wurden eine Waffe und Geld beschlagnahmt. Es liegen demnach zureichende tatsächliche Anhaltspunkte dafür vor, dass A einen Raub mit Todesfolge begangen hat.

2. Beschuldigter
Als rechtmäßiger Adressat oder rechtmäßige Adressatin der Blutentnahme kommt nur eine beschuldigte Person in Betracht. Unter einem bzw. einer Beschuldigten ist eine tatverdächtige Person zu verstehen, gegen die polizeiliche oder staatsanwaltliche Ermittlungen wegen des Verdachts einer strafbaren Handlung geführt werden. Aufgrund der Zeugenaussagen, des festgestellten Todes des W sowie des Auffindens der Waffe und des Geldes bei A hat sich der Tatverdacht gegen A bereits so weit verdichtet, dass gegen ihn schon polizeiliche Maßnahmen eingeleitet worden sind. Die Beschuldigteneigenschaft des A ist mithin zu bejahen.

3. Zulässige Maßnahmen
Die körperliche Untersuchung müsste dazu dienen, Tatsachen festzustellen, die für das Strafverfahren von Bedeutung sind. Zulässig sind körperliche Untersuchungen gemäß § 81a I S. 1 StPO, die der Feststellung der inneren und äußeren Beschaffenheit des menschlichen Körpers dienen. Erlaubt sind nach § 81a I S. 2 StPO auch körperliche Eingriffe. Mit der Blutentnahme soll die Schuldfähigkeit bezüglich einer Straftat festgestellt werden. Die Blut-

entnahme stellt einen körperlichen Eingriff in diesem Sinne dar. Die Vornahme hat deshalb von einem approbierten Arzt der Humanmedizin, nach den Regeln der ärztlichen Kunst und ohne Einwilligung nur, wenn gesundheitliche Nachteile nicht zu befürchten sind, zu erfolgen. A wurde das Blut von einer Krankenpflegerin entnommen. Dies stellt keine zulässige Maßnahme dar.

III. Ergebnis

Die Blutentnahme war rechtswidrig.

Klausur 2: Der Fenstersprung

(Bearbeitungszeit: 180 Minuten)

Sachverhalt

Da Armin Althaus (A) seine Freundin Fiona Fiedler (F) während der gemeinsamen Beziehung mehrfach unter Alkoholeinfluss körperlich misshandelt hatte, trennt sich F schließlich von ihm. Sie zieht von Gießen nach Frankfurt und hält ihre dortige Anschrift (in einem Mehrparteienhaus) sowie den Umstand, dass sie eine neue Beziehung führt, vor A geheim. Über gemeinsame Bekannte erfährt A jedoch sowohl ihre neue Adresse als auch die Nachricht von ihrer neuen Beziehung zu L. A kann den Gedanken daran, dass „seine" F einen neuen Lebenspartner hat, nicht ertragen und ist extrem eifersüchtig.

Nachdem A an einem Samstagabend mehrere Flaschen Bier konsumiert hat, entschließt er sich spontan, die F aufzusuchen und sie zur Rede zu stellen. Da er es für möglich hält, dass sich auch der neue Lebensgefährte L in der Wohnung aufhalten könnte, und er diesem bei der Gelegenheit eventuell eine „Lektion" erteilen will, steckt er sein Butterflymesser ein, ruft ein Taxi und lässt sich nach Frankfurt fahren.

Als A gegen 22:00 Uhr an der Wohnungstür der F klingelt, öffnet diese arglos, weil sie den späten Besuch einer Bekannten erwartet. In dem Moment, indem sie den A vor der Tür erkennt, versucht sie die Wohnungstür schnell wieder zu schließen. A hat mit einer solchen Reaktion gerechnet und deshalb blitzschnell seinen Fuß zwischen Tür und Türrahmen geschoben. Mit einem festen Schlag drückt er sodann die Tür auf. Durch die Wucht, mit der A die Tür aufdrückt, wird F zu Boden geschleudert und zieht sich hierdurch eine blutende Platzwunde am Kopf zu. Eine leichte Verletzung hatte A für möglich gehalten. Dies war ihm egal. Durch den Lärm im Flur aufmerksam geworden, erscheint nun auch der Lebensgefährte L, der sich tatsächlich in der Wohnung aufhielt, im Flur. Als A den L sieht, gerät er in rasende Wut und beschließt, den L mit seinem Messer zu erstechen. A stürmt mit den Worten „Ich bringe dich um!" auf den L zu. Aus Furcht, dass A seine Androhung realisieren könnte, springt L aus dem Fenster der im 1. OG gelegenen Wohnung und verstaucht sich beim Aufprall auf den Asphalt im Hof den Fuß.

Auf den Tumult in der Wohnung der F sind auch ihre Nachbarn aufmerksam geworden. Weil sie mitbekommen haben, dass sich eine unbekannte Person gewaltsam Zutritt zur Wohnung von F und L verschafft hat und die dort Wohnenden mit dem Tod bedroht, haben die Nachbarn zwischenzeitlich die Polizei informiert. Als A aus der Wohnung auf die Straße rennt, um sich den flüchtenden L zu schnappen, wird A dort schon von den eingetroffenen uniformierten Polizeibeamtinnen POKin X und POKin Y erwartet. POKin X fordert den A auf, stehen zu bleiben und sich auszuweisen. Der immer noch wütende A lässt sich hiervon nicht beeindrucken und versetzt POKin X mit dem Arm einen heftigen Stoß, um sich in Richtung L vorbeizudrängen; verletzen möchte er sie dabei nicht. Nach einem kurzen Handgemenge gelingt es jedoch POKin X und POKin Y, den A zu überwältigen. Sie verbringen ihn sodann zur Polizeistation. Beide Beamtinnen bleiben unverletzt.

Auf der Dienststelle versuchen die Beamtinnen vergeblich, einen Richter oder eine Richterin zu erreichen. Weil beiden Polizeibeamtinnen ein deutlicher Alkoholgeruch bei A aufgefallen war, veranlassen diese schließlich ohne richterliche Anordnung gegen 23:00 Uhr eine Blutentnahme. Diese wird durch eine hinzugezogene approbierte Ärztin durchgeführt. Überdies wird – trotz des ausdrücklichen Protestes des A – dessen Butterflymesser sichergestellt.

Aufgabe 1 **(70 %)**

Prüfen Sie die Strafbarkeit des A.

Bearbeitungshinweis:

- *Von der Schuldfähigkeit des A ist trotz seiner Alkoholisierung auszugehen.*
- *§ 123 StGB, § 240 StGB, § 241 StGB und § 303 StGB sowie Verstöße gegen das Waffengesetz sind nicht zu prüfen.*
- *Ebenfalls nicht zu erörtern sind Misshandlungen der F während der Beziehung.*
- *Auch die Konkurrenzen sind nicht anzusprechen.*
- *Die Rechtmäßigkeit der von den Beamtinnen beabsichtigten Identitätsfeststellung ist zu unterstellen.*

Aufgabe 2 **(30 %)**

Prüfen Sie die Rechtmäßigkeit folgender strafprozessualer Maßnahmen:
a) Beschlagnahme des Butterflymessers als Beweismittel,
b) Blutentnahme.

Bearbeitungshinweis:

- *Von der sachlichen, örtlichen und instanziellen Zuständigkeit der Polizeibeamtinnen ist auszugehen. Anordnungskompetenzen sind zu erörtern.*
- *Die Einhaltung der Verfahrens- und Formvorschriften darf unterstellt werden. Sie sind aber fallgerecht zu erläutern.*

Lösung

Aufgabe 1

Strafbarkeit gemäß §§ 223 I, 224 I Nr. 2 StGB zulasten der F

A könnte sich wegen gefährlicher Körperverletzung gemäß §§ 223 I, 224 I Nr. 2 StGB strafbar gemacht haben, indem er gegen die Wohnungstür schlägt, die A durch die aufgeschlagene Tür zu Boden stürzt und sich hierdurch eine Platzwunde am Kopf zuzieht.

I. Grundtatbestand des § 223 I StGB

1. Objektiver Tatbestand

Der objektive Tatbestand des § 223 I StGB setzt voraus, dass der A die F körperlich misshandelt oder an der Gesundheit geschädigt hat.

a) Körperliche Misshandlung
Unter körperlicher Misshandlung versteht man jede üble und unangemessene Behandlung, durch die das körperliche Wohlbefinden mehr als nur unerheblich beeinträchtigt wird.

F hat sich durch die von A mit einem heftigen Schlag aufgedrückte Tür verletzt, indem sie durch die Tür zu Boden geschleudert wurde und hierdurch eine Platzwunde erlitt. Das gegen den Willen der F gewaltsame Aufdrücken der Tür stellt eine üble und unangemessene Behandlung des A dar. Durch das Aufdrücken der Tür hat sich F eine blutende Platzwunde am Kopf zugezogen. Eine solche schmerzhafte und blutende Kopfwunde beeinträchtigt das körperliche Wohlbefinden der F mehr als nur unerheblich. Somit ist eine körperliche Misshandlung zu bejahen.

b) Gesundheitsschädigung
Außerdem könnte A auch eine Gesundheitsschädigung zulasten der F begangen haben. Eine Gesundheitsschädigung wird als das Hervorrufen oder Steigern eines pathologischen Zustands definiert. Eine Platzwunde stellt einen solchen pathologischen Zustand dar, der durch A hervorgerufen worden ist. Mithin liegt auch eine von A kausal herbeigeführte und ihm objektiv zurechenbare Gesundheitsschädigung der F vor.

Damit ist der objektive Tatbestand des § 223 I StGB verwirklicht.

2. Subjektiver Tatbestand

Des Weiteren müsste auch der subjektive Tatbestand des § 223 I StGB gegeben sein. Das heißt, A müsste hinsichtlich des objektiven Tatbestands vorsätzlich gehandelt haben. Unter Vorsatz ist das Wissen und das Wollen um die Verwirklichung aller objektiven Tatbestandsmerkmale zu verstehen. Dafür muss A den Erfolgseintritt wenigstens für möglich gehalten und ihn mindestens billigend in Kauf genommen haben (sogenannter Eventualvorsatz).

Laut Sachverhalt hat A leichtere Verletzungen der F für möglich gehalten. Diese waren ihm gleichgültig. Mithin hat er solche Verletzungen mindestens billigend in Kauf genommen, um in die Wohnung zu gelangen. Damit hat A mit (Eventual-)Vorsatz hinsichtlich der bei F verursachten Platzwunde gehandelt.

Somit liegen auch der subjektive Tatbestand und damit der gesamte Grundtatbestand des § 223 I StGB vor.

II. Qualifikationstatbestand des § 224 I StGB

1. Objektiver Tatbestand

Bezüglich des Qualifikationstatbestands des § 224 I StGB könnte A in objektiver Hinsicht zunächst die Körperverletzung mittels einer Waffe oder eines gefährlichen Werkzeugs begangen haben, weil er die Verletzung der F durch das Aufdrücken der Tür verursacht hat.

a) Gefährliches Werkzeug gemäß § 224 I Nr. 2 StGB
Die Tür bzw. das Türblatt könnte als gefährliches Werkzeug im Sinne des § 224 I Nr. 2 StGB in Betracht kommen. Nach der herrschenden Meinung ist unter einem gefährlichen Werkzeug nur ein beweglicher Gegenstand zu verstehen, der vom Täter geführt wird, das heißt, der von ihm zur Verstärkung der Einwirkung benutzt werden kann. Das Türblatt ist zwar mit dem unbeweglichen Türrahmen verbunden, kann aber von A gegen die F geführt werden und verstärkt damit die von A angewendete Kraft. Somit ist diese Variante des § 224 I StGB zu bejahen.

b) Lebensgefährdende Behandlung gemäß § 224 I Nr. 5 StGB
Fraglich ist, ob darüber hinaus auch von einer lebensgefährdenden Behandlung des A nach § 224 I Nr. 5 StGB ausgegangen werden kann. Unter einer das Leben gefährdenden Behandlung ist jede Einwirkung des Täters zu verstehen, die mindestens abstrakt geeignet ist, das Opfer in eine Lebensgefahr zu bringen.

F erleidet durch das heftige Aufdrücken der Tür zwar eine Kopfverletzung, der Sachverhalt enthält jedoch keine Anhaltspunkte dafür, dass diese auch nur abstrakt lebensgefährlich ist. Damit scheidet diese Qualifikationsvariante aus.

Anmerkung

Es erscheint aber auch gut vertretbar, auf eine Prüfung der Variante des § 224 I Nr. 5 StGB gänzlich zu verzichten, da der Sachverhalt diesbezüglich zu vage ist.

2. Subjektiver Tatbestand

A müsste auch hinsichtlich des objektiven Qualifikationsmerkmals der Körperverletzung mittels des Türblatts als gefährlichem Werkzeug mit Vorsatz gehandelt haben.

A wusste um den Umstand, dass durch sein gewaltsames Aufdrücken der Tür die F vom Türblatt getroffen werden kann. Dies war ihm gleichgültig, das heißt, er hat den Einsatz des Türblatts als gefährliches Werkzeug auch billigend in Kauf genommen und damit den objektiven Tatbestand des § 224 I StGB vorsätzlich verwirklicht.

Der Tatbestand der §§ 223 I, 224 I Nr. 2 StGB ist somit insgesamt zu bejahen.

III. Rechtswidrigkeit

Rechtfertigungsgründe sind nicht ersichtlich. Infolgedessen verwirklichte A den Tatbestand auch rechtswidrig.

IV. Schuld

Schuldausschließungs- oder Entschuldigungsgründe kommen dem A nicht zugute. Damit hat A den Tatbestand des § 223 I StGB auch schuldhaft verwirklicht.

V. Ergebnis

A hat sich nach §§ 223 I, 224 I Nr. 2 StGB strafbar gemacht.

Strafbarkeit gemäß §§ 212 I, 211 II, 22, 23 I, 12 I StGB zulasten des L

Außerdem könnte sich A wegen versuchten Mordes zulasten des L gemäß §§ 212 I, 211 II Gr. 1 Var. 4, Gr. 2 Var. 1, 22, 23 I, 12 I StGB strafbar gemacht haben, indem er – mit dem Willen, diesen zu erstechen – auf L zugestürmt ist.

0. Vorprüfung

Der Mord ist nicht vollendet, da L die Attacke des A überlebt.

Die Strafbarkeit des versuchten Mordes ergibt sich aus §§ 212 I, 211 II, 22, 23 I, 12 I StGB.

I. Tatbestand

1. Subjektiver Tatbestand

a) A müsste zunächst mit dem Tatentschluss bezüglich § 212 I StGB, das heißt mit dem Wissen um die objektiven Tatbestandsmerkmale des § 212 I StGB und in dem Willen, diese zu verwirklichen, gehandelt haben.

A wollte laut Sachverhalt den Tod des L durch das Zustechen mit dem von ihm bewusst mitgeführten Messer herbeiführen. Damit ist ein Tatentschluss hinsichtlich des Taterfolges, Tod eines Menschen sowie der Tötungshandlung, hier in Form des Erstechens des L, gegeben.

Ferner müsste A auch einen Tatentschluss hinsichtlich der kausalen Verursachung gehabt haben. Kausal ist jede Handlung, die nicht hinweggedacht werden kann, ohne dass der tatbestandliche Erfolg in seiner konkreten Gestalt entfiele.

A hat sich vorgestellt, dass er den Tod des L durch das Einstechen mit seinem Messer bewirken kann. Nach seiner Vorstellung war damit das Einstechen mit dem Messer nicht hinwegzudenken, ohne dass auch der Erfolg, der Tod des L, entfallen würde. Damit hatte A auch einen entsprechenden Tatentschluss hinsichtlich der Kausalität zwischen dem von ihm beabsichtigten Messerstich und dem angestrebten Tod des L.

Außerdem müsste A auch hinsichtlich des objektiven Zurechnungszusammenhangs mit Tatentschluss gehandelt haben. Objektiv zurechenbar ist ein Erfolg, wenn durch die Handlung eine rechtlich missbilligte Gefahr geschaffen wird und sich diese in tatbestandstypischer Weise im Erfolg realisiert.

A hielt es mindestens für möglich, dass er durch die Messerstiche den L in die Gefahr des Todes bringt, und er wollte dies auch. Aus seiner Sicht sollte sich diese von ihm herbeigeführte Todesgefahr auch im Tod des L realisieren. Dies schien ihm auch möglich. Damit handelte der A auch hinsichtlich des objektiven Zurechnungszusammenhangs mit Tatentschluss.

b) Überdies könnte A Tatentschluss bezüglich eines oder mehrerer Mordmerkmale des § 211 II StGB gehabt haben.

Er könnte mit dem Tatentschluss einer heimtückischen Begehungsweise gemäß § 211 II Gr. 2 Var. 1 StGB gehandelt haben. Unter „Heimtücke" ist die Ausnutzung der Arg- und Wehrlosigkeit zu verstehen, wobei die Wehrlosigkeit auf der Arglosigkeit beruhen muss. Arglos ist, wer zum Tatzeitpunkt mit keinem Angriff auf Körper oder Leben rechnet. Wehrlos ist, wer – infolge der Arglosigkeit – zur Verteidigung unfähig oder stark eingeschränkt ist.

Vorliegend erkennt A, dass L wohl deshalb in den Flur gekommen ist, weil dieser auf den von dort ausgehenden Lärm und die körperliche Auseinandersetzung zwischen A und F aufmerksam geworden ist. Damit ist der L – auch aus Sicht des A – aber gerade nicht mehr arglos, da in der Vorstellung des A auch der L damit rechnen muss, dass sich gewaltsame Attacken gegen ihn richten könnten. Vor diesem Hintergrund ist ein Tatentschluss des A hinsichtlich des Mordmerkmals „Heimtücke" zu verneinen.

Anmerkung

Hier hätte mit entsprechender Argumentation der Tatentschluss hinsichtlich der Arg- und Wehrlosigkeit des L auch bejaht werden können. In diesem Fall hätte dann aber auf den Meinungsstreit zur weiteren Begrenzung des Mordmerkmals „Heimtücke" eingegangen werden müssen.

Wie bereits in Fall 2 zum Strafrecht gezeigt, fordert ein Teil der Lehre, dass die heimtückische Tötung zusätzlich unter verwerflicher Ausnutzung einer Vertrauensbeziehung erfolgen muss. Die Rechtsprechung fordert statt des „verwerflichen Vertrauensbruchs", dass der Täter bzw. die Täterin in feindseliger Willensrichtung tötet. Das heißt, es soll keine heimtückische Begehungsweise vorliegen, sofern der Täter oder die Täterin aus Mitleid bzw. zum vermeintlich Besten des Opfers gehandelt hat. Im vorliegenden Fall hätten auch diese unterschiedlichen Ansätze aus der Sicht des Täters A subsumiert werden müssen, da sich die Prüfung nach wie vor auf der Ebene des subjektiven Tatbestands befindet.

Fraglich ist darüber hinaus, ob A vorliegend aus „sonstigen niederen Beweggründen" gemäß § 211 II Gr. 1 Var. 4 StGB den L töten wollte. Unter „sonstigen niederen Beweggründen" sind solche zu verstehen, die sittlich auf niedrigster Stufe stehen und nach den allgemeinen Maßstäben besonders verwerflich sind. Vorliegend will A den L töten, um seine Besitzansprüche an F zu demonstrieren. Er verfährt nach der Auffassung „Du sollst nicht haben, was ich nicht haben kann". Ein solcher Besitzanspruch ist durch eine besonders intensive Form der Eigensucht geprägt, die keinen Raum für das selbstbestimmte Leben seiner Ex-Freundin lässt. Ein solches Motiv ist als sittlich besonders tief stehend und nach den allgemeinen Maßstäben als besonders verwerflich anzusehen. Das heißt, der A hat das Mordmerkmal der „sonstigen niederen Beweggründe“ verwirklicht.

Der subjektive Tatbestand der §§ 212 I, 211 II StGB ist somit zu bejahen.

2. Objektiver Tatbestand

Zudem müsste auch der objektive Tatbestand erfüllt sein. Dieser verlangt beim Versuch lediglich das „unmittelbare Ansetzen zur Tat“ nach § 22 StGB. Zur Tat wird unmittelbar angesetzt, wenn der Täter oder die Täterin subjektiv die Schwelle zum „Jetzt geht es los!“ überschreitet und objektiv zur tatbestandsmäßigen Angriffshandlung ansetzt, sodass das Tun ohne (wesentliche) Zwischenschritte in die Erfüllung des Tatbestandes übergeht.

A ist bereits mit einem gezückten Messer auf L zugestürmt. Im nächsten Moment würde er nach seiner Vorstellung auf den L einstechen. Somit sind von L keine wesentlichen Zwischenschritte mehr zu absolvieren. Ein unmittelbares Ansetzen zur Tat liegt damit vor.

Folglich hat A auch den objektiven Tatbestand und somit den Tatbestand insgesamt verwirklicht.

II. Rechtswidrigkeit

Mangels eines Vorliegens von Rechtfertigungsgründen handelte A rechtswidrig.

III. Schuld

Schuldausschließungs- und Entschuldigungsgründe liegen abermals nicht vor. A handelte folglich auch schuldhaft.

IV. Ergebnis

A hat sich wegen versuchten Mordes nach §§ 212 I, 211 II, 22, 23 I, 12 I StGB strafbar gemacht.

Strafbarkeit gemäß § 223 I StGB zulasten des L

Außerdem könnte sich A durch das Anstürmen auf L mit dem gezückten Messer wegen Körperverletzung nach § 223 I StGB strafbar gemacht haben, weil L aus Furcht vor dem Angriff aus dem Fenster sprang und sich dabei den Fuß verstauchte.

I. Tatbestand

1. Objektiver Tatbestand

a) Körperliche Misshandlung
Der objektive Tatbestand setzt eine körperliche Misshandlung bzw. eine Gesundheitsschädigung voraus (Definitionen siehe oben). Das Anstürmen mit einem Messer in der Hand und unter dem Ausruf „Ich bringe dich um!" stellt eine üble und unangemessene Behandlung des A dar. Im Rahmen des Sprungs aus dem Fenster des 1. OGs verstaucht sich L den Fuß. Eine solche Verstauchung ist in der Regel sehr schmerzhaft und beeinträchtigt deshalb das körperliche Wohlbefinden des L mehr als nur unerheblich. Damit liegt eine körperliche Misshandlung vor. Außerdem handelt es sich bei einer Verstauchung eines Körperteils um einen pathologischen Zustand. Infolgedessen ist auch eine Gesundheitsschädigung zu bejahen.

b) Kausalität
Fraglich ist, ob zwischen der Handlung des A (dem Anstürmen auf L mit der Ankündigung, diesen töten zu wollen) und dem Taterfolg (der Verstauchung des Fußes des L) eine Kausalität besteht (Definition siehe oben).

Sofern hinweggedacht wird, dass A mit einem Messer und der Ankündigung, er werde L umbringen, auf L zustürmt, wäre L auch nicht aus dem Fenster der Wohnung gesprungen, um sich vor A in Sicherheit zu bringen. Mithin ist ein entsprechender Kausalzusammenhang gegeben.

c) Objektiver Zurechnungszusammenhang
Problematisch könnte jedoch sein, ob auch der erforderliche objektive Zurechnungszusammenhang zwischen der Tathandlung des A und den erlittenen Körperschäden des L gegeben ist. Dies könnte hier fraglich sein, weil L letztlich selbst entschieden hat, das Risiko eines Sprungs aus dem 1. OG einzugehen, um sich vor A in Sicherheit zu bringen. Es könnte deshalb eine eigenverantwortliche Selbstgefährdung vorliegen, die zum Ausschluss der objektiven Zurechnung führen könnte. Wie bereits dargelegt, ist ein durch eine menschliche Handlung verursachter Erfolg nur dann objektiv zurechenbar, wenn durch die Tathandlung eine rechtlich missbilligte Gefahr geschaffen wurde und sich diese im konkreten Taterfolg in tatbestandstypischer Weise realisiert hat.

Sofern eine Person einem anderen Menschen ankündigt, diesen im nächsten Moment umbringen zu wollen, und sich aus dem Verhalten schließen lässt, dass es sich dabei um eine durchaus ernst gemeinte Androhung handelt, schafft der Täter die Gefahr, dass das anvisierte Opfer versucht, sich dieses Angriffs zu erwehren oder sich der Situation durch Flucht zu entziehen. Angesichts der Bedrohung mit dem Tod wird hierbei ein Opfer bereit sein, Risiken einzugehen, das heißt, es beispielsweise hinzunehmen, dass es sich bei der Flucht verletzen könnte bzw. Dinge tut, von denen es normalerweise aus Furcht absehen würde.

Genau eine solche Gefahr hat der A mit seiner ernst zu nehmenden Ankündigung geschaffen. Diese Gefahr, dass L sich durch ein für seine körperliche Integrität riskantes Verhalten dem Angriff des A entzieht, hat sich in dem Sprung aus dem Fenster der im 1. OG gelegenen Wohnung realisiert. Der entsprechende objektive Zurechnungszusammenhang zwischen der Tathandlung des A und den bei L eingetretenen tatbestandlichen Erfolgen ist somit gegeben.

2. Subjektiver Tatbestand

Darüber hinaus muss auch der subjektive Tatbestand durch A verwirklicht worden sein. Das heißt, A muss hinsichtlich der körperlichen Misshandlung und der bei L eingetretenen Gesundheitsschädigung mit Vorsatz gehandelt haben. Nach ganz herrschender Ansicht ist in jedem Tötungsvorsatz ein entsprechender Körperverletzungsvorsatz enthalten, weil eine Körperverletzung regelmäßig ein unerlässliches Durchgangsstadium zum Tod ist.

Insofern kann vorliegend der Vorsatz grundsätzlich im Hinblick auf die eingetretenen Körperverletzungserfolge bejaht werden. Zwar hat A wahrscheinlich nicht damit gerechnet, dass sich L durch einen Sprung aus dem Fenster dem Angriff entzieht. Allerdings ist ein solches Opferverhalten kein so atypischer Kausalverlauf, dass dieser nicht mehr vom Vorsatz umfasst ist. Somit liegt Vorsatz des A und damit der subjektive Tatbestand des § 223 I StGB vor.

Der Tatbestand des § 223 I StGB ist mithin erfüllt.

II./III. Rechtswidrigkeit und Schuld

Rechtswidrigkeit und Schuld sind ebenfalls gegeben.

IV. Ergebnis

A hat sich wegen Körperverletzung nach § 223 I StGB strafbar gemacht.

Anmerkung

Sofern von der Annahme ausgegangen wird, dass A beim Anstürmen auf L das Messer in der Hand hielt, wäre es gut vertretbar gewesen, nicht nur auf eine Strafbarkeit wegen Körperverletzung nach § 223 I StGB, sondern auf eine Strafbarkeit wegen gefährlicher Körperverletzung nach §§ 223 I, 224 I Nr. 2 StGB abzustellen.

Strafbarkeit gemäß § 113 I, II, III StGB zulasten der POKin X

A könnte sich wegen Widerstands gegen Vollstreckungsbeamte nach § 113 I, II Nr. 1, III StGB strafbar gemacht haben, indem er der POKin X einen Stoß versetzt hat, als diese ihn zum Stehenbleiben und Sich-Ausweisen aufforderte.

I. Tatbestand

1. Objektiver Tatbestand

Der objektive Tatbestand des § 113 I StGB setzt voraus, dass es sich bei der POKin X um ein taugliches Opfer im Sinne der Norm handelt. Tatopfer des § 113 StGB sind unter anderem alle Amtsträger im Sinne des § 11 I Nr. 2 StGB, die zur Vollstreckung von Gesetzen, Rechtsverordnungen, Urteilen, Gerichtsbeschlüssen oder Verfügungen berufen sind. Im vorliegenden Fall ist X eine Polizeibeamtin, die zur Vollstreckung von Gesetzen etc. berufen ist. Sie ist mithin eine taugliche Adressatin im Sinne des § 113 StGB.

Darüber hinaus muss als Tatsituation von POKin X eine konkrete Diensthandlung vorgenommen worden sein. POKin X und POKin Y fordern den A auf, stehen zu bleiben und sich auszuweisen. Das heißt, sie befinden sich in der Vornahme einer Identitätsfeststellung nach § 163b I StPO. Somit liegt auch eine entsprechende Tatsituation gemäß § 113 I StGB vor.

Schließlich fordert der objektive Tatbestand, dass der Widerstand gegen diese Vollstreckungshandlung durch die Anwendung von Gewalt bzw. durch Drohung mit Gewalt geleistet wird. Unter Widerstand ist eine aktive Tätigkeit gegenüber den Vollstreckungsbeamtinnen zu verstehen, mit der die Durchführung der Vollstreckungshandlung verhindert oder erschwert werden soll. Ob dieses Ziel tatsächlich erreicht wird, ist unerheblich. Unter Gewalt ist in diesem Zusammenhang ein Einsatz materieller Zwangsmittel, vor allem körperlicher Kraft, durch tätiges Handeln gegen die Person des Vollstreckenden zu verstehen. Laut Sachverhalt versetzt A der POKin X einen heftigen Stoß, um sich an ihr in Richtung L vorbeidrängen zu können. Damit widersetzt er sich der Vollstreckung der von den Beamtinnen veranlassten

Identitätsfeststellung. Insofern liegt auch die erforderliche Tathandlung des A vor. Der objektive Tatbestand ist folglich erfüllt.

2. Subjektiver Tatbestand

Da POKin X uniformiert ist, wusste A auch, dass es sich bei ihr um eine Polizeibeamtin handelt, die unter anderem zur Vollstreckung einer Identitätsfeststellung berufen ist und eine solche durch die Aufforderung der X an A, stehen zu bleiben und sich auszuweisen, gerade vornimmt. A wollte sich dieser Vollstreckungsmaßnahme widersetzen, um zu dem geflüchteten L zu gelangen. Damit handelte A auch mit Wissen und Wollen hinsichtlich der objektiven Tatbestandsmerkmale und hat somit den subjektiven Tatbestand vorsätzlich verwirklicht.

Der Tatbestand ist damit erfüllt.

II. Objektive Bedingung der Strafbarkeit gemäß § 113 III StGB

Gemäß § 113 III StGB muss – als objektive Bedingung der Strafbarkeit – die von den Polizeibeamtinnen X und Y beabsichtigte Identitätsfeststellung nach § 163b I StPO auch rechtmäßig gewesen sein. Laut Bearbeitungshinweis in der Aufgabenstellung ist dies zu unterstellen.

III./IV. Rechtswidrigkeit und Schuld

Rechtswidrigkeit und Schuld sind ebenfalls zu bejahen.

V. Strafzumessung gemäß § 113 II Nr. 1 StGB

Es könnte ein besonders schwerer Fall des Widerstands gegen Vollstreckungsbeamte vorliegen, welcher gemäß § 113 II StGB zu einem erhöhten Strafrahmen führen kann. In Betracht kommt im vorliegenden Fall, dass der A als Täter nach § 113 II Nr. 1 bei der Tat vorsätzlich eine Waffe oder ein gefährliches Werkzeug bei sich geführt hat. Aus dem Sachverhalt ergibt sich nämlich, dass die beiden Beamtinnen bei A das Messer sicherstellen.

1. Objektive Merkmale
A hatte ein Butterflymesser in der Hand, als er auf den L zugestürmt ist. Dieses Messer wurde später durch die Beamtinnen auch bei ihm sichergestellt. Das heißt, er muss es denklogisch auch bei sich getragen haben, als er der Polizeibeamtin einen Stoß versetzte, um sich an dieser in Richtung L vorbeizudrängen. Er hat demnach bei der Verwirklichung des § 113 I StGB auch eine Waffe bei sich getragen.

2. Subjektive Merkmale

A wusste, dass er das Butterflymesser bei sich trägt, als er der Beamtin einen heftigen Stoß versetzte, und hat dies offensichtlich auch in Kauf genommen, da er sich des Messers vorher nicht entledigt hat. Damit handelte er bezüglich des „Bei-sich-Führens" des Messers auch mit Vorsatz.

Das Regelbeispiel des § 113 II Nr. 1 StGB ist damit verwirklicht.

VI. Ergebnis

A hat sich nach § 113 I, II, III StGB strafbar gemacht.

Strafbarkeit gemäß § 114 I, II, III StGB iVm. § 113 II Nr. 1, III StGB

A könnte sich durch dieselbe Handlung außerdem wegen eines tätlichen Angriffs gemäß § 114 I, II, III StGB iVm. § 113 II Nr. 1, III StGB strafbar gemacht haben.

I. Tatbestand

1. Objektiver Tatbestand

Die Adressaten des § 113 I und § 114 I StGB sind identisch. Bei der POKin X handelt es sich mithin auch um eine taugliche Adressatin im Sinne des § 114 I StGB.

Wie vorstehend bereits gezeigt, wollte POKin X gerade eine Identitätsfeststellung nach § 163b StPO vornehmen und befand sich somit bei der Vornahme einer Diensthandlung, hier sogar einer Vollstreckungshandlung.

Als Tathandlung fordert § 114 I StGB einen tätlichen Angriff. Unter einem tätlichen Angriff ist eine unmittelbar auf den Körper zielende feindselige Einwirkung zu verstehen, ohne dass es zu einer Körperberührung kommen muss. Der heftige Stoß mit dem Arm des A gegen die POKin X stellt eine solche unmittelbar feindselige Körpereinwirkung dar.

2. Subjektiver Tatbestand

In subjektiver Hinsicht wurde bereits gezeigt, dass ein Wissen des A bezüglich der Tatadressatin und der Tatsituation vorliegt. Darüber hinaus müsste A auch Vorsatz hinsichtlich des tätlichen Angriffs gehabt haben. A hat der POKin bewusst mit dem Arm einen heftigen Stoß versetzt, damit diese von der geplanten Vollstreckungshandlung absieht und der Weg für ihn frei ist. Mithin handelte A auch hinsichtlich des tätlichen Angriffs mit Wissen und Wollen. Der subjektive Tatbestand liegt somit vor.

II. Objektive Bedingung der Strafbarkeit: Rechtmäßigkeit der Vollstreckungshandlung

Wie vorstehend bereits dargelegt, war die von POKin X und POKin Y angestrebte Identitätsfeststellung auch rechtmäßig, sodass die objektive Bedingung der Strafbarkeit ebenfalls zu bejahen ist.

Anmerkung

Sofern die Diensthandlung des § 114 StGB sogar eine Vollstreckungshandlung darstellt, muss diese auch rechtmäßig sein. Deshalb ist in diesem Fall erneut auf § 113 III StGB einzugehen (dies folgt aus der Regelung des § 114 III StGB). Handelt es sich hingegen um eine sonstige (allgemeine) Diensthandlung – ohne Verwaltungsaktcharakter – (wie z. B. eine Streifenfahrt oder die Aufnahme eines Verkehrsunfalls zur Sicherung privatrechtlicher Ansprüche) entfällt dieser Prüfungspunkt und es wird nach dem subjektiven Tatbestand direkt die Rechtswidrigkeit erörtert.

III./IV. Rechtswidrigkeit und Schuld

Die Rechtswidrigkeit und die Schuld sind im vorliegenden Fall ebenfalls zu bejahen.

V. Strafzumessung des § 114 II iVm. § 113 II Nr. 1 StGB

Gemäß § 114 II iVm. § 113 II Nr. 1 StGB liegt auch hier ein besonders schwerer Fall des tätlichen Angriffs auf Vollstreckungsbeamte vor.

VI. Ergebnis

A hat sich wegen eines tätlichen Angriffs in einem besonders schweren Fall gemäß § 114 I, II, III StGB iVm. § 113 II, III StGB strafbar gemacht.

Anmerkung

Sofern ein Täter oder eine Täterin Widerstand gegen eine Vollstreckungshandlung mittels eines tätlichen Angriffs leistet, sind grundsätzlich sowohl § 113 StGB als auch § 114 StGB (in getrennten Prüfungen) anzusprechen. Es empfiehlt sich, mit der Erörterung des § 113 StGB zu beginnen. Innerhalb der nachfolgenden Prüfung des § 114 StGB kann in großem Umfang auf die vorangegangene StGB-Prüfung des § 113 verwiesen werden.

Aufgabe 2

a) Rechtmäßigkeit der Beschlagnahme des Butterflymessers als Beweismittel

Die Beschlagnahme des Butterflymessers könnte gemäß §§ 94 I, II, 98 StPO rechtmäßig sein.

I. Vorüberlegungen: Grundrechtseingriff und Charakter der Maßnahme

Durch eine Beschlagnahme von Gegenständen wird in das Grundrecht des Schutzes von Eigentum und Besitz nach Art. 14 I S. 1 GG eingegriffen.

Der Zweck der Maßnahme liegt in der Aufklärung einer begangenen Straftat. Somit hat die polizeiliche Maßnahme einen repressiven Charakter.

II. Anordnungsvoraussetzungen

Damit dieser Grundrechtseingriff rechtmäßig ist, müssen zunächst die Anordnungsvoraussetzungen der §§ 94 I, II, 98 StPO vorliegen.

1. Anfangsverdacht

Dies setzt zunächst einen einfachen Tatverdacht voraus. Unter einem einfachen Tatverdacht versteht man konkrete tatsächliche Anhaltspunkte für das Vorliegen einer Straftat.

Im vorliegenden Fall haben Nachbarn die Polizei alarmiert, weil sie auf den Tumult an der Wohnungstür, insbesondere das gewaltsame Öffnen der Tür und die Todesdrohungen, aufmerksam geworden sind. Aufgrund dieser Aussagen liegen konkrete tatsächliche Anhaltspunkte für das Vorliegen eines Hausfriedensbruchs, von Körperverletzungsdelikten sowie gegebenenfalls (versuchten) Tötungsdelikten vor.

2. Gegenstand mit potenzieller Beweisbedeutung

Bei dem sichergestellten Messer muss es sich um einen Gegenstand mit potenzieller Beweisbedeutung handeln. Hierunter sind alle beweglichen oder unbeweglichen Sachen zu verstehen, die unmittelbar oder mittelbar für die Tat oder die Umstände ihrer Begehung Beweise erbringen. Potenzielle Beweisbedeutung meint, dass zumindest die Möglichkeit bestehen muss, dass der Gegenstand im Verfahren zu Untersuchungszwecken verwendet wird.

Im vorliegenden Fall finden die Beamtinnen bei A ein Butterflymesser. Dieses Messer ist gegebenenfalls hinsichtlich der im Raum stehenden Körperverletzungsdelikte und des versuchten Tötungsdelikts, aber auch im Hinblick auf die Verwirklichung des besonders schweren Falls des § 113 II StGB und § 114 II StGB als Tatwerkzeug relevant.

3. Gewahrsam des Betroffenen über den Gegenstand
Das Butterflymesser trägt der A auch auf der Straße noch bei sich, als er von den Beamten überwältigt wird. Es befindet sich somit im Gewahrsam des A.

4. Keine freiwillige Herausgabe
Laut Sachverhalt protestiert A gegen die Sicherstellung des Messers. Somit erfolgt keine freiwillige Herausgabe, sodass eine formelle Beschlagnahme nach § 94 II StPO vorgenommen werden muss.

5. Keine entgegenstehenden Beschlagnahmeverbote
Ein Beschlagnahmeverbot, insbesondere nach §§ 96, 97 oder § 148 StPO, kommt im vorliegenden Fall nicht in Betracht.

III. Anordnungsbefugnis

Fraglich ist, ob POKin X und POKin Y zur Beschlagnahme des Messers anordnungsbefugt waren. Gemäß § 98 I StPO liegt die Anordnungsbefugnis grundsätzlich beim Gericht. Nur im Fall von Gefahr im Verzug darf die Beschlagnahme auch von der Staatsanwaltschaft oder deren Ermittlungspersonen nach § 152 GVG angeordnet werden. Gefahr im Verzug besteht, wenn die richterliche Anordnung nicht eingeholt werden kann, ohne dass der Zweck der Maßnahme gefährdet wird. Im vorliegenden Fall ist es nach 22:00 Uhr und die beiden Beamtinnen haben vergeblich versucht, einen Richter oder eine Richterin zu erreichen. Das heißt, es muss davon ausgegangen werden, dass erst am kommenden Morgen ein richterlicher Beschluss vorliegen wird. Es ist allerdings zu befürchten, dass A das Butterflymesser bis dahin heimlich wird verschwinden lassen und dass damit das Beweismittel in einem Strafverfahren nicht mehr zur Verfügung stehen würde. Gefahr im Verzug ist mithin zu bejahen, sodass die beiden Beamtinnen hier auch anordnungsbefugt waren.

IV. Verfahrens- und Formvorschriften

Schließlich müssen die beiden Beamtinnen die einschlägigen Verfahrens- und Formvorschriften eingehalten haben.

1. Die Beamtinnen müssten A zunächst die Maßnahme, die Beschlagnahme des Messers, bekannt gegeben haben. Diese Bekanntgabe ist laut Sachverhalt erfolgt.
2. Laut Bearbeitungshinweis in der Aufgabenstellung haben die Beamtinnen den A auch gemäß § 98 II S. 2, 5 StPO über seine Rechte belehrt.
3. Da die Beamtinnen das Messer ohne richterliche Anordnung beschlagnahmt haben, soll binnen drei Tagen eine richterliche Bestätigung der Maßnahme erfolgen.

4. Nach § 107 StPO ist dem A ein Beschlagnahmeverzeichnis auszuhändigen.
5. Außerdem ist das beschlagnahmte Messer gemäß § 109 StPO genau zu verzeichnen und zur Verhütung von Verwechselungen in geeigneter Weise kenntlich zu machen.

V. Verhältnismäßigkeit

Schließlich muss die Beschlagnahme des Butterflymessers in Anbetracht der im Raum stehenden Straftaten auch verhältnismäßig sein.

Hierfür muss die Beschlagnahme zunächst geeignet sein. Die Maßnahme ist geeignet, wenn mit ihrer Hilfe im konkreten Fall der strafprozessuale Zweck gefördert werden kann. Durch die Beschlagnahme des Messers als Tatwerkzeug kann im nachfolgenden Strafverfahren der Beweis über die Bewaffnung des A geführt werden. Durch diese erleichterte Beweisführung ist eine Eignung der Maßnahme gegeben.

Des Weiteren muss die Beschlagnahme auch erforderlich sein, das heißt, es dürfen keine milderen, gleich wirksamen, aber die Grundrechte des Betroffenen nicht oder weniger einschränkenden, Mittel zur Verfügung stehen. Mildere prozessuale Mittel als die Beschlagnahme sind vorliegend nicht ersichtlich. Die weniger grundrechtsbeschneidende Sicherstellung nach § 94 I StPO kommt nicht in Betracht, weil A nicht willens ist, das Messer freiwillig herauszugeben.

Abschließend muss die Beschlagnahme auch angemessen sein. Hierfür ist eine Gesamtabwägung aller Umstände, insbesondere des Interesses an der Strafverfolgung wegen der im Raum stehenden Straftaten einerseits und des Grundrechtseingriffs durch die strafprozessuale Maßnahme andererseits, vorzunehmen. Im Raum stehen ein versuchtes vorsätzliches Tötungsdelikt, Körperverletzungsdelikte und Widerstand gegen Vollstreckungsbeamte bzw. ein tätlicher Angriff auf Vollstreckungsbeamte. Insbesondere bezüglich des versuchten Tötungsdelikts besteht ein sehr hohes Interesse an der Strafverfolgung. Demgegenüber erscheint der Eingriff in das Grundrecht auf Eigentum des A nicht außerverhältnismäßig.

VI. Ergebnis

Die Beschlagnahme des Butterflymessers als Beweismittel war im vorliegenden Fall rechtmäßig.

b) Rechtmäßigkeit der Blutentnahme

Die vorgenommene Blutentnahme könnte gemäß § 81a I S. 2 StPO rechtmäßig gewesen sein.

I. Vorüberlegungen: Grundrechtseingriff und Charakter der Maßnahme

Durch die Blutentnahme wird in die Grundrechte auf körperliche Unversehrtheit gemäß Art. 2 II GG und der Freiheit der Person nach Art. 2 II iVm. Art. 104 GG eingegriffen.

Der Zweck der Maßnahme liegt in der Aufklärung einer begangenen Straftat. Somit hat die polizeiliche Maßnahme einen repressiven Charakter.

II. Anordnungsvoraussetzungen

1. Einfacher Tatverdacht
Ein einfacher Tatverdacht hinsichtlich Körperverletzungsdelikten etc. und (versuchten) Tötungsdelikten liegt vor (siehe oben).

2. Adressat der Maßnahme: beschuldigte Person
Als rechtmäßiger Adressat oder rechtmäßige Adressatin der Blutentnahme kommt nur eine beschuldigte Person in Betracht. Unter einem bzw. einer Beschuldigten ist eine tatverdächtige Person zu verstehen, gegen die polizeiliche oder staatsanwaltliche Ermittlungen wegen des Verdachts einer strafbaren Handlung geführt werden.

Aufgrund der Zeugenaussagen und des von den Polizeibeamtinnen selbst wahrgenommenen Widerstands gegen Vollstreckungsbeamte bzw. des tätlichen Angriffs gemäß §§ 113 ff. StGB hat sich der Tatverdacht gegen A bereits so weit verdichtet, dass gegen ihn schon polizeiliche Maßnahmen eingeleitet worden sind. Die Beschuldigteneigenschaft des A ist mithin zu bejahen.

3. Zulässige Maßnahme: körperlicher Eingriff
Die Zulässigkeit des körperlichen Eingriffs bestimmt sich nach § 81a I S. 2 StPO. Das heißt, sie darf nur von einem approbierten Arzt oder einer approbierten Ärztin für Humanmedizin nach den Regeln der ärztlichen Kunst durchgeführt werden.

Da sich aus dem Sachverhalt nicht entnehmen lässt, dass A in die Blutentnahme eingewilligt hat, dürfen durch die Maßnahme keine gesundheitlichen Nachteile zu befürchten sein. Aus dem Sachverhalt geht hervor, dass diese Voraussetzungen vorliegend gegeben sind.

4. Zulässiger Untersuchungszweck: Feststellung von Tatsachen, die für das Verfahren von Bedeutung sind

Des Weiteren muss ein zulässiger Untersuchungszweck nach § 81 a I S. 1 StPO vorliegen. Das heißt, die Blutentnahme darf nur angeordnet werden, sofern dies zur Feststellung von Tatsachen notwendig ist, die für das Verfahren von Bedeutung sind.

Die beiden Beamtinnen haben Alkoholgeruch bei A festgestellt. Die Frage nach einer Alkoholisierung bzw. des Alkoholisierungsgrads ist insbesondere für die Beurteilung der Schuldfähigkeit von erheblicher Bedeutung. Somit liegt auch ein zulässiger Untersuchungszweck vor.

III. Anordnungsbefugnis

Auch die Anordnung einer Blutentnahme obliegt nach § 81a II StPO grundsätzlich dem Gericht. Bei Gefahr im Verzug kann diese jedoch ausnahmsweise auch hier durch die Staatsanwaltschaft und ihre Ermittlungspersonen angeordnet werden.

Da ein Richter oder eine Richterin nicht erreicht wurden, bestand die Gefahr, dass sich der Alkohol im Körper des A bis zum nächsten Morgen so weit abgebaut haben würde, dass er nicht mehr (zuverlässig) im Hinblick auf den Tatzeitpunkt würde zurückgerechnet werden können. Insoweit liegt hier Gefahr im Verzug vor und die Anordnung der Maßnahme durch die beiden Polizeibeamtinnen war gemäß § 81a II StPO zulässig.

IV. Verfahrens- und Formvorschriften

1. Aufgrund des Bearbeitungshinweises ist zu unterstellen, dass die Beamtinnen die Untersuchungsart dem A bekannt gegeben haben.
2. Nach § 81 a III 1. HS StPO darf die entnommene Blutprobe nur zum Zweck des der Entnahme zugrunde liegenden (oder eines anderen anhängigen) Strafverfahrens verwendet werden.
3. Gemäß § 81 a III StPO ist die Blutprobe unverzüglich zu vernichten, sobald diese nicht mehr für das Strafverfahren benötigt wird.

V. Verhältnismäßigkeit

Die Blutentnahme muss auch verhältnismäßig gewesen sein. Die Bestimmung der Blutalkoholkonzentration des A ist geeignet, Feststellungen zur Frage der Schuldfähigkeit zum Zeitpunkt der Tathandlungen zu treffen.

Die Erforderlichkeit der Blutentnahme ist zu bejahen, weil keine anderen milderen Mittel zur Verfügung stehen, um den Alkoholisierungsgrad des A zum Zeitpunkt der Tat hinreichend sicher zu bestimmen. Die Bestimmung des Atemalkohols weist keine vergleichbare Genauigkeit des Alkoholisierungsgrads auf und stellt damit kein vergleichbares milderes Mittel dar.

Schließlich war die Blutentnahme auch angemessen. Bei der Blutentnahme handelt es sich zwar um einen Eingriff in die körperliche Unversehrtheit und in die Freiheit der Person. Allerdings kann eine solche Maßnahme in wenigen Sekunden durchgeführt werden, indem mittels einer Nadel sehr geringe Mengen Blut entnommen werden. Mit dem allenfalls kurz schmerzhaften Einstich sind keine weiteren körperlichen Folgen verbunden. Angesichts des unter anderem im Raum stehenden Tatverdachts wegen Körperverletzungsdelikten und wegen eines versuchten Tötungsdelikts überwiegt das Interesse an der Strafverfolgung.

VI. Ergebnis

Die Blutentnahme bei A war ebenfalls rechtmäßig.

Klausur 3: Der erschrockene Kampfsportler und eine Familientragödie

(Bearbeitungszeit: 135 Minuten)

Sachverhalt 1

Der schmächtige und körperlich in einem sehr geschwächten Zustand befindliche Drogenabhängige Xenio Xalter (X) versucht dem Kampfsportler Yannik Young (Y) aus dessen Jackentasche heimlich eine Geldbörse mit 200 € zu entwenden, um seine Drogensucht zu finanzieren. Noch bevor der X die Geldbörse fest umgriffen hat, spürt Y jedoch die Hand des X an bzw. in seiner Jacke und realisiert sofort, dass der X ihn bestehlen will.

Obwohl Y dem X körperlich weit überlegen ist und obwohl der X (für Y erkennbar) von seinem Vorhaben mit Sicherheit abgelassen hätte, wenn Y ihn angeschrien oder weggeschubst hätte, ist Y durch den Übergriff des X so erschrocken, dass er sein mitgeführtes Taschenmesser zückt und X hiermit gezielt in den Bauch sticht. Durch den Messerstich erleidet X massive (aber nicht lebensbedrohliche) Verletzungen, die Y auch so in Kauf genommen hat. Von seinem Diebstahlsvorhaben nimmt X angesichts seiner Verletzungen Abstand.

Aufgabe 1 **(40 %)**

Prüfen Sie die Strafbarkeit des Y wegen Körperverletzungsdelikten.

Sachverhalt 2

Anke Auer (A) ist alleinerziehende Mutter des dreijährigen Mädchens Mia (M) und des zweijährigen Jungen Jonas (J). Sie wohnt mit beiden Kindern in einem sechsstöckigen Plattenneubau. Beim Einkaufen lernt A ihren neuen Freund kennen. Der Freund weiß zwar von den Kindern der A, hat an diesen jedoch keinerlei Interesse. In den folgenden Monaten bringt A ihre Kinder abends ins Bett, wartet, bis diese schlafen und verlässt dann die Wohnung, um die Nacht bei ihrem Freund zu verbringen. A kommt stets am frühen Vormittag des Folgetags zu ihren Kindern zurück. Der Freund fragt nie nach dem Verbleib der Kinder, weil er irrig davon ausgeht, dass sich auch der leibliche Vater um diese kümmert. Im Sommer schlägt der Freund vor, zu zweit in den Urlaub zu fahren. A ist begeistert.

Am 01.07., dem Morgen ihrer Abreise, stellt sie ihren Kindern drei Bananen und eine offene Milchtüte hin und verlässt sodann für 14 Tage die

Wohnung. Das Schicksal ihrer Kinder ist A egal, da diese ihr – gerade im Hinblick auf ihre neue Liebesbeziehung – zunehmend lästig geworden sind und sie die Kinder am liebsten loswerden will.

Nachdem die Kinder schon am ersten Tag die bereitgestellten Lebensmittel aufgegessen haben, beginnt für sie ein Todeskampf. Sie durchsuchen in den nächsten Tagen die Schränke und den Müll in der Wohnung vergeblich nach Essbarem. Sie schreien Tag und Nacht um Hilfe. Die Nachbarn, unter anderem der Nachbar Xiao Xi (X), hören über mehrere Tage diese Hilferufe, reagieren aber nicht. Obwohl die Nachbarn die Einzelheiten nicht kennen, ist ihnen bewusst, dass sich die Kinder in einer Notlage befinden. Keiner möchte sich jedoch einmischen. Nachbar X beobachtet beispielsweise, wie die Kinder am 06.07. erkennbar verzweifelt und in einem kritischen körperlichen Zustand gegen die Fensterscheiben klopfen. Auch jetzt unternimmt er nichts, weil er keine Unannehmlichkeiten haben will. Am 09.07. versterben beide Kinder an völliger Dehydrierung. Die Gerichtsmedizinerin stellt später fest, dass es keine einzige Zelle im Körper der beiden Kinder gab, die noch Wasser enthielt.

Aufgabe 2 **(60 %)**

a) Prüfen Sie die Strafbarkeit der Kindsmutter A.

Bearbeitungshinweis: Das Verhalten der A im Mai und Juni ist nicht strafrechtlich zu würdigen.

b) Prüfen Sie die Strafbarkeit des Nachbarn X.

Bearbeitungshinweis: Körperverletzungsdelikte (§§ 223 ff. StGB) sowie Aussetzung (§ 221 StGB) sind für A und X nicht zu erörtern.

Lösung

Aufgabe 1: Strafbarkeit des Y wegen Körperverletzungsdelikten

Y könnte sich wegen einer gefährlichen Körperverletzung gemäß §§ 223 I, 224 I Nr. 2, Nr. 5 StGB strafbar gemacht haben, indem er dem X mit einem Taschenmesser in den Bauch gestochen hat.

I. Grundtatbestand des § 223 I StGB

1. Objektiver Tatbestand

Voraussetzung für die Verwirklichung des objektiven Tatbestands des § 223 I StGB ist, dass Y den X körperlich misshandelt oder an der Gesundheit geschädigt hat. Unter einer körperlichen Misshandlung versteht man jede üble und unangemessene Behandlung, durch die das körperliche Wohlbefinden mehr als nur unerheblich beeinträchtigt wird. Unter einer Gesundheitsschädigung ist jedes Hervorrufen oder Steigern eines pathologischen Zustands zu verstehen.

Y hat dem X mit einem Taschenmesser in den Bauch gestochen. Ein Messerstich stellt eine üble und unangemessene Behandlung dar. Da ein solcher Messerstich für das Opfer mit starken Schmerzen, Blutverlust und in der Regel auch mit der Angst um das eigene Leben verbunden ist, wurde durch den Messerstich das körperliche Wohlbefinden des X mehr als nur unerheblich beeinträchtigt. Eine körperliche Misshandlung liegt damit vor.

Die durch den Messerstich hervorgerufene Bauchwunde bei X stellt auch einen pathologischen Zustand und damit eine Gesundheitsschädigung dar.

Mithin ist der objektive Tatbestand des § 223 I StGB zu bejahen.

2. Subjektiver Tatbestand

Des Weiteren müsste Y auch den subjektiven Tatbestand des § 223 I StGB verwirklicht haben. Das heißt, Y müsste hinsichtlich des objektiven Tatbestands vorsätzlich gehandelt haben. Unter Vorsatz ist das Wissen und das Wollen um die Verwirklichung aller objektiven Tatbestandsmerkmale zu verstehen. Dafür muss Y den Erfolgseintritt wenigstens für möglich gehalten und billigend in Kauf genommen haben (sogenannter Eventualvorsatz).

Sofern mit einem Messer einer anderen Person in den Bauch gestochen wird, kann eine Kenntnis darüber, dass hierdurch schmerzhafte und heilungsbedürftige Verletzungen entstehen, unterstellt werden. Dem Sachverhalt ist ferner zu entnehmen, dass Y eine Verletzung des X in Kauf genommen hat. Das heißt, Y hat den X vorsätzlich körperlich misshandelt und an der Gesundheit geschädigt.

Somit liegen auch der subjektive Tatbestand und damit der gesamte Grundtatbestand des § 223 I StGB vor.

II. Qualifikationstatbestand des § 224 I StGB

Zudem könnte der Qualifikationstatbestand des § 224 I StGB erfüllt sein.

1. Objektiver Tatbestand

a) Mittels einer Waffe oder eines gefährlichen Werkzeugs gemäß § 224 I Nr. 2 StGB

Y könnte die Körperverletzung mittels einer Waffe oder eines gefährlichen Werkzeugs begangen haben, weil er dem X mit einem Messer in den Bauch gestochen hat. Fraglich ist, ob das Taschenmesser eine Waffe oder „lediglich" ein gefährliches Werkzeug im Sinne des § 224 I Nr. 2 StGB ist. Waffen sind zunächst alle Waffen im technischen Sinne. In Anlehnung an § 1 WaffG sind hierunter Gegenstände zu verstehen, die schon ihrer Natur nach dazu bestimmt sind, als Angriffs- oder Verteidigungsmittel Verletzungen beizubringen, insbesondere Schuss-, Stich- oder Schlagwaffen.

Ein Taschenmesser ist nicht vorrangig dazu bestimmt, als Angriffs- oder als Verteidigungsmittel eingesetzt zu werden. Vielmehr dient es primär dazu, kleinere Schneide- oder Schnitzarbeiten durchzuführen (Ab- bzw. Aufschneiden von Lebensmitteln, Vornahme von Markierungen etc.). Damit scheidet das Taschenmesser des Y als Waffe aus.

Allerdings könnte es ein gefährliches Werkzeug darstellen. Unter einem gefährlichen Werkzeug ist ein (beweglicher) Gegenstand zu verstehen, der aufgrund seiner Beschaffenheit und der konkreten Art der Verwendung geeignet ist, erhebliche Verletzungen herbeizuführen.

Der Stich mit einem Messer in den Bauch einer anderen Person ist durchaus geeignet, erhebliche Verletzungen herbeizuführen. Damit ist das Taschenmesser im vorliegenden Fall als gefährliches Werkzeug einzuordnen.

b) Lebensgefährdende Behandlung gemäß § 224 I Nr. 5 StGB

Fraglich ist ferner, ob im vorliegenden Fall eine lebensgefährdende Behandlung gemäß § 224 I Nr. 5 StGB gegeben ist. Unter einer das Leben gefährdenden Behandlung ist jede Einwirkung des Täters oder der Täterin zu verstehen, die (abstrakt) geeignet ist, das Opfer in Lebensgefahr zu bringen.

Laut Sachverhalt ist für X durch den Messerstich konkret keine lebensbedrohliche Situation entstanden. Sofern mit der Rechtsprechung jedoch keine konkrete Lebensgefährdung verlangt wird, sondern bereits eine abstrakte Lebensgefährdung für ausreichend angesehen wird, kann eine solche vorliegend durchaus angenommen werden. Ein Messerstich in den Bauch – auch mit einem Taschenmesser, welches über keine sehr lange Klinge verfügt – ist abstrakt immer geeignet, lebenswichtige Organe zu verletzen und damit eine lebensgefährliche Situation hervorzurufen. Mithin ist vorliegend auch § 224 I Nr. 5 StGB zu bejahen.

Anmerkung

Aufgrund der Sachverhaltsangaben wäre in diesem Fall eine Verneinung des § 224 I Nr. 5 StGB ebenfalls vertretbar.

Folglich liegt der objektive Tatbestand des § 224 I Nr. 2, Nr. 5 StGB vor.

2. Subjektiver Tatbestand

Überdies müsste Y hinsichtlich der Körperverletzung mittels des Taschenmessers als gefährlichem Werkzeug und der lebensgefährdenden Behandlung des X vorsätzlich gehandelt haben. Y hat mit dem Taschenmesser bewusst auf X eingestochen und deshalb bei seiner Verwendung vorsätzlich gehandelt. Auch könnte Y vorsätzlich, mindestens in Form des Eventualvorsatzes, hinsichtlich der lebensgefährdenden Behandlung gehandelt haben. Hierfür muss er es lediglich für möglich gehalten haben, dass durch den Bauchstich eine abstrakte Lebensgefahr für X eintritt, und dies billigend in Kauf genommen haben.

Aufgrund der Sachverhaltsangaben hat Y dem schmächtigen X gezielt in den Bauch gestochen, sodass auch ein diesbezüglicher Vorsatz zu bejahen ist. Damit ist der subjektive Tatbestand verwirklicht.

Der Tatbestand der gefährlichen Körperverletzung gemäß §§ 223 I, 224 I Nr. 2, Nr. 5 StGB liegt somit vor.

III. Rechtswidrigkeit

Fraglich ist, ob Y den Tatbestand auch rechtswidrig verwirklicht hat. Dies wäre nicht der Fall, sofern zu seinen Gunsten ein Rechtfertigungsgrund greifen würde. In Betracht kommt hier Notwehr gemäß § 32 StGB.

Anmerkung

Rechtfertigungsgründe (genauso wie Schuldausschließungs- und Entschuldigungsgründe) sind nicht in den Obersatz aufzunehmen, da sie eine Strafbarkeit nicht begründen, sondern ihr Vorliegen zur Verneinung der Strafbarkeit führt.

Anmerkung

Sofern Rechtsgüter durch menschliches Verhalten bedroht werden, kommen als Rechtfertigungsgründe grundsätzlich die Notwehr nach § 32 StGB und der rechtfertigende Notstand nach § 34 StGB in Betracht. In einem solchen Fall sollte jedoch immer mit der Prüfung der Notwehr begonnen werden, da diese zwar enge gesetzliche Vorgaben an die Rechtfertigungslage stellt, die Anforderungen an die Rechtfertigungshandlung bei Notwehr jedoch deutlich geringer sind als bei dem rechtfertigenden Notstand.

Sofern bereits die Notwehr als Rechtfertigungsgrund bejaht wird, ist die Prüfung von weiteren Rechtfertigungsgründen, insbesondere des § 34 StGB, nicht notwendig, da bereits das Vorliegen eines Rechtfertigungsgrundes zur Verneinung der Rechtswidrigkeit der Tatbestandsverwirklichung führt.

Scheitert eine Rechtfertigung nach § 32 StGB, ist zu differenzieren: Sofern die Voraussetzungen an die Rechtfertigungshandlung des § 32 StGB nicht erfüllt sind (etwa, weil die eingesetzte Verteidigungshandlung nicht erforderlich war), erscheint eine nachfolgende Prüfung des § 34 StGB wenig sinnvoll, da dieser Rechtfertigungsgrund – wegen der noch strengeren Anforderungen an die Rechtfertigungshandlung des § 34 StGB – nie gegeben sein kann. Scheitert eine Rechtfertigung nach § 32 StGB jedoch etwa bereits an der Notwehrlage (z. B. weil der Angriff noch nicht gegenwärtig war), kann ein Abstellen auf § 34 StGB durchaus zu einer Rechtfertigung führen, da als Rechtfertigungslage hier nur eine gegenwärtige *Gefahr* verlangt wird, die unter Umständen schon gegeben sein kann, obwohl noch kein gegenwärtiger *Angriff* nach § 32 StGB vorliegt.

a) Notwehrlage

Dafür müsste zunächst eine Notwehrlage im Sinne des § 32 StGB vorliegen. Dies setzt einen gegenwärtigen rechtswidrigen Angriff voraus. Unter einem Angriff versteht man die Bedrohung rechtlich geschützter Güter durch menschliches Verhalten. Dieser ist gegenwärtig, wenn er unmittelbar bevorsteht, gerade stattfindet oder noch andauert. Der Angriff ist rechtswidrig, wenn er im Widerspruch zur Rechtsordnung steht, insbesondere der Angreifende sich nicht selbst auf Rechtfertigungsgründe berufen kann.

Im vorliegenden Fall versucht der X, dem Y dessen Geldbörse nebst Inhalt zu stehlen, und bedroht damit das Eigentum (und den Besitz) des Y. Ein Angriff liegt damit vor. Dieser Angriff findet gerade statt, da X bereits seine Hand in die Jacke des Y gesteckt hat, um die Geldbörse aus dieser herauszuholen. Insofern ist der Angriff auch gegenwärtig. Da sich X seinerseits nicht auf Rechtfertigungsgründe berufen kann, ist sein Angriff auf Y außerdem rechtswidrig. Eine Notwehrlage im Sinne des § 32 StGB liegt somit vor.

b) Verteidigungshandlung

Außerdem müsste der Messerstich – als mögliche Verteidigungshandlung – auch den Anforderungen des § 32 StGB genügen.

Hierfür müsste der Messerstich zunächst zur Abwendung des Angriffs erforderlich gewesen sein. Erforderlich ist eine Verteidigungshandlung, wenn sie – nach einem objektiven Ex-ante-Urteil – einerseits geeignet ist, den Angriff abzuwenden, und wenn sie andererseits das relativ mildeste Mittel ist, den Angriff umgehend und sicher abzuwehren.

Der Messerstich war im vorliegenden Fall geeignet, den beabsichtigten Diebstahl der Geldbörse abzuwenden, da X von seinem ursprünglichen Vorhaben verletzungsbedingt Abstand genommen hat.

Fraglich ist, ob es sich bei dem Stich mit dem Taschenmesser in den Bauch des X auch um das mildeste Mittel der Verteidigung gehandelt hat. Zu beachten ist dabei, dass sich der Angegriffene nicht darauf einlassen muss, zu einem milderen Mittel zu greifen, mit welchem aber nicht genauso zuverlässig der Angriff abzuwenden ist bzw. das weitere Risiken für den Angegriffenen birgt.

Vorliegend handelt es sich bei dem Angreifer X um eine schmächtige und körperlich in einem geschwächten Zustand befindliche Person. Der Y ist dem X körperlich weit überlegen und es wäre ihm möglich gewesen, sich dem X zur Abwendung des Angriffs resolut entgegenzustellen, ihn anzuschreien oder wegzustoßen. Denkbar wäre ferner gewesen, dem X mit dem Messer lediglich zu drohen oder diesen an einer deutlich ungefährlicheren Stelle (z. B. durch einen Stich in den Arm) zu verletzen. Aufgrund der Sachverhaltsangaben darf unterstellt werden, dass solche Maßnahmen den Angriff des X genauso schnell und zuverlässig abgewendet hätten, ohne dass dies mit größeren Risiken für Y verbunden gewesen wäre. Der Messerstich in den Bauch des X ist damit in jedem Fall nicht das mildeste Mittel gewesen, um den Angriff auf das Eigentum des Y sicher abzuwenden. Vor diesem Hintergrund liegt keine gerechtfertigte Verteidigungshandlung nach § 32 StGB vor.

Eine Notwehr nach § 32 StGB scheidet als Rechtfertigungsgrund damit aus.

Andere Rechtfertigungsgründe kommen vorliegend ebenfalls nicht in Betracht. Dies gilt insbesondere für den rechtfertigenden Notstand nach § 34 StGB. Da die Voraussetzungen für die Rechtfertigungshandlung des § 34 StGB deutlich strenger sind als die Voraussetzungen für die Verteidigungshandlung nach § 32 StGB, ist eine Bejahung des § 34 StGB nicht möglich.

Y hat somit den Tatbestand rechtswidrig verwirklicht.

IV. Schuld

Zugunsten des Y könnte vorliegend jedoch ein Entschuldigungsgrund greifen. In Betracht kommt ein Überschreiten der Notwehr nach § 33 StGB. Dieser Entschuldigungsgrund setzt voraus, dass Y – als Täter – die Grenzen der Notwehr aus Verwirrung, Furcht oder Schrecken überschritten hat.

Wie vorstehend dargelegt, hat Y die Grenzen der Notwehr überschritten, da seine Verteidigungshandlung nicht mehr von § 32 StGB gedeckt war. Laut Sachverhalt war der Grund dafür, dass Y sich deutlich intensiver als erlaubt gegen den Rechtsgutangriff gewehrt hat, der Schrecken über den Diebstahlsversuch des X. Es handelt sich hierbei um einen sogenannten asthenischen Affekt, das heißt einen Zustand der Schwäche, der von § 33 StGB umfasst ist, während sthenische Affekte (wie beispielsweise Wut oder Zorn) nicht § 33 StGB unterfallen. Schließlich besteht vorliegend auch der innere Zusammenhang zwischen der Überschreitung der Notwehr einerseits und dem Affekt des Y andererseits.

Damit greift in diesem Fall der Entschuldigungsgrund des § 33 StGB. Damit handelte Y nicht schuldhaft.

V. Ergebnis

Y hat sich nicht wegen einer gefährlichen Körperverletzung strafbar gemacht.

Aufgabe 2

a) Strafbarkeit der A gemäß §§ 212 I, 211 II, 13 I StGB

A könnte sich wegen Mordes durch Unterlassen gemäß §§ 212 I, 211 II Gr. 1 Var. 4, 13 I StGB strafbar gemacht haben, indem sie ihre beiden kleinen Kinder in der Wohnung über mehrere Tage weitgehend unversorgt allein gelassen hat.

I. Grundtatbestand der §§ 212 I, 13 I StGB

1. Objektiver Tatbestand

a) Eintritt des tatbestandlichen Erfolgs
Voraussetzung für den Grundtatbestand ist zunächst der Eintritt des tatbestandlichen Erfolgs. Die beiden Kinder sind verstorben, damit ist der Taterfolg, in Form des Todes von zwei anderen Menschen, eingetreten.

b) Nichtvornahme der zur Erfolgsabwendung objektiv gebotenen Handlung
Die A müsste eine zur Erfolgsabwendung objektive Handlung unterlassen haben. Die Kinder der A sind zwei und drei Jahre alt. In diesem Alter sind Kinder einerseits schon sehr mobil, verfügen jedoch andererseits noch nicht über ein Bewusstsein für Gefahren. Kinder in diesem Alter sind auch nicht in der Lage, für ihre eigene Ernährung und Körperhygiene zu sorgen. Vor diesem Hintergrund ist es geboten, Kinder in diesem Alter sehr engmaschig zu betreuen und für ihr körperliches Wohlergehen zu sorgen, sie vor Gefahrenquellen zu schützen und dafür Sorge zu tragen, dass die Kinder ausreichend essen und trinken und ihnen ein Mindestmaß an Körperhygiene zuteilwird. Da A alleinerziehend ist, das heißt die Kinder allein in ihrer Obhut waren, wäre es geboten gewesen, dass A alle diese Aufgaben der Kinderbetreuung erfüllt. Sofern es ihr wegen einer Ortsabwesenheit nicht möglich gewesen wäre, sich selbst um die Kinder zu kümmern, hätte sie für die Betreuung und Versorgung der Kleinkinder eine andere zuverlässige Person beauftragen müssen.

Diese Handlungen hat die A unterlassen, indem sie sich mit ihrem neuen Freund für 14 Tage auf eine Reise begeben hat und die Kinder allein und unbetreut in der Wohnung zurückgelassen hat.

c) Physisch-reale Handlungsmöglichkeit zur Erfolgsabwendung
Ferner müsste die A die physisch-reale Möglichkeit gehabt haben, ihre Kinder zu betreuen, insbesondere zu ernähren und vor Gefahren zu schützen bzw. eine verlässliche dritte Person mit der Übernahme dieser Betreuung zu beauftragen. Da die A vorher selbst für ihre Kinder gesorgt hat, kann unterstellt werden, dass sie hierzu durchaus in der Lage war.

d) „Quasi-Kausalität" des Unterlassens
Zwischen der von A unterlassenen Handlung und dem Tod der Kinder als dem tatbestandlichen Erfolg muss eine Quasi-Kausalität bestehen. Es handelt sich hierbei um keine echte Kausalität, sondern lediglich um ein gedankliches Konstrukt, um eine Verbindung zwischen der unterlassenen Handlung und dem eingetretenen tatbestandlichen Erfolg zu schaffen. Eine solche Quasi-Kausalität liegt vor, wenn die unterlassene Handlung nicht hinzugedacht werden kann, ohne dass der Erfolg mit an Sicherheit grenzender Wahrscheinlichkeit entfallen würde.

Sofern hinzugedacht wird, dass A ihre Kinder weiter betreut und ernährt hätte bzw. sie sich um eine entsprechende zuverlässige Fremdbetreuung gekümmert hätte, wären die Kinder nicht an einer Dehydrierung verstorben. Die Quasi-Kausalität des Unterlassens ist damit zu bejahen.

e) Objektiver Zurechnungszusammenhang
Der Tod der Kinder ist der A auch objektiv zurechenbar, weil durch deren

unterlassene Versorgung die rechtlich missbilligte Gefahr geschaffen wird, dass diese wegen mangelnder Ernährung versterben. Genau diese Gefahr hat sich in tatbestandstypischer Weise im Taterfolg, dem Tod der beiden Kinder, niedergeschlagen.

f) Garantenstellung gemäß § 13 I StGB
Schließlich muss der A eine Garantenstellung hinsichtlich des Schutzes ihrer Kinder zukommen. Eine solche ist vorliegend bereits unter dem Gesichtspunkt der familiären Verbundenheit zwischen Eltern und ihren Kindern zu bejahen. Eltern kommt in Bezug auf ihre Kinder eine sogenannte Beschützergarantenstellung zu, das heißt, sie haben dafür zu sorgen, dass sich Gefahren, unter Umständen die Gefahr des Verhungerns oder Verdurstens, nicht bei ihren Kindern im tatbestandlichen Erfolg realisieren. Somit ist eine entsprechende Garantenstellung der A zu bejahen.

g) Gleichstellung zwischen Tun und Unterlassen
Schließlich muss gemäß § 13 I StGB das Unterlassen der Verwirklichung des Tatbestands durch aktives Tun entsprechen. Dies ist vorliegend zu bejahen.

2. Subjektiver Tatbestand

Außerdem muss A auch den subjektiven Tatbestand der §§ 212 I, 13 I StGB verwirklicht haben, das heißt, sie muss im Hinblick auf die Verwirklichung des objektiven Tatbestands der §§ 212 I, 13 I StGB vorsätzlich gehandelt haben. Da A bereits seit drei Jahren Mutter ist, weiß sie, dass eine Tüte Milch und drei Bananen zwei Kindern nicht genügen, um 14 Tage zu überleben. Sie weiß auch, dass die kleinen Kinder nicht in der Lage sind, sich weitere Lebensmittel zu beschaffen. Sie weiß, dass Kinder in diesem Alter Risiken und Gefahren nicht einschätzen können und ein Alleinlassen der Kinder schon über einen Zeitraum von wenigen Stunden mit einer Gefahr für das Leben der Kinder verbunden ist. Schließlich wusste sie oder musste sie es mindestens für möglich halten, dass sich auch keine andere Person um die Kinder kümmern wird, da diese sich in der Wohnung befinden, also Dritte die Situation der Kinder möglicherweise nicht einmal erkennen. Der A ist das Schicksal ihrer Kinder gleichgültig. Sie empfindet diese zunehmend als Belastung und würde sie gern loswerden. Vor diesem Hintergrund hielt A es nicht nur für möglich, dass die Kinder wegen unzureichender Ernährung und Betreuung aufgrund ihrer 14-tägigen Reise versterben, sondern sie hat dies offensichtlich auch in Kauf genommen.

Der subjektive Tatbestand und damit der Grundtatbestand insgesamt sind mithin zu bejahen.

II. Qualifikationstatbestand des § 211 II StGB

Fraglich ist darüber hinaus, ob A auch den Qualifikationstatbestand des Mordes verwirklicht hat, indem sie ihre Kinder aufgrund „sonstiger niederer Beweggründe“ gemäß § 211 II Gr. 1 Var. 4 StGB getötet hat. Unter „sonstigen niederen Beweggründen“ sind solche zu verstehen, die sittlich auf niederster Stufe stehen und nach den allgemeinen Maßstäben besonders verwerflich sind. Im vorliegenden Fall zeichnet sich das Verhalten der A durch ein extrem hohes Maß an Eigensucht aus. Um ihre neue Beziehung ausleben bzw. um mit ihrem Freund zu zweit in den Urlaub fahren zu können, nimmt sie in Kauf, dass ihre Kinder wegen mangelnder Versorgung in dieser Zeit qualvoll versterben. Es wäre für sie relativ leicht möglich gewesen, ihren Freund an das Vorhandensein der beiden Kinder zu erinnern und eine adäquate Lösung zu finden (z. B. die Kinder mit in den Urlaub nehmen, auf den Urlaub verzichten, eine geeignete Fremdbetreuung für die Kinder organisieren). Die A hat diesbezüglich jedoch keinerlei Anstrengungen unternommen, weil ihr die Kinder und deren Schicksal egal waren. Ein solches Vorgehen ist geprägt durch ein sehr eigensüchtiges und empathieloses Verhalten, das sittlich schwer zu unterbieten ist. Angesichts der völligen Hilflosigkeit der Kleinkinder und des Umstandes, dass diese aller Voraussicht nach bis zum Todeseintritt physisch und psychisch sehr leiden, ist das Verhalten der A nach den Maßstäben, die allgemein an den Umgang mit (den eigenen) Kindern angelegt werden, besonders verachtenswert. Das Mordmerkmal der „sonstigen niederen Beweggründe“ ist mithin zu bejahen.

Damit liegt der Qualifikationstatbestand des Mordes (durch Unterlassen) ebenfalls vor.

III. Rechtswidrigkeit

Rechtfertigungsgründe sind nicht ersichtlich. Somit handelte A rechtswidrig.

IV. Schuld

Schuldausschließungs- und Entschuldigungsgründe sind ebenfalls nicht vorhanden, sodass A den Tatbestand auch schuldhaft verwirklicht hat.

V. Ergebnis

A hat sich wegen Mordes durch Unterlassen gemäß §§ 212 I, 211 II, 13 I StGB strafbar gemacht.

b) Strafbarkeit des Nachbarn X gemäß § 323c I StGB

X könnte sich wegen unterlassener Hilfeleistung nach § 323c I StGB strafbar gemacht haben, indem er erkennt, dass sich die Kinder in einer Notlage befinden, aber untätig bleibt, weil er Unannehmlichkeiten befürchtet.

I. Tatbestand

1. Objektiver Tatbestand

a) Vorliegen eines Unglücksfalls, einer gemeinen Gefahr oder gemeinen Not
Unter einer gemeinen Gefahr oder einer gemeinen Not ist – ungeachtet der weiteren Voraussetzungen – immer eine Situation für die Allgemeinheit oder zumindest für eine große Zahl von Menschen gemeint. Diese Voraussetzung ist bei zwei Kindern noch nicht erreicht. Vor diesem Hintergrund kommt allenfalls die Annahme eines Unglücksfalls in Betracht. Ein Unglücksfall ist ein plötzliches Ereignis, das erhebliche Gefahren für Personen oder Sachen von bedeutendem Wert mit sich bringt oder mit sich zu bringen droht.

Als X die Kleinkinder bemerkt, befinden sich diese in einer akuten Lebensgefahr. Fraglich ist jedoch, ob es sich um ein *plötzliches* Ereignis handelt, da sich der Zustand der Kinder im Zweifel stetig verschlechtert und der Tod erst nach neun Tagen eintritt. Die Situation der Kinder ist mit der Situation vergleichbar, in der ein Mensch über einen längeren Zeitraum krank ist. Die Literatur und die Rechtsprechung lehnen bei Krankheiten oft die Annahme eines Unglücksfalls ab, weil der Zustand nicht plötzlich eintrete. Allerdings wird auch bei Krankheiten die Plötzlichkeit in dem Moment bejaht, in dem sich die Situation akut verschlimmert, beispielsweise das Fieber innerhalb kurzer Zeit stark ansteigt oder die kranke Person das Bewusstsein verliert.

Diesen Gedanken aufgreifend ist vorliegend ein Unglücksfall spätestens zu dem Zeitpunkt zu bejahen, als die Kinder im Todeskampf schrien, weinten und verzweifelt gegen die Fensterscheiben klopften. Ein Unglücksfall ist somit zu bejahen.

b) Unterlassen der gebotenen Handlung
Es wäre erforderlich gewesen, dass der X entweder den sich offensichtlich in Not befindlichen Kindern selbst hilft oder zumindest entsprechende behördliche Stellen (Polizei, Jugendamt u. Ä.) informiert, damit diese einschreiten können. Der X hat keine dieser gebotenen Handlungen vorgenommen.

c) Erforderlichkeit und Zumutbarkeit der unterlassenen Handlung
Überdies muss die Vornahme der unterlassenen Handlung erforderlich und zumutbar sein.

Erforderlich ist eine Hilfeleistung, die bei objektiver Ex-ante-Betrachtung den drohenden Schaden möglichst gut abwendet. Der Täter muss die objektive Möglichkeit haben, durch seinen Einsatz den Geschehensablauf zu beeinflussen, also die Notlage zu beheben oder wenigstens abzumildern.

Die Kinder befanden sich in einer akut lebensbedrohlichen Situation, die nur dadurch abzuwenden war, dass ihnen Personen zu Hilfe eilen, sie aus der Wohnung befreien und sie versorgen. Ein Einschreiten wäre somit erforderlich zur Erfolgsabwendung gewesen.

Die Zumutbarkeit bestimmt sich nach den allgemeinen Sittengesetzen und hängt von der Größe der Gefährdung und den Fähigkeiten des Täters ab. Selbst wenn es dem X nicht möglich gewesen wäre, die Kinder selbst zu befreien, hätte er die Möglichkeit gehabt, Hilfe durch die Polizei oder das Jugendamt anzufordern, damit diese wiederum die Kinder retten. Der X hätte sich durch ein solches Vorgehen nicht selbst in Gefahr gebracht. Ein Anruf bei der Polizei und dem Jugendamt wäre ihm ohne große Mühe möglich gewesen. Mögliche Unannehmlichkeiten (in Form von Rückfragen der Behörden oder einer möglichen Auseinandersetzung mit der heimkehrenden Mutter) führen vorliegend nicht zur Unzumutbarkeit.

Der objektive Tatbestand ist damit erfüllt.

2. Subjektiver Tatbestand

X hat erkannt, dass sich die Kinder in großer Not befinden und dass damit Rettungshandlungen notwendig sind. Es ist ferner davon auszugehen, dass er eigene Handlungsmöglichkeiten erkannt und sie im Hinblick auf befürchtete Unannehmlichkeiten nicht vorgenommen hat. Damit liegt ein vorsätzliches Verhalten im Sinne des § 323c I StGB vor.

X hat den Tatbestand des § 323c I StGB verwirklicht.

II./III. Rechtswidrigkeit und Schuld

X handelte rechtswidrig und schuldhaft.

IV. Ergebnis

X hat sich wegen unterlassener Hilfeleistung strafbar gemacht.

Anmerkung

Eine Strafbarkeit des X wegen Totschlags durch Unterlassen gemäß §§ 212, 13 I StGB kommt nicht in Betracht, da dem X im Hinblick auf das

Leben und die Gesundheit der beiden Kinder keine Garantenstellung im Sinne des § 13 I StGB zukommt. Da das Fehlen der Garantenstellung des X relativ offensichtlich ist, durfte vorliegend auf eine entsprechende Prüfung komplett verzichtet werden. Wer dieses unechte Unterlassungsdelikt jedoch (kurz) ansprechen möchte, sollte dies vor der Erörterung des § 323c I StGB tun, da unechte Unterlassungsdelikte regelmäßig härter als echte Unterlassungsdelikte bestraft werden.

Klausur 4: Der Haustyrann

(Bearbeitungszeit: 135 Minuten)

Sachverhalt

Seit Markus Müller (M) vor drei Jahren seinen Arbeitsplatz verloren hat, ist er nicht mehr in der Lage, ein geregeltes Leben zu führen. Bereits in den frühen Morgenstunden trinkt er sein erstes Bier und ist meist zur Mittagszeit schon stark betrunken. M verbringt dann seinen Tag damit, auf dem Sofa zu liegen, um seinen Rausch auszuschlafen oder Talkshows im Fernsehen anzuschauen. Seit geraumer Zeit schafft es M auch nicht mehr, sich zu duschen oder seine Kleidung zu wechseln. Für seine Ehefrau Frieda Müller (F) und die gemeinsamen Kinder Sascha (S), 18 Jahre, und Thea (T), 16 Jahre, wird der Zustand des M immer unerträglicher. Als F ihn auffordert, etwas in seinem Leben zu ändern und sich Hilfe zu suchen, stürzt M wutentbrannt auf F zu und verprügelt sie. Während die anwesenden Kinder versuchen, ihre Mutter zu schützen, schlägt M auch diese. Die gemeinsame Wohnung entwickelt sich zu einem Ort voller Angst und Schrecken. Immer wieder kommt es durch M zu körperlichen Übergriffen auf F und die Kinder. An einem Sonntag, dem 09.10., gibt es einen erneuten Streit zwischen den Eheleuten, bei dem die Nachbarn die Polizei rufen. Als POKin H und POKin I eintreffen, öffnet F völlig verängstigt und mit blutender Nase die Haustür. H und I fordern M auf, seine Personalien auszuhändigen. Dem kommt M ohne Widerworte nach. Die Beamtinnen sprechen anschließend ein fünftägiges Kontaktverbot aus und verweisen M der gemeinsamen Wohnung.

Als M am 14.10. in die gemeinsame Wohnung der Eheleute zurückkehrt, sperrt er die F in das Schlafzimmer ein. Den Schlüssel trägt er dauerhaft bei sich, damit auch die Kinder die schreiende und flehende Mutter nicht befreien können. Nachdem F schon über acht Tage im Schlafzimmer verbringt und von M nur rudimentär mit Wasser und Nahrung versorgt wird, versucht sie durch das Fenster im 2. OG zu fliehen. F ist bereits erheblich geschwächt und stürzt schon bei dem ersten Befreiungsversuch aus dem Fenster. Wie durch ein Wunder überlebt die F, verliert aber aufgrund eines unglücklichen Aufpralls ihr Augenlicht am rechten Auge. F verfällt anschließend in eine schwere Depression und sieht keinen anderen Ausweg mehr, als sich umzubringen. Sie nimmt eine Überdosis von ihrem Antidepressivum und legt sich in der Hoffnung, nie mehr aufzuwachen, in ihr Bett. M findet kurze Zeit später F im Bett und erkennt die Situation. Obwohl er weiß, dass F noch lebt, sie aber gleichwohl in Lebensgefahr schwebt, beschließt er, nichts zu unternehmen. Er legt sich auf das Sofa und schläft seinen Rausch aus. F stirbt an den Folgen. Ein Gutachten ergibt, dass ein rechtzeitiges Einschreiten des M den Tod der F hätte verhindern können.

Als S die Mutter tot in ihrem Bett auffindet, beschließt er in seiner großen Verzweiflung und aus Angst vor weiteren Gewalttätigkeiten, mit denen er jederzeit rechnet, M zu ersticken. Er nimmt ein großes Kopfkissen und presst es dem schlafenden M auf das Gesicht. In der Annahme, M sei tot, ruft er die Polizei, um sich dieser zu stellen. Die eingetroffenen Beamten alarmieren sofort den Rettungsdienst, die den M aber wie durch ein Wunder retten können.

Aufgabe 1 **(30%)**

Prüfen Sie die Rechtmäßigkeit der polizeilichen Maßnahmen vom 09.10.

Bearbeitungshinweis:

- *Von der formellen Rechtmäßigkeit und einer ermessensfehlerfreien Ausübung ist auszugehen.*
- *Die Einhaltung der Verfahrens- und Formvorschriften bei etwaigen repressiven Maßnahmen ist ebenfalls zu unterstellen, die Vorschriften sind jedoch fallbezogen anzusprechen.*

Aufgabe 2 **(70%)**

Prüfen Sie die Strafbarkeit von M gegenüber F sowie die Strafbarkeit von S.

Bearbeitungshinweis:

- *§§ 221, 225, 240, 241 StGB sowie Körperverletzungsdelikte, Konkurrenzen und Nebenstrafgesetze sind nicht zu prüfen.*
- *Hinsichtlich der Strafbarkeit des M ist zu unterstellen, dass dessen Alkoholisierung weder seine Schuld ausgeschlossen noch gemindert hat.*
- *Bezüglich S ist Erwachsenenstrafrecht anzuwenden.*

Lösung

Aufgabe 1

Rechtmäßigkeit der Identitätsfeststellung

Die Identitätsfeststellung gegenüber M könnte rechtmäßig gewesen sein.

I. Vorüberlegungen

1. Grundrechtseingriff
POKin H und POKin I fordern M auf, seine Personalien auszuhändigen. Damit könnte ein Grundrechtseingriff in das informationelle Selbstbestimmungsrecht als Ausgestaltung des allgemeinen Persönlichkeitsrechts im Sinne von Art. 2 I iVm. Art. 1 I GG vorliegen. Der Schutzbereich umfasst die Befugnis jedes Einzelnen, selbst zu entscheiden, wann und innerhalb welcher Grenzen persönliche Lebenssachverhalte offenbart werden. Darunter fällt auch die Preisgabe personenbezogener Daten und deren weitere Verwendung. Durch die Aufforderung, die Personalien auszuhändigen, muss M seine Identität bekannt geben. Somit liegt ein Eingriff in das Recht auf informationelle Selbstbestimmung vor.

2. Präventive oder repressive Maßnahme
Da die Polizei als Exekutive nach Art. 1 III GG unmittelbar an die Grundrechte gebunden ist, bedarf sie nach Art. 20 III GG für Eingriffe in die Grundrechte der Bürger eine Ermächtigungsgrundlage. Welche Ermächtigungsgrundlage auszuwählen ist, bestimmt sich nach dem Zweck der polizeilichen Maßnahme. F öffnete mit einer blutenden Nase die Haustür, sodass zumindest der Verdacht für eine Körperverletzung nach § 223 I StGB gegeben war. Der Aufforderung lag demnach der Zweck der Strafverfolgung zugrunde (a. A. mit entsprechender Begründung vertretbar).

3. Einschlägige Ermächtigungsgrundlage
Einschlägige Ermächtigungsgrundlage ist §163b I StPO.

II. Anordnungsvoraussetzungen

Zu prüfen sind die Voraussetzungen von § 163b I StPO.

1. Anfangsverdacht
Es müsste zunächst ein Anfangsverdacht vorliegen. Ein Anfangsverdacht ist nach der Legaldefinition des § 152 II StPO gegeben, wenn zureichende tatsächliche Anhaltspunkte für eine verfolgbare Straftat vorliegen. Die Nachbarn haben einen Streit bei den Eheleuten wahrgenommen und aufgrund

dessen die Polizei gerufen. Bei deren Eintreffen hat die F mit einer blutenden Nase die Tür geöffnet. Es ist somit nicht auszuschließen, dass eine Körperverletzung begangen wurde. Ein Anfangsverdacht liegt demnach vor.

2. Verdächtiger
M müsste Verdächtiger sein. Als verdächtig sind solche Personen anzusehen, bei denen Anhaltspunkte dafür bestehen, dass sie als Täter oder Teilnehmer einer Straftat in Betracht kommen. Dadurch, dass F die Haustür mit einer blutenden Nase öffnete und die Nachbarn anlässlich eines Streites der Eheleute die Polizei alarmierten, liegt zumindest der Verdacht nahe, dass M eine Körperverletzung zulasten der F begangen hat. M ist mithin Verdächtiger.

3. Zulässige Maßnahmen
Gemäß § 163b I S. 1 StPO dürfen zur Identitätsfeststellung die erforderlichen Maßnahmen getroffen werden. Zulässig ist demnach die Befragung verbunden mit der Aufforderung, sich auszuzuweisen. POKin H und POKin I haben M nach seinen Personalien befragt. Der Aufforderung ist er auch nachgekommen. Es liegt eine zulässige Maßnahme vor.

4. Zweck der Identitätsfeststellung
Der Zweck der Identitätsfeststellung liegt darin, eine etwaige Strafverfolgung gegen M zu ermöglichen.

III. Anordnungsbefugnis

Nach § 163b I S. 1 StPO sind die Staatsanwaltschaft und jeder Polizeibeamte anordnungsbefugt. Folglich durften H und I die Maßnahme selbst vornehmen. Sie waren mithin anordnungsbefugt.

IV. Verfahrens- und Formvorschriften

Überdies muss dem Betroffenen gemäß § 163b I S. 1 iVm. § 163a IV S. 1 StPO eröffnet werden, welche Straftat ihm zur Last gelegt wird. Das Erfordernis wurde laut Bearbeitungshinweis eingehalten.

V. Verhältnismäßigkeit

Der Grundsatz der Verhältnismäßigkeit verlangt, dass eine Maßnahme unter Würdigung aller persönlichen und tatsächlichen Umstände des Einzelfalles zur Erreichung des angestrebten Zwecks geeignet, erforderlich und angemessen ist.

1. Geeignetheit
Die Maßnahme müsste auch geeignet sein. Eine Maßnahme ist geeignet, wenn mit ihrer Hilfe im konkreten Fall der strafprozessuale Zweck gefördert werden kann. Der Zweck der Identitätsfeststellung liegt darin, gegen M Ermittlungen einzuleiten. Dazu sind die Personalien des Verdächtigen unabdingbar. Folglich ist die Maßnahme geeignet.

2. Erforderlichkeit
Überdies müsste die Maßnahme auch erforderlich sein. Erforderlich ist eine Maßnahme, wenn kein anderes milderes und gleich wirksames Mittel zur Verfügung steht. Eine Identitätsfeststellung ist per se eine milde Maßnahme zur Überführung einer Straftat. Ein milderes und gleichwohl wirksames Mittel ist nicht ersichtlich, sodass die Maßnahme auch erforderlich war.

3. Angemessenheit
Die Maßnahme müsste aber auch angemessen gewesen sein. Angemessenheit liegt vor, wenn die Gesamtabwägung ergibt, dass der Grundrechtseingriff gegenüber dem öffentlichen Interesse an der Erfüllung der polizeilichen Aufgaben nicht wesentlich überwiegt. H und I benötigen die Personalien des M, um gegebenenfalls ein Strafverfahren wegen Körperverletzung nach § 223 I StGB einzuleiten. Demgegenüber wiegt der Grundrechtseingriff in das Recht auf informationelle Selbstbestimmung nicht wesentlich höher. Die Maßnahme war demnach angemessen.

VI. Ergebnis

Die Identitätsfeststellung war rechtmäßig.

Rechtmäßigkeit der Wohnungswegweisung und des Kontaktverbots

Die Wohnungswegweisung und das Kontaktverbot könnten gemäß § 31 II HSOG rechtmäßig gewesen sein.

I. Vorüberlegungen

1. Grundrechtseingriff
Die Polizeibeamtinnen könnten durch die Wohnungswegweisung und das Kontaktverbot in Grundrechte des M eingegriffen haben.

a) Art. 13 GG
Bei § 31 II HSOG ist es umstritten, welche Grundrechte tatsächlich tangiert sind. Denkbar ist ein Grundrechtseingriff in Art. 13 GG. Allerdings dürften

Eingriffe in das Recht auf Unverletzlichkeit der Wohnung von § 31 HSOG nicht gerechtfertigt sein, da nach Art. 13 VII GG nur bei einer dringenden Gefahr ein Grundrechtseingriff erlaubt ist, der Tatbestand des § 31 HSOG jedoch bereits bei einer einfachen Gefahr bejaht werden kann.

Unabhängig von dieser Frage gibt es im vorliegenden Fall aber auch keine Anhaltspunkte dafür, dass M den Beamtinnen den Zugang zur Wohnung verweigert hätte und diese gegen seinen Willen eingetreten sind. Ein Grundrechtseingriff in Art. 13 GG scheidet demnach aus.

b) Art. 11 GG

Die polizeiliche Maßnahme könnte aber in das Grundrecht der Freizügigkeit eingreifen. Der Begriff der Freizügigkeit wird im Allgemeinen als das Recht, an jedem Ort innerhalb des Bundesgebietes Aufenthalt und Wohnsitz zu nehmen, definiert. Da Art. 11 GG sowohl die positive als auch die negative Freizügigkeit schützt, ist nicht nur der reine Ortswechsel, sondern auch das effektive Verbleiben am frei gewählten Ort geschützt. Zu beachten ist aber auch hier der qualifizierte Schrankenvorbehalt. Ein Eingriff in Art. 11 GG liegt durch die polizeiliche Wegweisung vor.

c) Art. 6 GG

Die von der Wohnungswegweisung betroffenen Personen sind häufig Eheleute und bilden zusammen mit vorhandenen Kindern eine Familie. Dieser obliegt ein besonderer Schutz vor staatlichen Eingriffen, sodass durch die Wohnungswegweisung ebenfalls Art. 6 GG betroffen sein kann. Im Einzelnen muss dies fallbezogen beurteilt werden. Im Sachverhalt lassen sich keine detaillierten Angaben über das Verhalten der Ehefrau im Zusammenhang der Wegweisung finden, sodass im Zweifel anzunehmen ist, dass kein Eingriff in Art. 6 GG vorliegt.

d) Art. 2 I GG

Überdies liegt aber zumindest ein Eingriff in die allgemeine Handlungsfreiheit des M vor.

2. Präventive oder repressive Maßnahme

Die Maßnahme der Beamtinnen erfolgte im Schwerpunkt zum Schutz der F vor weiteren Gewalttaten des M, da dieser wiederholt versuchte, die F zu schlagen. Demnach handelt es sich um eine präventive Maßnahme.

3. Realakt oder Verwaltungsakt

Bei der Maßnahme handelt es sich um einen Verwaltungsakt nach § 35 HVwVfG, da es sich um eine hoheitliche Maßnahme einer Behörde auf dem Gebiet des öffentlichen Rechts zur Regelung eines Einzelfalles mit Außenwirkung handelt.

4. Einschlägige Ermächtigungsgrundlage
Die einschlägige Ermächtigungsgrundlage ist § 31 II HSOG.

II. Formelle Rechtmäßigkeit

Von der formellen Rechtmäßigkeit ist laut Bearbeitungshinweis auszugehen.

III. Materielle Rechtmäßigkeit

Die materielle Rechtmäßigkeit ist zu prüfen.

1. Ermächtigungsgrundlage

a) Tatbestandvoraussetzungen

aa) Gegenwärtige Gefahr für Leib, Leben oder Freiheit
Es müsste eine gegenwärtige Gefahr vorliegen. Gegenwärtig ist eine Gefahr, wenn die Verletzung eines Schutzgutes bereits eingetreten ist oder unmittelbar mit an Sicherheit grenzender Wahrscheinlichkeit bevorsteht. M hat F bereits geschlagen und möchte wiederholt körperlich angreifen, sodass eine gegenwärtige Gefahr zumindest für den Leib der F besteht.

bb) Dieselbe Wohnung
Täter und Opfer müssen dieselbe Wohnung bewohnen. M und F leben mit den Kindern gemeinsam in der Wohnung.

b) Rechtsfolgen
Die Rechtsfolgen ergeben sich aus § 31 II HSOG. Danach kann der Adressat der Maßnahme der Wohnung verwiesen werden, ein Betretungsverbot angeordnet werden sowie ein Kontaktverbot gegenüber bestimmten Personen ausgesprochen werden. H und I haben M der Wohnung verwiesen und ein Kontaktverbot von fünf Tagen angeordnet. Folglich war die Maßnahme von den Rechtsfolgen gedeckt.

2. Adressat
Die Maßnahme müsste sich auch gegen den richtigen Adressaten gerichtet haben. Adressat der Maßnahme ist nach § 31 II S. 1 HSOG immer diejenige Person, von der die Gefahren ausgehen, also ein spezialgesetzlich geregelter Normadressat. Die Beamten haben gegenüber M die Maßnahmen angeordnet, folglich war er auch der richtige Adressat.

3. Verhältnismäßigkeit gemäß § 4 HSOG

Gemäß § 4 HSOG müssten die Maßnahmen auch verhältnismäßig sein. Verhältnismäßigkeit liegt vor, wenn die Maßnahme geeignet, erforderlich und angemessen ist.

a) Geeignetheit

Die Maßnahmen müssten auch geeignet sein. Die Beamtinnen möchten mit der Wohnungswegweisung und dem Kontaktverbot erreichen, dass M seine Frau nicht mehr schlägt. Die Maßnahme ist für dieses Ziel geeignet.

b) Erforderlichkeit

Überdies müssten die Maßnahmen aber auch erforderlich sein. Da M weiterhin große Gewaltbereitschaft gegenüber F zeigt, scheint keine weniger belastende Maßnahme zielführend. Folglich ist der Grundsatz des geringstmöglichen Eingriffs als das Prinzip des mildesten Mittels gewahrt. Eine Gefährderansprache scheint in solch einer gewaltbereiten Situation nicht gleich wirksam. Das Risiko für die F wäre nicht hinnehmbar. Demnach war die Maßnahme auch erforderlich.

c) Angemessenheit

Dadurch, dass M lediglich ein Kontaktverbot von fünf Tagen erteilt wurde, liegt für M kein Nachteil vor, der zum erstrebten Erfolg, nämlich der Schutz der F, außer Verhältnis zum Grundrechtseingriff steht. Die Maßnahmen waren somit auch angemessen.

4. Ermessen gemäß § 5 HSOG

Die fehlerfreie Ermessensausübung ist laut Bearbeitungshinweis zu unterstellen.

IV. Ergebnis

Die Maßnahmen nach § 31 II HSOG waren demnach insgesamt rechtmäßig.

Aufgabe 2

Strafbarkeit des M gemäß § 239 I, III Nr. 1 StGB

M könnte sich wegen Freiheitsberaubung gemäß §§ 239 I, III Nr. 1 StGB strafbar gemacht haben, indem er die F über acht Tage im Schlafzimmer einsperrte.

I. Tatbestand

1. Objektiver Tatbestand

a) Taugliches Tatobjekt
F müsste ein taugliches Tatobjekt sein. F ist ein Mensch und hat einen natürlichen Willen sich fortzubewegen, demnach ist F ein taugliches Tatobjekt.

b) Tathandlung
M müsste die F eingesperrt oder auf andere Weise der Freiheit beraubt haben. Einsperren liegt vor, wenn das Opfer in einem umschlossenen Raum festgehalten und durch äußere Vorrichtungen davon abgehalten wird, den Raum zu verlassen. M hat die Schlafzimmertür verschlossen und den Schlüssel aufbewahrt. Die Wohnung befand sich ferner im 2. OG, sodass F auch nicht ohne erhebliche Eigengefährdung aus dem Fenster springen konnte. Ein Einsperren liegt somit vor.

c) Qualifikation gemäß § 239 III Nr. 1 StGB
M könnte auch den Qualifikationstatbestand nach § 239 III Nr. 1 StGB erfüllt haben. Danach wird bestraft, wer die Freiheit länger als eine Woche beraubt. M hat die F über acht Tage eingesperrt. Der Qualifikationstatbestand ist somit erfüllt.

2. Subjektiver Tatbestand

M müsste auch vorsätzlich gehandelt haben. Vorsatz ist das Wissen und Wollen der Verwirklichung aller objektiven Tatbestandsmerkmale. M war nach seiner Rückkehr in die gemeinsame Wohnung wütend und sperrte deshalb die F im Schlafzimmer ein. Ihm war auch bewusst, dass er die F für einen Zeitraum von mehr als einer Woche einsperrte. Folglich handelte er mit Wissen und Wollen und somit auch vorsätzlich.

II. Rechtswidrigkeit

Rechtfertigungsgründe kommen nicht in Betracht.

III. Schuld

Schuldausschließungs- und Entschuldigungsgründe liegen nicht vor. M handelte schuldhaft.

IV. Ergebnis

M hat sich gemäß § 239 I, III Nr. 1 StGB strafbar gemacht.

Strafbarkeit des M gemäß § 239 I, III Nr. 2 StGB

M könnte sich gemäß § 239 I, III Nr. 2 StGB wegen Freiheitsberaubung strafbar gemacht haben, indem die F durch ihren Befreiungsversuch eine Erblindung des rechten Auges davontrug.

I. Tatbestand

1. Verwirklichung des Grundtatbestandes
M hat den Grundtatbestand nach § 239 I StGB vorsätzlich verwirklicht (siehe oben).

2. Eintritt der schweren Folge
Es müsste eine schwere Folge eingetreten sein. Eine schwere Folge nach § 239 III Nr. 2 StGB liegt vor, wenn durch die Tat oder während der Tat eine schwere Gesundheitsschädigung bei dem Opfer verursacht worden ist. Eine schwere Gesundheitsschädigung ist demnach gegeben, wenn die Gesundheit ernstlich, einschneidend oder nachhaltig beeinträchtigt ist. Leitgesichtspunkte sind beispielsweise erhebliche Beeinträchtigungen im Gebrauch der Sinne oder des Körpers, langwierige, ernste oder qualvolle Krankheit, erhebliche Beeinträchtigung der Leistungs- oder Arbeitskraft für längere Zeit und lebensbedrohende Krankheit. Eine Folge des § 226 StGB muss nicht vorliegen, hat aber Indizwirkung. F hat ihr Augenlicht am rechten Auge verloren, dies stellt eine schwere Gesundheitsschädigung dar. Folglich ist die schwere Folge eingetreten.

3. Kausalität zwischen Grunddelikt und Erfolg
Der Kausalzusammenhang zwischen Grunddelikt und schwerer Folge besteht, wenn das Verhalten des Täters bei der Verwirklichung des Grunddeliktes nicht hinweggedacht werden kann, ohne dass der Erfolg in seiner konkreten Gestalt entfiele. Das Einschließen der F in das gemeinsame Schlafzimmer kann nicht hinweggedacht werden, ohne dass die Erblindung der F am rechten Auge entfiele. Hätte M die F nicht eingesperrt, hätte sie nicht versucht zu fliehen, sie wäre somit nicht aus dem Fenster gefallen und

hätte nicht ihr Augenlicht verloren. Die Handlung des M war folglich für den Erfolg kausal.

4. Objektive Sorgfaltspflichtverletzung bei objektiver Vorhersehbarkeit
Die schwere Folge müsste wenigstens fahrlässig eingetreten sein. Dies ist der Fall, wenn M eine ihm obliegende Sorgfaltspflicht verletzt hat. Eine solche liegt vor, wenn der Täter oder die Täterin die im jeweiligen Verkehrskreis erforderliche Sorgfalt außer Acht gelassen hat. Der hier anzulegende Sorgfaltsmaßstab richtet sich danach, wie sich ein besonnener und gewissenhafter Mensch in der konkreten Situation verhalten hätte. Ein besonnener und gewissenhafter Mensch hätte eine andere Person nicht über Tage hinweg eingesperrt. Das Verhalten allein stellt eine Straftat als solche dar und ist damit sorgfaltswidrig

Darüber hinaus müsste die objektive Vorhersehbarkeit gegeben sein. Diese liegt vor, wenn der wesentliche Kausalverlauf und der eingetretene Erfolg nicht so sehr außerhalb der Lebenserfahrung liegen, dass mit einem solchen nicht zu rechnen war. Es liegt nicht völlig außerhalb der Wahrscheinlichkeit, dass sich eine eingesperrte Person über das Fenster zu befreien versucht und sich dabei eine schwere Gesundheitsschädigung zuzieht. M handelte mithin bezüglich der schweren Folge wenigstens fahrlässig.

5. Unmittelbarkeitszusammenhang
Fraglich ist aber, ob auch der Unmittelbarkeitszusammenhang gegeben ist. Demnach muss sich gerade die dem Tatbestand anhaftende spezifische Gefahr im Taterfolg realisiert haben. Dies könnte deshalb fraglich sein, weil nicht unmittelbar eine Handlung des M zum Erblinden geführt hat, sondern der eigenständige Fenstersprung der F. Die schwere Folge wurde somit nicht unmittelbar von M verursacht. Der Unmittelbarkeitszusammenhang verlangt aber gerade, dass die Tathandlung der Täterin oder des Täters die schwere Folge ausgelöst hat. Der BGH bejaht den Unmittelbarkeitszusammenhang dennoch in den Fällen, in denen die schwere Folge aufgrund des Befreiungsversuches des Opfers selbst herbeigeführt worden ist. Solche Verhaltensweisen stellen natürliche Reaktionen dar, die letztendlich auf die Tathandlung der Täterin oder des Täters zurückzuführen sind. Folglich ist auch hier der Unmittelbarkeitszusammenhang gegeben.

II. Rechtswidrigkeit

Es liegen keine Rechtfertigungsgründe vor. Die Tat geschah rechtswidrig.

III. Schuld

Es liegen keine Schuldausschließungs- oder Entschuldigungsgründe vor. Folglich handelte M auch schuldhaft.

Der Taterfolg war überdies auch für M subjektiv sorgfaltswidrig und vorhersehbar, denn es liegen keine Anhaltspunkte dafür vor, dass M nicht individuell in der Lage gewesen wäre, die drohende Rechtsgutsverletzung und den Kausalverlauf in seinen wesentlichen Grundzügen zu erkennen und sich entsprechend zu verhalten.

IV. Ergebnis

M hat sich gemäß § 239 I, III Nr. 2 StGB strafbar gemacht.

Strafbarkeit des M gemäß §§ 212 I, 13 StGB

M könnte sich wegen Totschlag durch Unterlassen gemäß §§ 212 I, 13 I StGB strafbar gemacht haben, indem er F nicht geholfen hat, obwohl er erkannte, dass sie in Lebensgefahr schwebte.

I. Tatbestand

1. Objektiver Tatbestand

a) Eintritt des Erfolges

Es müsste der tatbestandliche Erfolg des § 212 I StGB eingetreten sein. F ist tot. Folglich ist der Erfolg eingetreten.

b) Nichtvornahme der objektiv erforderlichen Handlung trotz physisch-realer Möglichkeit zur Erfolgsabwendung

M müsste die gebotene und erforderliche Rettungshandlung unterlassen haben. Geboten ist die Rettungshandlung, die die Abwendung des tatbestandlichen Erfolges erwarten lässt. M hat keinen Rettungswagen gerufen, obwohl dies voraussichtlich den Erfolgseintritt verhindert hätte. Folglich hat M die gebotene Rettungshandlung unterlassen. Diese war auch erforderlich, da das Alarmieren eines Rettungswagens geeignet und notwendig war, um den Erfolg abzuwenden. M hätte auch die Möglichkeit gehabt, eine Rettungshandlung ohne eigene Gefährdung zu rufen. Demnach liegt auch ein Unterlassen trotz tatsächlicher Möglichkeit und Zumutbarkeit vor.

c) Hypothetische Kausalität des Unterlassens

Bei der hypothetischen Kausalität ist zu fragen, ob die Vornahme der gebotenen Handlung mit an Sicherheit grenzender Wahrscheinlichkeit zur Abwendung des Erfolges geführt hätte. Laut des eingeholten Sachverständigengutachtens hätte ein rechtzeitiges Einschreiten den Tod der F verhindert. Folglich ist die hypothetische Kausalität gegeben.

d) Garantenstellung
M müsste aber auch Garant gewesen sein. Eine Garantenstellung ist gegeben, wenn der Täter rechtlich dafür einzustehen hat, dass der Erfolg nicht eintritt. M ist als Ehemann Beschützergarant nach § 1353 BGB. Folglich ist auch die Garantenstellung zu bejahen.

e) Gleichstellungsklausel des § 13 I StGB
Die unterlassene Handlung des M entspricht dem Unrechtsgehalt der Verwirklichung des Tatbestands durch ein aktives Tun. Die Gleichstellungsklausel des § 13 I StGB ist mithin ebenfalls erfüllt.

2. Subjektiver Tatbestand

M handelte auch vorsätzlich, denn er erkannte die Situation, in der sich F befand, und nahm trotzdem mindestens billigend in Kauf, dass die F sterben werde.

II. Rechtswidrigkeit

Es liegen keine Rechtfertigungsgründe vor. Die Tat geschah rechtswidrig.

III. Schuld

Es liegen auch keine Entschuldigungsgründe vor. Folglich handelte M auch schuldhaft.

IV. Ergebnis

M hat sich wegen Totschlag durch Unterlassen gemäß §§ 212 I, 13 I StGB strafbar gemacht.

Strafbarkeit des M gemäß § 323c I StGB

M könnte sich wegen unterlassener Hilfeleistung gemäß § 323c I StGB strafbar gemacht haben, indem er F nicht geholfen hat, obwohl er erkannte, dass sie in Lebensgefahr schwebte.

I. Tatbestand

Es müssten die Tatbestandsvoraussetzungen vorliegen.

1. Objektiver Tatbestand

a) Tatsituation

Es könnte ein Unglücksfall eingetreten sein. Ein Unglücksfall ist jedes plötzlich eintretende Ereignis. M hat F mit einer eingenommenen Überdosis des Antidepressivums aufgefunden. F schwebte in Lebensgefahr. Ob ein Suizidversuch einen Unglücksfall darstellt, ist umstritten.

Nach der Rechtsprechung kann auch ein Suizidversuch zu einem Unglücksfall führen (vgl. BGHSt 32, 367, [375 f.]; BGH NStZ 1988, 127; Dölling NJW 1986, 1011 [1015]). Die allgemeine Hilfspflicht könne nicht davon abhängig gemacht werden, ob im konkreten Fall der Suizident aufgrund eines freiverantwortlich gefassten oder eines auf Willensmängeln beruhenden Tatentschlusses handelt oder gehandelt hat. Dies kann innerhalb der kurzen Zeitspanne, die für die unter Umständen lebensrettende Entscheidung am Unglücksort zur Verfügung steht, kaum jemand ohne psychiatrisch-psychologische Fachkenntnisse und ohne sorgfältige Abklärung der äußeren und inneren Motivationsfaktoren zuverlässig beurteilen. Von diesem Ausgangspunkt aus verneint der BGH die Hilfspflicht demzufolge allenfalls unter dem Aspekt der Unzumutbarkeit, das heißt nur dann, wenn nach Lage des Einzelfalls eindeutig auf der Hand liegt, dass der Suizident bei klarem Verstand ist, unbedingt sterben will und für den Fall der aufgedrängten Hilfe letztlich gezwungen wäre, den Versuch der Selbsttötung bei nächstbester Gelegenheit zu wiederholen (BeckOK StGB / von Heintschel-Heinegg StGB § 323c Rn. 8–12.1).

Legt man diese Ansicht zugrunde, so dürfte es sich vorliegend um einen Unglücksfall handeln. Es ist nicht auszuschließen, dass F sich zum Zeitpunkt der Medikamenteneinnahme in einem äußerst labilen Zustand befand und bei klarem Verstand anders entschieden hätte. Dies kann vor allem mit den vorangegangenen Ereignissen begründet werden. F ist körperlich durch die Freiheitsberaubung enorm geschwächt und hat zudem ihr Augenlicht verloren. Dieser Umstand muss erst aufgearbeitet werden und dürfte erhebliche Zeit in Anspruch nehmen. Es ist mithin denkbar, dass F nach erfolgtem Verarbeitungsprozess und einer etwaigen Trennung von M anders entschieden hätte.

Die Literatur verneint hingegen bei Fällen der versuchten Selbsttötung einen Unglücksfall im Sinne von § 323c StGB, wenn er auf Grund freier, unbeeinflusster Entscheidung erfolgt; diese ist in der Weise zu respektieren, dass eine unterlassene Verhinderung der Selbsttötung straflos bleibt (Schönke/Schröder/Hecker, StGB § 323c Rn. 8). Dies soll selbst dann gelten, wenn der Lebensmüde die Herrschaft über den von ihm freiverantwortlich veranlassten Geschehensablauf verloren hat. Nach dieser Ansicht wäre entsprechend ein Unglücksfall auch abzulehnen.

Anmerkung

Wie sich die Bearbeiterinnen und Bearbeiter an dieser Stelle entscheiden, ist nicht ausschlaggebend. Wichtig ist nur, dass entsprechendes Problembewusstsein gezeigt wird. Für diejenigen, die einen Unglücksfall annehmen, müsste dann wie folgt weiter geprüft werden.

b) Nichtvornahme der gebotenen und erforderlichen Handlung trotz Zumutbarkeit

M hätte einen Rettungswagen rufen können. Dies hat er unterlassen, obwohl die Handlung dazu geeignet war, den Erfolg abzuwenden. Für M bestand auch keinerlei Selbstgefährdung, sodass es ihm auch zumutbar war.

2. Subjektiver Tatbestand

M wusste, dass F sich durch die Einnahme der Überdosis in Lebensgefahr befand und er ihr helfen muss. Es kam ihm aber gerade darauf an, die gebotene und erforderliche Handlung nicht vorzunehmen, damit der Tod der F eintritt. Das wusste und wollte er. Folglich handelte M vorsätzlich.

II. Rechtswidrigkeit

Es liegen keine Rechtfertigungsgründe vor. Die Tat geschah rechtswidrig.

III. Schuld

Es liegen auch keine Schuldausschließungs- oder Entschuldigungsgründe vor. Folglich handelte M schuldhaft.

IV. Ergebnis

M hat sich gemäß § 323c I StGB strafbar gemacht.

Gesamtergebnis für die Prüfung der Strafbarkeit des M gegenüber F

M hat sich gemäß der §§ 239 I, III Nr. 2, 212, 13 und 323c I StGB strafbar gemacht.

Strafbarkeit des S gemäß §§ 212 I, 211 I, II, 22, 23 I, 12 I StGB

S könnte sich wegen versuchten Mordes gemäß §§ 212 I, 211 I, II, 22, 23 I, 12 I StGB strafbar gemacht haben, indem er das Kopfkissen auf den schlafenden M drückte.

0. Vorprüfung

M ist nicht gestorben, somit fehlt die Vollendung der Tat.

Der Mord nach §§ 212 I, 211 II StGB ist ein Verbrechen, weil er im Mindestmaß mit einer Freiheitsstrafe von mehr als einem Jahr geahndet wird. Verbrechen sind gemäß §§ 23 I, 12 I StGB stets im Versuch strafbewährt.

I. Tatentschluss

S drückte das Kopfkissen auf M mit dem Entschluss, ihn zu töten. Fraglich ist, ob S zusätzlich Tatentschluss hinsichtlich einer heimtückischen Begehungsweise hatte. Heimtückisch handelt, wer die Arglosigkeit und die infolge der Arglosigkeit bestehende Wehrlosigkeit des Angegriffenen bewusst zur Begehung der Tat ausnutzt. Arglos ist derjenige, der sich zum Zeitpunkt der Tat keines Angriffs versieht. Grundsätzlich ist davon auszugehen, dass der Schlafende seine „Arglosigkeit mit ins Bett nimmt" und keinen Angriff auf seine Rechtsgüter erwartet. Aufgrund dieses Umstandes war M auch wehrlos. Diese Situation wollte S bewusst ausnutzen.

Anmerkung

Es kann diskutiert werden, ob M hätte damit rechnen müssen, dass sich ein Familienmitglied alsbald gegen seine Gewalttätigkeiten wehrt, und er aufgrund dessen nicht arglos war. Allerdings gab es auch in der Vergangenheit keinen Widerstand, sodass M davon ausgehen durfte, überlegen und keinem Angriff ausgesetzt zu sein.

II. Unmittelbares Ansetzen gemäß § 22 StGB

Ferner müsste S nach § 22 StGB unmittelbar zur Tat angesetzt haben. Indem er M das Kopfkissen auf das Gesicht drückte, hat er die Schwelle zum „Jetzt geht es los!" überschritten. Das Rechtsgut Leben war unmittelbar gefährdet, sodass auch in objektiver Hinsicht ein unmittelbares Ansetzen vorliegt.

III. Rechtswidrigkeit

Fraglich ist, ob ein Rechtfertigungsgrund greift und die Tat des S somit gerechtfertigt ist.

1. Notwehr, § 32 StGB
S könnte aus Notwehr gehandelt haben.

a) Notwehrlage
Voraussetzung für die Rechtfertigung durch Notwehr ist zunächst das Vorliegen einer Notwehrlage. Eine Notwehrlage ist gegeben, wenn ein gegenwärtiger, rechtswidriger Angriff vorliegt.

aa) Angriff
Es müsste ein Angriff vorliegen. Ein Angriff im Sinne des § 32 StGB ist jede durch menschliches Verhalten drohende Verletzung rechtlich geschützter Güter. M hat S in der Vergangenheit auch geschlagen. Demnach lag ein Angriff auf dessen Rechtsgüter Leib und Leben vor.

bb) Gegenwärtigkeit
Der Angriff müsste aber zum Zeitpunkt der Tathandlung des S auch gegenwärtig gewesen sein. Gegenwärtig ist der Angriff, der unmittelbar bevorsteht, schon begonnen hat oder noch fortdauert. Zu dem Zeitpunkt, als S dem M das Kopfkissen in das Gesicht drückte, schlief der M. Ein Angriff bestand also weder unmittelbar bevor, noch hatte er begonnen oder fortgedauert. Die Gegenwärtigkeit kann auch nicht derart ausgedehnt werden, dass ohnehin alsbald wieder mit einem Angriff des M zu rechnen gewesen wäre. Der Angriff war mithin nicht gegenwärtig.

Zwischenergebnis
Es liegt kein gegenwärtiger, rechtswidriger Angriff vor. Folglich bestand für S auch keine Notwehrlage. Eine Rechtfertigung gemäß § 32 StGB scheidet somit aus.

2. Notstand, § 34 StGB
Es könnte aber als Rechtfertigungsgrund der Notstand gemäß § 34 StGB in Betracht kommen.

a) Notstandslage
Dafür müsste eine Notstandslage vorliegen. Die Notstandslage verlangt eine gegenwärtige, nicht anders abwendbare Gefahr für die in § 34 StGB genannten Rechtsgüter.

aa) Gefahr für ein notstandsfähiges Rechtsgut
Zunächst müsste eine Gefahr vorliegen. Unter einer Gefahr versteht man einen Zustand, bei dem auf Grund tatsächlicher Umstände die Wahrscheinlichkeit des Eintritts eines schädigenden Ereignisses besteht. M hat in der Vergangenheit S und seine Schwester T mehrfach körperlich misshandelt. Es ist somit wahrscheinlich, dass M auch zukünftig die Kinder schlagen werde. Eine Gefahr für die körperliche Unversehrtheit des S und der T ist somit anzunehmen.

bb) Gegenwärtigkeit
Überdies müsste die Gefahr aber auch gegenwärtig sein. Eine Gefahr im Sinne des § 34 StGB ist gegenwärtig, wenn ein Zustand gegeben ist, dessen Weiterentwicklung den Eintritt oder die Intensivierung eines Schadens ernstlich befürchten lässt, sobald nicht alsbald Abwehrmaßnahmen ergriffen werden. Die Gegenwärtigkeit bei § 34 StGB ist anders zu beurteilen als bei § 32 StGB, denn im Unterschied dazu sind auch sogenannte Dauergefahren umfasst. Das heißt, ein gefahrendrohender Zustand von längerer Dauer, der jederzeit in eine Rechtsgutsbeeinträchtigung umschlagen kann, unterfällt zwar nicht dem § 32 StGB, stellt aber eine gegenwärtige Gefahr im Sinne des § 34 StGB dar. Da M die F und die Kinder über Jahre hinweg schwer misshandelte und es immer wieder zu unerwarteten Gewaltausbrüchen vonseiten des M kam, ist es naheliegend, dass M seine Kinder bald wieder angreifen werde. Eine gegenwärtige Gefahr für die körperliche Unversehrtheit des S und T liegen demnach vor.

b) Notstandshandlung
Schließlich müssten auch die Voraussetzungen der Notstandshandlung vorliegen.

aa) Erforderlichkeit
Die Notstandshandlung des S müsste demnach erforderlich gewesen sein. Erforderlich ist eine Notstandshandlung, wenn sie geeignet ist, die Gefahr abzuwenden und das mildeste Mittel darstellt.

Die Tötung des M war zunächst zumindest geeignet, die Gefahr für seine Schwester und sich abzuwenden. Fraglich ist aber, ob die Notstandshandlung auch das mildeste Mittel war. Grundsätzlich ist von Ausweichmöglichkeiten Gebrauch zu machen und obrigkeitliche Hilfe in Anspruch zu nehmen. Die Vergangenheit hat aber gezeigt, dass die Familie trotz polizeilicher Maßnahmen nicht vor den Übergriffen des M geschützt werden konnte. Es ist zumindest der minderjährigen Schwester auch nicht möglich, sich dem Vater ohne Weiteres zu entziehen. Der S hätte überdies auch jederzeit damit rechnen müssen, dass M, sobald er aufwacht, auf diesen erneut einprügelt. Im konkreten Zeitpunkt kann deshalb die Notstandshandlung durch S als mildestes Mittel angesehen werden (a. A. mit guter Begründung vertretbar).

bb) Interessenabwägung
Das geschützte Interesse muss ferner das beeinträchtigte Interesse wesentlich überwiegen. Vorliegend überwiegt das Erhaltungsinteresse (die körperliche Unversehrtheit der Kinder) nicht das Eingriffsinteresse (das Leben des M).

Demnach fehlt es an einer tauglichen Notstandshandlung.

Zwischenergebnis
S ist folglich nicht über § 34 StGB gerechtfertigt.

III. Schuld

S müsste überdies auch schuldhaft gehandelt haben. Es könnte der entschuldigende Notstand gemäß § 35 I StGB zugunsten des S in Betracht kommen. Dazu müssten dessen Voraussetzungen erfüllt sein.

a) Notstandslage
Zunächst müsste eine Notstandslage gegeben sein. Die Notstandslage verlangt eine gegenwärtige, nicht anders abwendbare Gefahr für die in § 35 StGB genannten Rechtsgüter für den Täter, einen Angehörigen oder eine andere dem Täter nahestehende Person.

aa) Gefahr
Es müsste zunächst eine Gefahr vorliegen. Dies ist nach dem oben Geprüften zumindest für die körperliche Unversehrtheit von S und T zu bejahen.

bb) Gegenwärtigkeit
Die Gefahr war auch gegenwärtig (dazu bereits ausführlich oben).

cc) Enger Personenkreis
Die Gefahr müsste gemäß § 35 I StGB für den S selbst, einen seiner Angehörigen oder einer anderen ihm nahstehenden Person bestehen. Die gegenwärtige Gefahr bestand zum einen gegenüber S selbst, zum anderen auch gegenüber seiner Schwester. Folglich ist die Voraussetzung des engen Personenkreises im Sinne des § 35 StGB gegeben.

b) Notstandshandlung
Überdies müsste eine Notstandshandlung vorliegen. Aus der Gesetzesformulierung folgt, dass die Gefahr nicht anders abwendbar sein darf. Demnach

sind die Täterin oder der Täter nur zu der Handlung legitimiert, die das einzig geeignete Mittel war, die Gefahr abzuwenden. Demnach muss das erforderliche Mittel gewählt werden.

aa) Erforderlichkeit
Die Handlung müsste deshalb zunächst erforderlich gewesen sein. Dies ist dann zu bejahen, wenn die Handlung geeignet und das mildeste Mittel ist. § 35 StGB beruht auf dem Gedanken der Unzumutbarkeit normgemäßen Verhaltens. Es ist mithin zu fragen, ob die Gefahr tatsächlich nicht anders abwendbar war. Als Alternativmaßnahme kann gleichwohl angeführt werden, dass es dem S möglich gewesen wäre, staatliche Hilfe in Anspruch zu nehmen. Berücksichtigt werden muss aber in diesem Zusammenhang, dass es bereits zu polizeilichen Maßnahmen gegenüber M gekommen ist, die letztendlich nicht verhindern konnten, dass F und auch die Kinder weiter von M misshandelt wurden. Die Inanspruchnahme staatlicher Schutzmaßnahmen hatte die Zwangslage nicht beendet. Im Gegenteil, die Situation hatte sich sogar bis zum Suizid der Mutter verstärkt. Vorliegend sprechen mithin einige Argumente dafür, dass für S die Gefahr nicht anders abwendbar war und mithin die Voraussetzung der Erforderlichkeit erfüllt ist. Demnach wäre S entschuldigt.

Im vorliegenden Fall hat S – abgesehen von der Möglichkeit der Strafmilderung nach § 49 I StGB – den Tatbestand der §§ 212, 211 StGB schuldhaft verwirklicht.

V. Ergebnis

S hat sich nicht wegen versuchten Mordes an M gemäß §§ 212, 211, 22, 23 I, 12 I StGB strafbar gemacht.